수업
컨설팅 4.0

수업컨설팅 4.0

초판   1쇄 발행   2014년 12월 10일
       2쇄 발행   2015년 12월 28일

지 은 이   김성재
펴 낸 이   최지숙
편집주간   이기성
편집팀장   이윤숙
기획편집   주민경, 윤은지, 김송진
표지디자인   신성일
책임마케팅   임경수
펴 낸 곳   도서출판 생각나눔
출판등록   제 2008-000008호
주   소   서울 마포구 동교로 18길 41, 한경빌딩 2층
전   화   02-325-5100
팩   스   02-325-5101
홈페이지   www.생각나눔.kr
이 메 일   webmaster@think-book.com

• 책값은 표지 뒷면에 표기되어 있습니다.
  ISBN 978-89-6489-317-3   93370

• 이 도서의 국립중앙도서관 출판 시 도서목록(CIP)은 서지정보유통지원시스템 홈페이지
  (http://seoji.nl.go.kr)와 국가자료공동목록시스템(http://www.nl.go.kr/kolisnet)에서
  이용하실 수 있습니다(CIP제어번호: CIP2014027381).

수업
컨설팅
4.0

김성재 지음

생각나눔

머리말 🕮

 삶을 가꾸는 작업이 책 쓰는 것이다. 책은 진리가 아니고 생각을 나누는 담론의 공론장이다. 타인의 글을 통해 공감을 얻기도 하고 서로 다른 생각을 나누기도 하는 것이다. 종이 위에 자신의 생각을 치열하게 전개하는 표현의 도구이며 생각의 전파이기에 다양한 시선과 생각이 교차하는 전투장이다.

 인류 역사상 교육이 태동하면서 무엇을 어떻게 가르칠 것인가에 대한 고민은 끊임없이 공론의 장이 되어 왔다. 교육이 개인의 진로는 물론 국가의 장래를 결정하는 중요한 밑거름이 되기 때문이다. 과거에는 과거대로 현재에는 현재대로 교육의 질을 높이기 위해서 다양한 교수기술을 개발하였다. 교육의 질은 교사의 질을 능가할 수 없다는 것을 고전으로 인식하여 왔다. 그러므로 교수·학습의 효과를 높이기 위해서 다양한 교수·학습기술 개발에 직·간접적으로 투자하고 있다. 교사의 개개인은 직무연수, 자율연수, 정기적 연수 등을 통하여 자신의 능력을 신장시키고 있으며, 교육기관에서는 각 교사에게 부과하는 직무연수 또는 연수의 장려정책 등을 통하여 교육의 질을 높이고 있다. 게다가 교원의 능력평가가 도입되면서 잘 가르치려는 의지와 노력은 과거에 비해 배가되고 있다. 경력이 많건 적건 관계없이 학생 지도를 잘

하는 교사가 우대받는 환경이 조성되는 등 다양한 인센티브도 등장한다. 교육기관에서는 수업의 질을 개선하기 위하여 수업 기술의 향상, 수업 지도방법의 개선, 자료의 제작방법 등 여러 가지의 연구의 제도적 장치를 마련해 왔다. 이것이 바로 수업장학의 형태로 이루어진 것이다. 즉, 수업장학은 교수·학습의 방법을 통하여 보다 효율적인 교수 방법을 모색하여 학습 결과의 효과가 높게 나타나도록 하는 데 목적이 있다. 학교가 세워지고 교육이 이루어지면서 학교 관리에 필요한 일반장학과 수업 개선에 필요한 수업장학의 두 갈래의 방향이 있다.

본 교재는 제1편, 제2편, 그리고 제3편으로 나누어 제1편에서는 좋은 수업이란 어떤 수업을 말하는가, 좋은 수업이 갖춰야 할 내용과 조건 등의 좋은 수업에 관한 내용을 다루었고, 제2편에서는 수업 컨설팅에 관하여 발달과정을 중심으로 살펴보았다. 특히, 제2편에서 다루는 수업 컨설팅을 발전과정에 따라 수업 컨설팅 1.0에서 수업 컨설팅 4.0의 4단계 형식으로 나누었다. 그리고 수업에 관한 장학의 방향과 방법에 대하여 수업 컨설팅의 발전에 따라 수업 컨설팅 1.0에서 수업 컨설팅 3.0에 이르기까지의 수업장학의 구체적인 발전과정을 살펴보았다.

수업 컨설팅 1.0의 시대는 장학의 태동기인 60~70년대를 다루었다. 제1장에서는 수업장학의 필요성과 우리나라의 도입배경을, 제2장에서는 수업장학에 따른 수업장학의 원리 학습지도의 원리, 수업 지도의 형태, 수업안의 종류, 수업 참관 방법, 수업 협의 방법, 수업장학의 형식, 수업분석과 좋은 수업안의 구비조건에 관하여 연구하였다.

수업 컨설팅 2.0의 시대는 장학의 발전기인 80~90년대를 다루었다. 제1장에서는 수업장학 배경, 제2장 수업장학의 기본원리, 수업장학체제, 수업장학의 제 모형, 수업장학의 추진과정, 수업참관요령, 지도안의 작성 등을 설명하였다.

그리고 수업 컨설팅 3.0의 시대는 2000년 이후 장학의 정착기와 수업 컨설팅의 개념이 정립되고 그 활동이 본격적으로 시작되는 시기이다. 따라서 수업 컨설팅이란 무엇인가의 정의로부터 수업 컨설팅의 절차와 방법 등이 검증되어가고 있으며, 컨설팅활동에 따른 수업 컨설턴트의 역할, 자질 등을 상세히 기록하였다. 그리고 수업 컨설팅의 과정에 따라 수업지도안의 발전단계가 어떻게 변화되는지를 살펴봄으로써 수업 컨설팅을 왜 하여야 하는지를 인식의 전환을 하는 데 도움이 되도록 하였다.

   수업 컨설팅 4.0의 시대는 앞으로의 장학의 발전 과제 등에 관하여 살펴보고자 한다. 앞으로의 장학의 발전 등 수업 컨설팅은 어떠한 모습으로 전개될 것인가? 즉 10년 후, 20년 후의 미래의 교육은 어떠한 모습으로 우리에게 다가올 것인가를 연구하지 않으면 안 된다. 지금까지는 오랜 시간에 걸쳐 장학 또는 컨설팅의 활동 모습이 변화되어 왔지만, 사회가 너무 빠르게 변화하고 있어 교육이 이 변화의 속도에 어떻게 맞추어 갈 수 있는지 관심을 갖고 있어야 한다. 지식정보화시대에서는 이전의 사회와는 다른 형태의 교육과 학교를 요구하고 있다. 시공을 넘는 가상 공간적 학습형태가 지배적이고, 학습의 형태가 다양하여 그에 따른 지도방법도 다양하게 나올 수밖에 없다. 사회의 변화에 따른 교육 내외의 환경 변화에 따른 컨설팅 장학 발달의 당면성이 더욱 시급할 때이다. 21세기의 교육의 발전에 따른 수업 컨설팅의 방향도 개별화 또는 다양화로 가야 할 것이다. 교사의 개인차와 다양성은 학생의 개인차와 다양성보다 더 심하다. 수업 컨설팅 요원의 전문성, 정보력, 문제해결력, 민주성 등에 기초적인 권한을 마련하여 자율적인 수업 컨설팅 문화의 발전을 기대해 본다.

제3편에서는 수업 컨설팅의 다면성으로서 수업을 보는 관점과 수업 컨설팅의 성공수칙, 수업 컨설팅의 윤리와 컨설턴트의 자질에 관하여 보편적인 관점에서 기술하였다. 특히, 수업 컨설팅의 다면성에 관한 다양한 시선을 집중 조명하였다. 수업 컨설팅을 한다는 것이 무엇인가, 컨설턴트의 자질, 컨설팅의 허와 실, 수업을 보는 관점, 컨설팅을 성공적으로 수행하는 마음가짐, 수업장학과 컨설팅의 개념 비교 등 컨설팅 활동에서 대두되는 분야를 정리하여 제시하였다.

그동안 장학이 발달해 오면서 시대와 사회의 발전에 부응하는 장학의 형태와 방법이 달라져 왔다. 장학의 방침, 장학의 방향, 장학의 방법 등에 관한 사항을 장학의 태동기, 장학의 발전기, 장학의 정착기와 앞으로의 장학 방향의 과제에 대하여 고찰하였다.

수업장학의 강화는 교원의 평가와 맞물려 수업의 전문성 제고와 함께 발전하면서 교육의 평가는 곧 수업의 평가로 인식되고 있다. 유능한 교사는 무엇보다도 수업을 잘하는 교사로 인식되어 수업의 개선을 위해서 본인의 자발적 노력은 물론 비자발적으로도 성과를 나타내지 않으면 안 된다. 오늘날 수업 컨설팅이 발전하게 된 역사적 배경과 내용 및 그 과정을 살펴봄으로써 수업의 개선에 보다 적극적인 자세로 임할 수 있는 긍정의 힘을 얻는 데 있다. 그리고 앞으로 새로운 사회의 변화에 따른 효율적인 수업 운용의 방향을 가늠해보고 창의적인 수업의 운영에 따른 효과적인 학습의 결과가 높게 나타날 있는 교수 능력을 배양하고자 한다. 수석교사의 본연의 업무와 연구 활동을 아낌없이 후원해주신 장균영 교장 선생님, 김일영 교감 선생님, 그리고 원고의 내용을 조언해주신 이희원 교감 선생님께 심심한 감사의 마음을 전합니다. 아내 황형숙의 묵묵한 지원과 아빠를 가장 존경한다는 아들 정열, 딸 정원이의 정신적인 힘이 되어준 가족과 행복을 함께합니다. 끝으로 본서가 나오기까지 이기성 편집장님의 사려깊은 배려와 주민경님의 진행도움에 감사드립니다. 그 동안 수업 및 컨설팅분야에 연구를 많이 하신 교수님, 학자분들의 저서를 참고 및 인용한 바, 그분들의 업적에 존경을 표하며, 넓은 아량으로 이해해 주시리라 믿습니다.

본서는 저자의 학교경험을 통하여 편의상 시대적 구분을 한 것이며, 특히 수업컨설팅 3.0편은 학교단위의 수업컨설팅, 학교컨설팅이 아닌 수업자의 개인별, 교과별, 목적별을 관점으로 연구하였다.

목차

제1편 좋은 수업이란

제2편 수업 컨설팅의 전개과정

제3편 수업 컨설팅의 다면성

제2부 수업 컨설팅의 다면성　　　　　257

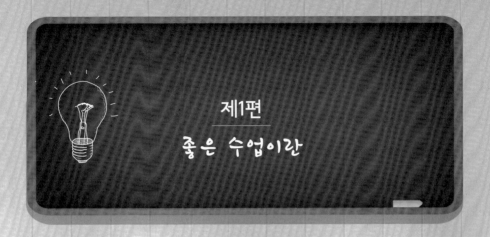

제1편
좋은 수업이란

수업은 가르치는 교사에게는 예술과학이고, 배우는 학생에게는 꿈과 공감이다. 수업이란 학생이 특정한 조건하에서 특정하게 행동하는 것을 배울 수 있도록 학생 개인의 환경을 정교하게 조종하는 과정이다(김윤택, 1996:11). 따라서 수업은 생각나는 대로 하는 것이 아니라 생각을 조리 있게 논리적으로 잘 꾸며진 과학적 행위이다. 좋은 수업은 교사와 학생이 동시에 만족하는 것으로 이 만족 요인이 무엇인가가 중요하다. 수업이 역동적이고 활기차다, 재미있다 등의 표현으로 나타내는 데 이것이 좋은 수업이라 할 수 없다. 좋은 수업이란 "학생들에게 학습하는 방법, 사고하는 방법, 학생 스스로 학습 동기를 증진시키는 방법을 가르쳐 주는 것이다(이경화, 2007:353에 재인용)." 수업은 학생의 내적, 외적 조건을 체계적으로 조정하는 과정으로 학습의 목적과 의도가 담긴 계획적인 활동이다. 따라서 좋은 수업이란 정해진 목표에 도달하기 위해 학생의 내·외적 환경의 변인들의 상호작용으로서 교사는 학습 환경을 체계적으로 조정하여 학생들이 배워야 할 내용을 만족스럽게 잘 가르치고, 학생들이 수업에 지적 호기심을 갖고 즐겁고 능동적으로 참여함으로써 공부한 내용을 완전히 습득하고 학습방법을 터득한 것(정석기, 2010:16)이다. 학습이 잘 이루어진 상태, 교사와 학생이 만족한 상태, 교사와 학생 간에 다음의 학습이 기다려지는 관계, 교사와 학생 간의 충실한 상호작용(이성흠 외, 2013:262), 그리고 학습은 오락프로그램에서 얻을 수 있는 즐거움(밥 파이크, 2004:25), 유익함과 공감(박상용, 2013:78), 그리고 가르쳤으면 학습의 효과가 제대로 나타나며, 교사의 진정성이 더해지는 수업이 좋은 수업이다. 이를 분석하여 나열한 좋은 수업이 되는 여러 조건을 고려해본다.

- 좋은 수업의 조건 -

1. 학습하기가 쉽다.
2. 학습의 효과가 높다.
3. 다음 시간이 기다려진다.
4. 창의적인 학습이 이루어진다.
5. 자료활용과 제작이 경제적이다.
6. 수업자의 성의와 진정성이 있다.
7. 학습자 간의 협력이 잘 이루어진다.
8. 수업자의 수업준비가 잘 되어 있다.
9. 학습한 내용이 유익하고 공감을 얻는다.
10. 교사와 학생 간의 상호협력이 잘 이루어진다.

1. 교사 중심으로 본 개념

좋은 수업이란 "첫째, 수업의 목적은 학습이다. 둘째, 수업은 반드시 의도적 혹은 계획적이어야 한다."라고 하면서 수업에는 일관성(수업목표, 수업내용, 수업방법, 수업매체, 수업평가)이 있어야 한다(이상수외, 2013:15). 또한 "좋은 수업은 민주적인 수업 문화의 틀 아래서, 교육 본연의 과제를 바탕으로 성공적인 학습 동맹이라는 목표를 갖고, 의미의 생성을 지향하면서, 모든 학생의 능력의 계속적인 발전에 기여하는 수업이다(Meyer, 2011:27)."라고 하였다. 결국, 좋은 수업이란 민주주의적인 정치 이념의 수업 문화라고 하는 교육 사회적 맥락하에서 의미의 생성을 지향하면서 학생의 능력이 계속적으로 발전하는 것에 기여한다는 것이다.

2. 학생 중심으로 본 개념

좋은 수업에 대한 합목적성과 내·외적 환경요인, 교사 중심으로 과학적인 용어로 우리의 문화 정서에 맞게 정의해보면 "학생이 이해하고, 느끼며, 기대감으로 다음 수업시간을 기다리게 되는 여운을 남기는 수업이 좋은 수업(곽영순 외, 2005:43)"이라고 한다. 학생이 보는 좋은 수업이란 재미있고 유익한 내용으로 이해하기 쉬운 어조로 다음 시간을 또 기다리게 만들어주는 수업을 좋아한다. 교사들의 연수에서도 교사의 수업 행위에 매료되어 다음 강의를 기대하게 하고 기다릴 수 있는 수업이 좋은 수업이 아닌가 한다. 학생인 학생의 입장에서도 역시 마찬가지이다.

3. 교사·학생의 혼합형으로 본 개념

좋은 수업은 교사중심형의 수업과 학생중심형의 수업으로 획일적으로 분류하기가 어려운 점이 있다. 단위 시간 내에서 도입이 필요한 부분은 교사가 중심이 되어 진행해야 하는 경우가 많으며, 활동과정에서도 교사의 지도가 영향을 끼치는 부분이 있기 때문이다. 수업목표와 수업활동모형에 따라 교사의 중심과 학생의 중심으로 진행하는 분명한 기준이 있는 것이 있지만 그렇지 않은 것도 있다. 교사와 학생의 협력관계로 설정하는 수업목표와 수업활동에 따라 혼합형의 수업을 진행할 수 있다.

좋은 교수 방법이란 어떤 수업을 말하는가? 수업을 해본 사람이라면 좋은 수업이라 함은 어떠한 특징을 가지고 있는지, 구체적인 하나하나의 개념적 기술에 따라 여러 가지의 의견이 나타난다. 좋은 교수 방법은 어떤 의미에 대하여 학생이 필연적으로 추구하고자 하는 활동을 촉진시킬 수 있도록 수업의 상황적 조건을 조성·제공·조정·적응시키는 것이다(박성익, 2009:4). 학생들에게 사고하는 방법, 학습하는 방법, 학생의 내외적 요건들을 고려한 수업이 좋은 수업이 되는 것이다. 따라서 학생의 정서적, 인지적, 신체적 특성을 잘 고려하여야 한다. 좋은 수업이라 하는 것은 교육의 내용적인 면에서는 철학적, 사회·문화적 관점에 그 기초를 보다 많이 두어야 하겠지만, 교육의 방법인 수업에 있어서는 학생의 심리적 특성에서 그 기반을 찾아야 할 것이다. 이와 같은 관점에서 좋은 수업의 특징을 학생과 관련 속에서 살펴보면 다음과 같이 다섯 가지를 지적할 수 있다(김종서 외, 2012:321~325).

1. 학생의 특징

✔ 학생은 목적을 추구하는 유기체이다. 따라서 수업에 있어서는 목표를 정확히 하고 이를 학생에게 확인시키도록 해야 할 것이다.

학생은 목적을 추구하는 유기체이므로 교수목표의 명확성과 일관성이 유지되는 수업이어야 한다.

✔ 학생은 통합된 전일적인 존재로서의 유기체이다. 따라서 수업에 있어서도 지적 발달, 정서적 발달, 사회적 발달이 조화롭게 이루어질 수 있도록 해야 할 것이다.

✔ 학생은 활동적이고 탐구적인 존재이다. 따라서 수업에 있어서는 학생의 탐구심을 충족시켜 주어 창의성을 신장하도록 해야 할 것이다.

✔ 학생은 성인의 표준으로 보면 미숙하지만, 그들의 동료집단 속에서 보면 성숙하여 있다. 따라서 수업에 있어서도 학생을 중심으로 그들의 필요·흥미·능력에 기초하여야 한다.

✔ 학생은 지적 능력, 성격, 흥미 등의 다양한 심리적 특성 면에서 개인차를 나타내므로 학생들의 개인차에 알맞은 수업이 이루어져야 한다.

그리고 학생의 흥미와 능력 수준은 각각 다르기 때문에 탄력성 있는 수업이어야 한다. 위와 같이 학생의 특성을 잘 고려한 좋은 교수방법의 특징을 제시해보면 다음과 같다(박성익, 2009:6).

✔ 학생은 목적을 추구하는 유기체이므로 교수목표의 명확성과 일관성이 유지되는 수업이어야 한다. 학생에게 수업의 목표가 명확하고 일관성 있게 제시되면, 그 목표에 따라서 교수학습의 과정이 효과적으로 전개되기 때문이다.

✔ 학생은 통합된 전일적인 존재로서의 유기체이므로 민주적인 인간관계를 유지하는 수업이어야 한다.

✔ 학생은 활동적이고 탐구적인 존재이므로 탐구태도를 중시하는 수업이어야 한다.

✔ 학생은 탐구적인 존재이므로 학습결과의 정착을 중시하는 수업이라야 한다. 일련의 교수과정을 거치고 나면 교수목표를 중심으로 학생의 관점이나 사고방식 또는 행동 등의 변화를 가져오게 되는데, 그러한 변화가 일시적이어서는 좋은 수업이라고 할 수 없다.

✔ 학생은 통합된 유기체로서 동시학습을 수행하게 되므로 학습의 전이력을 높여주려는 수업이어야 한다. 현대사회는 급속하게 변화하고 발전하고 있으므로 학습결과 자체가 잘 정착되는 것만으로는 불충분하며 학습결과의 전이력을 높여줄 수 있도록 학생에게 연구·노력하는 자세를 길러주는 것이 좋은 수업이다.

좋은 수업은 학생의 입장에 서서, 학생을 활동적이고 탐구적인 인간

유기체로 여기면서 학생의 흥미와 능력 등의 개인적인 심리적 특성에 따른 수업을 전개하는 것이다. 학생은 통합된 유기체로서 동시학습을 수행하게 되므로 학습의 전이력을 높여주려는 수업이어야 한다. 일련의 교수 과정을 거치고 나면 수업 목표를 중심으로 학생의 관점이나 사고방식 또는 행동 등의 변화를 가져오게 되는데, 그러한 변화가 일시적이어서는 좋은 수업이라고 할 수 없다.

이상의 견해를 종합해보면 좋은 수업이라 함은 수업에 목표에서 평가에 이르기까지의 수업의 일관성이 있어야 하며, 교사와 학생과의 관계, 학습 내용, 교육환경 등이 조화롭게 부합된 상태를 말한다. 결국, 좋은 수업은 우선 국가가 제시한 교육과정에서 추구하는 내용을 벗어나지 말아야 한다. 교육과정의 범위에서 교육 내용을 잘 인식하고 이를 수업에 바람직하게 반영하여야 한다. 우리 국가와 사회가 나아갈 방향과 일치하고 내용의 적합성도 적절히 부합되어야 한다. 교사 개인의 수업능력이 뛰어나더라도 잘못된 교육 내용으로 일관된 수업을 전개해서는 안 된다.

2. 교사의 특징

좋은 수업에 대한 개념 정리와 특징에 대하여 논하였는데 좋은 수업을 진행하는 주인공은 수업을 이끄는 교사 자신이다. 좋은 수업은 저절로 되는 것이 아니라 1차적으로 교사의 능력 및 노력과 열정이 좋은 수업을 만든다. 좋은 수업을 하려면 좋은 교사가 기본적으로 뒷받침되어야 한다. 좋은 수업을 하는 좋은 교사란 어떠한 특징을 갖고 있는지 정리하면 다음과 같다(곽영순, 44~47).

첫째, 수업을 잘하는 교사에게 요구되는 가장 기본적인 전제 조건은 해당 교과에 대한 전문성이다.

둘째, 좋은 교사는 학생들과 교감할 수 있는 의사소통 능력을 지닌 교사이다.

셋째, 끊임없이 수업 개선을 위해 고민하는 교사를 좋은 교사라고 한다.

넷째, 좋은 교사란 새로운 수업 방법을 끊임없이 기획하고 시도하는 교사이다.

다섯째, 좋은 수업을 하는 교사는 해당 교과의 교육 목적과 지향점에 대한 신념과 철학이 확립된 교사를 말한다.

좋은 수업을 하기 위해서는 좋은 교사가 있어야 하는 당위성을 살펴보았다. 좋은 교사는 자신이 우선 좋은 교사가 되도록 신념과 노력이 있어야 한다. 이는 학생 상황의 이전에 갖추어야 할 요소인 것이다. 이러한 요소를 갖추고 나서야 비로소 학생과 학습 내용, 학습 환경을 고려하여 좋은 수업을 만드는 것이다. 위에서 좋은 교사의 특징을 한마디로 정의하기가 곤란하다. "좋은 교사는 좋은 사람이다."라는 정의에서 보듯이 이것도 한 줄로 정의하기가 역시 쉽지가 않다. 그래서 최근에는 좋은 교사의 역할 모범식의 교사상에 대한 정의는 사실상 설득력을 잃고 대신 바람직한 교사의 심리적 특성, 즉 성격, 태도, 경험, 적성 및 성취도 등에 대한 관심이 대두하였다(백승배 외, 2006:4). 과거에는 좋은 교사란 지적 혹은 행동으로 타의 모범이 되는 추상적인 범주로 말하였으나, 현대에는 한 사람의 세부적인 사항을 들어 조건이 형성되는 자질에 관하여 평가하고 있다.

제2부
좋은 수업의 방법과 내용

[제1장 좋은 수업의 방법]

1. 방법

■ 구체적인 방법으로 교수 활동하기

수업은 학생의 생활과 직접 관련이 있는 경우에는 수업의 효과가 더욱 크게 나타난다. 문제 해결 학습이라고 해서 과제를 제시하고 해결 연습만 하는 것이 아니라, 문제를 해결하는 방법을 가르쳐야 한다. 문제를 해결하는 과정에서 상상력과 창의력이 발생하며, 어떻게 해결할 수 있는지 방법적인 면도 구체화되고 있다.

■ 학생의 개인차를 고려하기

교과별 수업에서 교수·학습 활동이 일방적인 과정에서 진행되는 것보다는 학생 중심의 수업을 고려하여 학생의 개인차를 고려하고, 학생에게 학습에 더 능동적으로 참여할 기회와 선택권을 부여함으로써 학습의 효과를 높여야 한다. 같은 학습 목표를 달성하는 데에도 학급 구성원 간에는 개인차가 존재하여 각 개인의 능력에 맞는 학습이 이루어질 수 있도록 능력별 학습의 단계를 고려하여 지도해야 한다.

■ 학생 중심으로 교수 활동을 전개하기

문제는 결국 학생이 해결해야 한다. 처음에는 교사가 문제를 해결하는 방법을 명시적으로 가르쳐 주어야 할 경우가 있지만, 최종적으로는 학생이 해결해야 할 몫이다. 따라서 교사는 학습의 안내와 해결 방법을 모색하면서 학생이 의미 있는 학습이 되도록 교수자의 주도적인 역할보다는 학생의 보조자로서의 역할이 더욱 강조되어야 한다. 교수·학습과정안은 학생이 주도적으로 학습을 전개해 나가는 과정에서 교수자의 역할을 줄이면서 학생이 학습하는 과정에서 스스로 문제를 해결할 수 있도록 학습과정을 점검하고 반성할 기회를 제공해야 한다.

2. 수업 방법에 필요한 핵심요소

좋은 수업이 되려면 좋은 설계가 있어야 한다. 건물을 지으려면 기본 바탕을 튼튼하게 해주는 구조물이 있듯이, 수업에 필요한 수업 설계로서 들어가는 가장 핵심이 되는 요소가 있다. 교수·학습 활동을 하려면 무엇이 필요한지를 생각해보자. 우선 무엇을 가르칠 것인가, 누구를 대상을 할 것인가, 어떤 내용을 가르칠 것인가, 어떻게 가르칠 것인가, 평가는 어떻게 할 것인가 등을 떠올릴 수 있다. 이를 교육용어로 정리해보면 다음과 같다.

- 수업목표에 대한 이해
- 학습내용에 대한 이해
- 교수방법에 대한 이해
- 학생의 특성에 대한 이해
- 평가에 대한 이해

등에 관한 최소한 요소가 필요하다. 그 밖의 요소는 교사의 의도와 객관적 수업 상황에 맞게 갖추면 된다.

1. 내용

■ 학생의 경험을 재구성하는 수업

수업은 학생의 경험을 재구성하는 활동으로 학생의 주변 상황을 고려하여야 한다. 학생이 직접 경험한 것을 바탕으로 자신의 경험을 구조화하면서 새로운 사실과 지식을 탐구해가는 과정이다. 교사는 수업을 위해 먼저 도서관, 미술관, 박물관 등을 직접 방문하여 경험을 통하여 지식을 재구성하고 이를 바탕으로 새로운 사실을 구안해가는 창의적인 활동이다. 미술작품을 이해하는 데 미술관을 방문하여 미술작품과 대화를 하거나 미술관의 분위기를 몸소 체득하거나 하는 것도 미술을 이해하는 데 많은 도움이 된다. 직접 학생의 체험을 통하여 학생이 실생활에서 얻은 것을 바탕으로 수업을 활용할 때는 학생이 이해하는 속도와 깊이는 매우 다르다. 미술을 통하여 그림과 작가의 특성을 알게 됨과 동시에 작품의 배경을 이해하게 되어 당대의 역사, 정치 문화 사회 등의 다양한 학습을 하게 된다.

■ 교육과정을 재구성한 수업

교육과정은 연간 교육 활동을 제시하고 지적 및 신체 발달에 알맞은 내용을 담고 있다. 그러나 교육과정은 학습내용과 범위가 벗어나지 않을 경우 학습내용을 유사한 다른 자료를 이용하거나 내용을 창의적으로 현실에 맞게 재구성할 수 있다. 교육과정을 준수하면서 교육 내용은 다양하고 창의적인 활동으로 구성하는 것을 권장하고 있다. 현재 검정 및 인정도서의 경우 학생들의 이해력, 문제 해결력, 창의성 신장 등을 고려해보면 지역과 학생의 여건에 정확히 부합되지 않는 경우가 있음을 종종 발견된다. 따라서 교사는 학생의 능력과 학습 조건을 고려하여 학생의 눈높이에 알맞은 흥미와 이해력, 자신감을 충분히 반영하여 교육과정을 재구성하는 것이 효과적이다.

■ 학습 전략에 주안점을 두는 수업

교과별의 능력 요인을 지식, 기능, 태도의 3가지로 나눌 수 있다. 학습 전략은 교과별로 다르고 능력 요인은 서로 연관되어 있지만, 수업의 핵심은 전략이다. 기능이나 지식의 그 자체보다는 그것을 활용할 수 있게 해주는 데 주안점을 두어야 한다.

■ 창의력 및 사고력을 유발하는 수업

수업은 단순히 지식을 전달하는 것이 아니라 학생으로 하여금 문제를 해결할 수 있는 능력을 키워주는 것이다. 그러기 위해서는 자료를 이해하고 분석 및 비판하면서 종합적으로 평가해보는 과정을 습득하는 활동이 유용하다. 학습은 문제 해결 과정을 통하여 종합 능력을 키워주는 사고 활동이다. 사고의 종류를 사실적 사고, 논리적 사고, 비판적 사고, 창의적 사고로 나눌 때 교과의 특성에 따라 사고력 증진에도 다양하게 고려해 볼 수 있다.

2. 학습내용을 구성하는 핵심요소

학습내용을 구성하는 요소로서는 학습단원의 선택, 단원의 목표설정, 학습 자료의 준비, 학습활동에 대한 구체적인 계획 및 평가방법 등, 학습활동을 전개시키기 위한 제반 여건을 갖추어 학습목표를 성취하기 위하여 학습할 수 있는 내용을 말하며, 교사의 입장에서는 지도내용이 되며, 학습자의 입장에서는 학습할 내용이 된다.

1. 교수·학습과정안이란

　학생의 학습활동을 구상한 교사의 계획 또는 수업 계획안을 말한다(서울대학교 교육연구소편, 1999:777). 학습지도안 작성에서 고려해야 할 사항으로는 교과의 특성, 학생들의 특성(학생들의 교과에 대한 학습 정도, 교과에 대한 흥미, 관련 지식의 정도, 발달수준 등), 교육목표(학교의 일반적 교육목표, 교사의 교육학적 원리에 대한 이해 등), 수업의 설계, 학습활동의 선택과 조직, 학습활동의 계열화 방식 등이다.
　교수학습과정에 들어가야 할 요소로는 수업목표, 선수학습의 상기, 학습 내용을 단계적으로 세시하고 구체적인 질문을 통해 학습자의 이해 정도를 점검하며 체계적인 피드백과 학습 미완성에의 학습자의 지도와 평가의 내용 등이다.

2. 교수·학습과정안의 종류

　학습지도안 작성법에 대하여는 학자들 간에 합의된 형식이 있지는 않다. 그것은 교과의 특성, 학습 목표, 가능한 학생 조직 및 교수 조직의 융통성, 지원받을 수 있는 학습 자료와 매체환경, 교사의 선호하는 독특한 수업 모형 등의 차이에 따라 학습지도안은 매우 다르게 작성될 수 있기 때문이다.

수업지도안에는 여러 가지 이름들이 있다. 학습지도안, 수업설계안, 교수과정안, 교수·학습계획안 등의 다양한 용어로 사용되고도 있다. 이들은 모두 간단히 수업안으로 부른다. 현재에는 교수·과정으로 명칭이 자리 잡고 있다. 수업지도안에는 세안(세부적인 교수·학습과정안)과 약안(약식 교수·학습과정안)이 있다. 세안은 단원 전체에 대한 분석을 일반적으로 포함하고 있으면 여기에는 단원명, 단원의 개관, 단원 목표, 과제 분석, 교재 연구, 학생 실태조사, 단원의 계획, 본시 학습전개 계획, 판서 계획, 평가 계획, 참고문헌, 학습자료 등이 포함된다. 약안은 이 중에서 주로 본시 학습전개 계획과 관련이 있으며 본시 학습 목표 교수·학습 계획, 판서 계획, 평가 계획 등으로 구성된다.

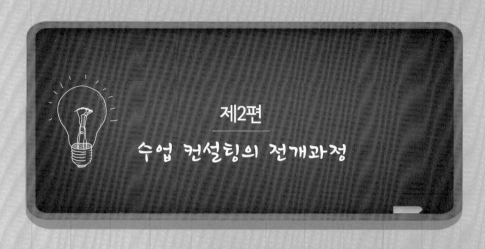

제2편
수업 컨설팅의 전개과정

제1부

수업 컨설팅 1.0(1960~1970년대)

수업 컨설팅 1.0

수업 컨설팅 1.0의 시대는 장학의 태동기인 60~70년대로 수업장학의 필요성과 우리나라의 도입배경을 살펴본다. 우리나라는 1946년 의무교육이 실행되면서 60년대의 제1·2공화국 시절에 문교 장학이라 하여 국가 차원에서 실시하였으며, 70년대에 들어서면서 장학의 형태가 세분화하기 시작하였다. 이 시기의 수업장학에 따른 수업장학의 원리 학습지도의 원리, 수업지도의 형태, 수업안의 종류, 수업 참관 방법, 수업협의 방법, 수업장학의 형식, 수업분석과 좋은 수업안의 구비조건에 대하여 알아본다.

[**제1장** 수업 컨설팅 1.0에서의 장학개요]

1. 우리나라의 도입

우리나라의 경우 장학이라는 용어는 미군정시기를 거쳐 제1공화국 시기의 문교정책의 일환으로 초대 문교부 장관 안호상은 이 시대의 상황은 6.25전쟁을 겪어 반공사상을 철저히 고취시키면서 경제를 부활하는 과정으로 강력한 교육정책을 실현하는데 있었다.

정부 수립 이후 처음으로 장학방침을 내세운 사람은 백낙청 장관이었다. 1945년 민족의 광복을 맞이하였으나 그것도 잠시, 남한은 3년간의 미군정시기하에 있었다. 미국의 민주주의 이념과 제도를 교육계에 도입하여 생활에 적합한 실용적인 지식기능을 연마한다는 당면한 교육방침을 세워 1946년 의무교육제를 실행하여 새 교과서를 편찬하고 교사를 양성하기 시작하였다. 따라서 1948년 대한민국 정부의 수립과 1949년 '교육법'의 제정으로 자주적이고 민주적인 교육으로 출범하였다(주영흠·이승원·심승환, 2011:137). 1948년에서 1960년에 이르는 제1공화국시기의 교육 장학방침은 도의 교육, 과학기술교육, 건강교육 등의 3대 강령에 치우치고 있었다. 건국과 더불어 국방의 강권함을 강조하고 국가의 발전이 무엇보다도 필요한 시기였기 때문에 3대 강령을 세워 추구하지 않으면 안 되었다. 군사혁명기를 거쳐 60년대의 제2공화국시기에는 문교시책에 따라 장학방침을 설정하고, 지방의 시·도 교육위원회에서 장학지도 중점목표를 설정하여 실천하도록 하였다. 이 시기에는 이념 위주의 국가 차원에서의 장학을 문교 장학이라 하였으며, 시·도 교육위원회에서 실행하는 장학을 학무 장학이라 하였다. 장학활동의 주요 특징을 살펴보면 장학의 형태와 유형은 아직 체계화되어 있지 않았지만, 관료성과 전문성의 두 영역에서 영향을 발휘할 수 있었다. 이 당시의 미국 장학의 형태를 보면 우선 소련의 인공위성인 Sputnik의 발사가 미국을 가장 놀라게 하였다. 그동안 경험중심주의에 머물러 있던 미국은 심한 정신적 충격에서 벗어나고자 지식위주의 학문적 중심주의로 변화를 가하기 시작하였다. 이에 따라 학문위주의 세분화된 교과영역에서 장학의 기능이 강조되었으며 교과

개발에 박차를 가하게 되었다. 이로인해 장학담당자의 역할이 강조되고 교사의 수업개선 및 지도, 연수 및 훈련이 장학의 중심이 되었다. 따라서 장학의 위상이 강조되고 전통적인 교수법에서 벗어나는 장학활동의 방법도 개선되기 시작하였다. 전반적인 장학활동에서 개별접촉하는 임상장학으로의 방향전환이 획기적이었다. 즉 사전에 합의된 절차에 따라 교사의 교수활동의 개선에 중점을 두었던 것이다. 우리나라에서는 임상 장학이 70년대에 들어서면서 장학의 기능이 세분화하고 전문화되어 갔다. 장학실에서는 장학관 중에서 중등, 고등, 과학기술 담당관을 임명하여 해당 분야의 장학 책임을 부여하였다. 이 시기는 교육과정 개발의 시기로서 장학의 형태가 교육과정 장학과 임상장학의 성격을 갖고 교사의 교육과정 개발을 돕고 수업개선의 정착, 수업과정의 분석으로 교사의 교수학습 효과성과 교수의 책임성을 높이는 데 주안점을 두었다. 이는 미국의 장학 발달과정에서 많은 영향을 받고 있음을 알 수 있다. 미국의 기업 관리경영운동의 영향을 받게 되어 교육에서도 생산성을 강조한 과학적 장학으로 이행하고 있었다.

2. 수업장학의 필요성

학교에서 이루어지고 있는 활동 중에는 시설관리, 인사관리, 학사관리 등 여러 가지가 있으며 그중 제일 중요한 것은 학생의 지도와 관련된 수업활동이라 할 수 있다. 수업활동에 영향을 미치는 요인으로서는 교육과정의 내용, 학교 체육 및 놀이시설, 학습 분위기, 학습자료, 사회적 배경, 교사의 수준 등 다양하게 살펴볼 수 있다. 이들 여러 요인은 복합적으로 작용하여 하나의 좋은 수업으로 자리매김하고 있는데, '교육의 질은 교사의 질을 넘어설 수 없다'는 인식이 보편화되어 있다. 교사의 수업 행동에 영향을 미치는 것으로서도 교사 자신의 교수 능력 외에 교재연구, 학습자료 사용 방법, 교사의 수업 형태, 교수목표의 인식능력, 학생의 지도능력, 교사의 발문과 질문의 방법, 학생에 대한 칭찬과 벌의 사용 방법 등 교사가 이러한 방법과 능력을 얼마나 발휘하느냐에 따라 학생의 학습 효과가 달라진다. 교사는 수업에 대한 능력이 갖추어져 있지 않으면 수업의 질은 개선되지 않는다. 과거부터 현재에 이르기까지의 수업의 개선에 많은 연구와 노력을 매진해 온 것이 바로 장학의 활동이라고 볼 수 있다. 장학의 궁극적인 목적은 '교수·학습의 개선'이다. 장학이 대두하는 시기에는 수업 개선의 의지보다는 학교 시설의 적정사용, 학교 회계의 합리적 운영, 교원의 선별모집이나 교육과정의 준수 등으로 주로 이용되었으며 차차 수업의 개선에 역점을 두는 합리적이고 객관적인 장학의 필요성이 확대되어왔다.

3. 수업장학의 태동기

장학의 발달사를 고찰해보면 역사상 장학이라는 개념을 처음으로 사용한 시기를 미국의 독립선언 이전의 시기로 그 유래를 찾고 있다 (신현석, 2000:23). 식민지 시대의 장학은 공공 장학이라고 불리 울

만큼 평민, 성직자 혹은 선출된 시민에 의해 그 활동이 이루어졌다. 이 시대의 장학활동이라는 것은 교육의 전문가가 아닌 일반 시민에 의하여 이루어져 왔다. 식민시대에는 성직자들이 일반 시민보다는 더 많은 교육을 받아 교양인으로 인식되어 있었으며, 또한 당시에는 일반 학교가 대부분 종교적 교육 시설이었기 때문에 교육평가와 장학 활동에도 성직자가 적합하였다. 원래 장학이라는 사전적의미로의 영어의 'supervision'을 해석한 것으로 '위에서 내려다보다'라는 의미로 수평적 관점보다는 수직적 관점에서의 의미를 내포하고 있다. 당시에는 학교의 교육활동이 법령을 제대로 준수하여 이루어지고 있는지를 감시, 감독하고 그 운영의 결과에 따른 교육활동을 지시·명령하는 것이 장학의 주요내용이었다. 우리나라에서 장학이란 용어는 1945년 광복이 되면서 미국으로부터 영향을 받아 일제하에서 주로 사용되었던 억압적인 시찰, 검열의 개념에서 민주적인 지도개념인 지도, 조언의 인간존중의 발전관계로 변화하였다. 이렇게 장학의 개념이 형성되는데 이러한 변화의 과정이 민주적장학의 이행기준이 되었다. 일제의 해방 전에는 총독부에 시학관을 두고 교육에 관한 기획, 조사, 지도, 감독을 담당케 했으며 대방 당시에는 시학관 중 한 사람이 학무국장의 보좌관이 되기도 했다. 이러한 행정적인 조치는 장학행정의 조직이 제대로 완비되기는 어려웠다.

[제2장 수업장학]

1960년대 장학태동기에서는 장학지도의 기술로 제일 중요시한 것은 인간관계였다. 장학관(사) 및 기타 장학지도자의 가장 중요한 임무는 교사로 하여금 아동의 성장 발달을 효과 있게 하고, 교육개혁 및 사회 개선발전에 기여할 수 있도록 도와주는 데 있다.

1. 장학의 원리

60~70년대의 장학의 철학적인 배경은 바로 국민교육과 교육의 내실화를 들 수 있다. 전후의 민주적인 정치체제의 건설과 경제재건은 국가건설에 가장 우선시되는 정책이므로 장학지도는 그에 부합하는 원리와 내용을 가질 수 밖에 없었다. 장학은 혼자하는 것이 아니라 수업자와 관찰자와의 협의를 통하여 이루어지는 것으로 서로 계획하고 협동하는 것으로 이는 순수의 민주사회에서 이루어지는 교육의 기능이다. 따라서 여기에는 서로 협동하는 관계속에서 장학담당자의 지도력을 발휘하여 사회에 부합되는 현대교육의 이론을 적용하였다. 이 당시의 장학의 당면과제를 교육의 질을 높이는데 최우선을 두고 있다. 전후복구로 경제부흥을 일으키기 위해서는 교육이 최고의 지름길인 것이다.

당시의 장학의 기본원리를 살펴보자.

Ⅰ. 협동의 원리

① 장학지도자는 민주사회에서 행해지는 교육의 기능을 이해해
야하며,

② 장학의 프로그램은 민주주의적 지도성의 이론을 적용해야 한다.

Ⅱ. 지도성의 원리

① 장학지도자는 교사가 아동들 사이에 존재하는 개인차를 인
식하고 그를 위하여 준비할 수 있도록 도와주어야 하며,

② 장학의 프로그램은 교수하는 일이 학교의 가장 중요한 활동
이라는 것을 알고 계획되어야 한다.

Ⅳ. 통합의 원리

① 장학지도자는 교과 학습보다는 아동의 성장과 발달을 중시
해야 하며,

Ⅴ. 창의성의 원리

① 장학지도자는 교사들이 보다 효과적인 지도안과 기술을 발
견하도록 격려해주어야 한다.

(백현기, 1961:51~52)

위의 기본적인 원리에서 장학은 민주사회에 행해지고, 민주사회에
서 기본이 되는 협동의 정신에 입각하여 장학활동을 해야 한다. 그리
고 장학담당자는 지도성의 원리에 의하면 교사와 아동의 도움을 도와

주는 역할을 하는 것이다라는 것을 알 수 있다. 장학의 방향도 교사를 지원한 교육과정과 지도기술의 신장에 역점을 두고 있는 것이다. 장학 행정은 특히 교원의 제도적 또는 자율적인 현직교육을 강화하여 적어도 신교육과정에서 요구하는 새로운 학습이론을 전교사가 충분히 소화하고 그 지도기술을 익힐 수 있도록 더욱 충실한 현지교육계획과 실천적 뒷받침을 강화해 나가야 할 과제을 안고 있다(김세기, 1973.47). 이러한 당면과제를 해결하기 위해서는 수업자와 장학담당자간이 함께 협력하는 협동의 원리를 중시하지 않을 수 없다. 장학은 민주주의 방식으로 개인을 존중해가고, 서로 교감을 얻고 화친할 수 있도록 환경이 설정되어야 효율적인 장학활동을 할 수 있는 것이다.

60년대는 민주이념의 장학형태의 성격을 갖고 있었지만 실지현장에서 적용되기란 시대적배경으로 보아서도 쉽지 않았다. 그러나 70년대의 장학지도를 민주주의적인 관점에 실시하려고 노력하고 있었다. 장학은 교수학습 개선에 목적을 두고 그것은 무엇을 어떻게 가르치는 교수학습의 원리에서 어떻게 가르칠 것인가에 중점을 두고 있는 것이다. 이 당시의 현대민주장학의 성격은 첫째, 더 광범위한 문제를 다루고 둘째, 실험적 방법을 사용하며 셋째, 많은 사람들의 참여과 협력에 의하여 성립되며 넷째, 모든 사람들은 지도성을 공유 발휘해야 하며 다섯째, 상부로부터 내려오는 것이 아니고 부여된 사태로 부터 추출된 것이다(김순언, 1972:8).

이 당시에도 장학의 근본 원리는 교수학습의 개선에 두고 있음을 알 수 있다. 장학활동은 둘 이상의 구성원이 형성되어 이루어지는 것으로 서로의 협력관계가 성립되며 누군가가 지도성을 발휘하고 강압적인 관계가 아닌 스스로에게 부여된 임무로 여기는 등 기본에 충실하고 있다.

2. 학습지도의 원리

당시에는 아동의 경험을 중시하는 아동중심중의 교육관이 보편적이었다. 따라서 아동의 학습지도도 아동을 중심으로 아동의 성장과 발달을 위해서 지원하는 것이다. 학습지도의 원리로는 자발성의 원리, 목적의 원리, 개별화의 원리, 사회화의 원리, 통합의 원리(정식영, 1967:132~147에서 발췌함) 등을 들고 있다. 아동을 전인적인 인간으로 보고 교육하는 것이다.

학습지도의 원리는 민주주의의 이념을 충분히 반영하는 교육적인 행태에서 이행하는 것이다. 아동의 인격을 존중하고 생명을 존엄성을 인식하면서 아동의 의사를 충분히 존중하여 의미있는 인간을 육성하는 것이다. 여기에는 아동의 창의력을 개발하고 개개인의 소질과 능력을 최대한으로 성장시키고 효과적인 결과가 나타나도록 해야 한다. 이는 곧 올바른 교육 철학과 목적으로 항상 계획적이고 명확한 학습목적의식을 갖고 그에 부합하는 학습지도의 계획이 수립되어야 한다는 것이다. 민주사회생활에 잘 적응하기 위해서는 인간사회에 필요한 인격의 형성을 의미하며 이는 교육의 목적과 내용이 아동의 바람직한 인격형성에 도움이 되어야 하는 것이다.

3. 장학담당자

장학지도자로서는 교육감, 학교장, 장학 담당장학관(사)로 구성된다. 장학의 담당자는 모두가 관리자로서 지도, 조언의 위치에 있는 자로서 수업자에게 있어서 매우 권위적인 느낌을 받고 있는 것이다. 장학관(사) 및 기타 장학지도자의 가장 중요한 임무는 교사로 하여금 아동의 성장 발달을 효과있게 하고, 교육개혁 및 사회개선발전에 기여할 수 있도록 도와주는 데에 있다. 따라서 이것은 어디까지나 지도자의 처지에서는 전문가와 지도받는 자간의 인간 대 인간의 관계인 것이다(백현기, 1964:191). 인간관계가 원만한가? 원만하지 않은가에 따라 장학 지도의 목적을 달성할 수도 있고 그와 반대로 오히려 역효과가 나타날 수 있다. 수업의 개선에 앞서 먼저 장학담당자와 장학대상자와의 원만한 인간관계를 더 중요시해야 한다는 것이다.

실제로 장학지도에 있어서 특히 학습지도면에서는 교장, 장학에 대한 기대보다는 연구사, 장학위원의 기대에 더 부응하고 있다(김병두, 1977:126). 이것으로 보아 수업자는 장학담당자가 누구인가에 따라 장학에 대하여 부담의 정도가 다르게 나타난다. 장학은 수업을 실시하는 수업자와 수업을 관찰하는 관찰자와의 관계이다. 장학의 수업, 시설, 학교경영 등의 여러 영역중에서 가장 선호하는 장학지도는 개별상담과 수업 참관지도이다. 특히 장학지도를 받는 경우는 수업자 본인 뿐만 아니라 학교관리자도 부담스러워 하기는 마찬가지이다. 정신적 부담을 안고 있는 해당교사에게 장학담당자가 할 수 있는 것은 격려와 용기이며 장학을 받는 수업자는 특히 벽지에 근무하는 경우에는 개별 상담을 통하여 따뜻하고 격려적인 조언을 갈망하고 있다는 것이다(박동영, 1973:120).

4. 수업지도 형태

수업컨설팅 1.0시대의 학습지도는 구체적으로 어떠한 형태를 보이는가를 살펴보자. 학습활동과 학습목적이라는 관점에 따라 다양한 학습지도안의 양식이 있다. 학습지도는 가르치는 교사의 교육철학과 교수방법, 학생의 개개인의 성격, 교사의 정서적, 인지적인 특성, 교재 및 자료의 성질, 지도목표에 따라 개별화되어야 한다. 학습지도에 많이 사용되고 있는 형태로는 강의법, 질문법, 토의법, 문제 해결법, 구안법, 프로그램 학습, 시청각적 방법 등이 있다.

■ 수업지도안의 유형

수업지도안의 형식은 도입·전개·종결(정리)이라는 구분의 흐름으로 되어 있으나 지도안의 본의에 충실하면 형식적인 수업이 되어 생기 있는 수업이 이루어진다거나 또는 안 이루어진다고 단언할 수 없다. 특히 수업지도안의 형태는 다양하여 교육과정의 인식에 따라 전반적인 수업지도안으로 계획할 것인지, 지엽적이고 일시적인 인식하에서 계획할 것인지에 따라 형식이 달라진다. 편의상 4가지 유형의 수업지도안으로 분류하고, 수업지도의 목표와 내용에 의한 각 유형별 수업지도안을 구체적으로 살펴보면 다음과 같다.

✎ 제1형의 수업지도안

학습지도안의 성격을 살펴보면 교수학습활동에 학습활동과 아동의 반응 그리고 지도의 유의점 및 해석 등으로 구성된 교사의 지도안은 아래와 같다.

학습활동	아동의 반응	지도의 유의점 및 해석
① 글의 제목에 관해서 이야기한다. - 어떤 사람이 나올 것 같은가? ② 본문의 통독 - 어떤 이야기가 쓰여있나 읽어 보자.	○ 아이들, 마차군, 마차를 탄 사람, 형제 ○ 소리내기, 저항이 큰 낱말 질의	○ 도입은 읽기에 흥미를 갖게 유도한다. ○ 읽는 데 장애를 없애면서 그 줄거리의 대강을 파악하게 한다.

(이수남, 1965:132)

위의 지도안의 특징은 교수학습활동을 학습활동과 아동의 반응으로 나누어 설계하였다. 교사의 발문에 아동의 반응을 세세하게 적기보다는 해야할 일을 기록하였다. 아동중심수업보다는 교사중심수업에 가깝다고 볼 수 있다. 이에 부가하여 수업자의 자세한 지도상의 유의점과 해석도 수업지도안에 보여주고 있다.

✏ 제2형의 수업지도안

교수·학습지도안의 두 번째 유형은 다음과 같다. 교수·학습지도안을 작성할 때에는 항상 한 시간 한 시간의 교수·학습활동으로 전개되어 간다. 단원의 전체계획이 충실하게 반영될 수 있도록 해야 한다. 수업지도안에서 다루어야 할 기본적인 요소로는 학습문제, 학습활동, 지도목표, 수업자료 및 학습활동, 지도상의 유의점 등을 들수 있다.

학습단계를 도입, 전개, 정리의 3단계로 수립한 수업지도활동의 과정을 지도과정으로 표를 작성해보면 다음과 같다.

단계	학습문제	학습활동	시간(분)	지도상의 유의점	환경 및 자료
도입					
전개					
정리					

(정식영, 1967:279)

학습단계를 3단계인 도입, 전개 그리고 정리로 하여 교수학습활동을 학습활동으로 하나의 영역으로 분류하였다. 그밖에 시간과 유의점, 자료 등으로 세분화하였다.

✏ 제3형의 수업지도안

제3안의 수업지도안은 제1, 2안의 단원 설정의 형식은 학습단계, 학습활동, 지도상의 유의점 등에서 비슷하다. 지도안의 항목에 들어갈 요소로는 단원의 목표, 제재의 관점, 지도계획, 학습활동의 전개 등이다. 본시의 지도안의 형식에서 교사의 수업진행방식이 앞의 것과 상이함을 알 수 있다.

단계	시간	학습활동	지도상의 유의점	비고
도입	10분 5분	1. 이야기한다. 조리법 일의 순서 등을 서로 이야기한다. 준비한다. 몸단장을 한다. 필요한 욕구를 갖춘다.	1. 각자 분담 별로 책임을 지고 협력하도록 한다. 2. 몸단장을 주의시킨다.	
전개	20분 10분	3. 카납베를 만든다 4. 스토드에드를 만든다 5. 모양 좋게 사과를 깎는다. 6. 그릇에 담기 7. 조리욕의 정리를 한다 8. 홍차 끓이기 9. 차과회 차리기와 시식회.	3. 재료를 갖추어 분량을 정확히 달도록 한다. 4. 빵 부스러기 처리방법을 생각한다. 계란 껍질을 벗기는 방법, 꽃 모양으로 끓는 방법을 연구하도록 한다. 5. 사과를 소금물에 담갔다, 건져놓은 이유를 이해시킨다. 6. 보기 좋게 그릇에 담는 방법을 연구한다. 7. 이용하고 난 용구는 그때그때 하도록 습관을 들인다. 8. 향기 있고 맛있게 끓이는 요령을 안다. 9. 찻잔에 따르는 정도를 안다.	식품의 종별을 이해시키기 위해 분류를 해보고 표에 기입해 본다. (5가지기초식품)
정리	10분	10. 뒷정리	10. 다 같이 빠른 시간 내에 정리한다.	노트에 간단하게 반성문을 적어온다.

(이월기, 1967:115~116)

✒ 제4형의 수업지도안

버즈학습의 기본 이론을 적용하여 주된 과제 학습 또는 문제 해결 학습에 버즈 학습을 이용한 사례이다. 여기서의 지도과정에 나타나는 다른점은 수업의 단계에 있어서 버즈학습의 특징에 따라 전개하고 있는 점이다. 학습활동은 교사와 학생의 구분을 학생활동을 조사학습으로, 교사활동을 교사지도학습으로 분류하고 있다. 그리고 학습문제, 학습활동과 시간외에 보도활동이라는 별도의 항목을 마련하였다.

1. 단원
2. 일시
3. 장소
4. 단원의 목표
5. 본시 전개안

사회과 학습보도안

담임 ○ ○ ○

1. 단원 전개 기준안

단원	농업의 발달		시간	3/12
일시	1966. ○○ 14.00~15.00			
장소	학교 ○의 ○반 교실			
단원의 목표	목표			
단계	학습 문제	시간	학습 내용	

2. 본시 전개안

본시 목표	목표	1. 우리나라 주요 농산물에 대하여 알게 된다. 2. 우리나라 기후가 벼농사에 적합하다는 것을 알게 한다. . .				
	단계	학습문제	학습활동	시간	보도활동	자료
지 도 과 정	확인 버즈 진단 학습 조사 학습 교사 지도 학습	• 의문 문제점 발표 • 학습 문제 확인 • 우리나라 주요 농 산물 확인 • 우리나라 벼농사 짓기의 이로운 점	• 우리나라 주요 농산물이 무엇인 가를 버즈 협조 로 이야기한다. • 우리나라에서 가 장 많이 나는 농 산물이 무엇인 가를 알아낸다.	5′ 7′ 7′ 6′ 8′	• 각자가 조사해 온 자료를 서 로 교환해서 의문점을 찾 아내야 한다. • 우리나라 농 산물 생산량 그 림표를 살펴서 쌀, 보리, 밀이 가장 많이 나는 주요 산물임을 알아내게 한다.	• 각자 조사 한 농산물 생산 현황 • 농산물 생산량 그 림표
지 도 과 정	연구 버즈 교사 과제	• • • • •		6′ 8′ 5′		

(학습지도연구회, 1966: 392)

위의 수업지도안은 버즈학습을 바탕으로 수업을 계획한 것이다. 이는 단순히 버즈학습을 수업모형으로 받아들이려면 그에 상응하는 이론적 배경을 갖추어야 한다. 버즈 학습의 형식적인 면보다는 내실있는 수업지도안이 나오기까지의 과정을 자유로이 협의하는 것이 좋다. 60년대의 학습형태에는 과제학습, 문제해결학습, 가설검증학습, 버즈학습의 형태가 주로 활용되었다.

■ 수업관찰

수업 컨설팅 1.0시대에서의 수업관찰은 교사의 언어와 수업행위에 대하여 관찰하는 방법으로서 관찰자는 앉아서 하거나, 교사의 부담을 덜어주기 위해서 복도에서 관찰하는 경우도 있었다. 관찰기록법이 과학적이지 않으며 관찰의 주관에 의하여 평가하는 것이 일반적이었다. 그러나 연구수업의 경우에는 교사가 현장에서 자기연수의 기회로 간주하여 학생 교육의 현장을 무대로 하는 연구수업을 하는데 장학지도자나 동료가 있어서 참관하고 그 후에 수업자의 수업 성찰과 반성하는 협의회를 가진다. 수업을 참관하는 장학담당자나 다른 참관자들은 어떠한 관점을 갖고 수업을 보는가는 위의 수업지도안의 형식을 살펴보면 다음의 관찰관점을 유추해 볼 수 있다.

- 학습문제를 제시하고 있는가?
- 학습지도목표는 계획되어 있는가?
- 수업내용을 분명히 알고 지도하는가?
- 수업자는 수업에 대한 열의를 보이는가?
- 교실환경은 학습활동에 부합하고 있는가?
- 학습지도의 계획이 구체적으로 수립되었는가?
- 학생의 학습조직이 내용에 따라 조직되었는가?

– 수업목표를 달성하는데 적절한 자료를 제작하여 사용하고 있는가?

수업설계에서 평가정리까지의 흐름을 관찰하는 것으로 세세한 사항 보다는 수업을 진행하는 데 지도계획이 충분히 이루어진 상태에서 하는가를 본다. 그 후에 학습 환경이 목표구현에 어울리도록 학습 환경이 구성되어 있는가, 학생들의 관리는 학습 목표의 구현에 알맞게 조직되었는가를 관찰한다. 마지막으로 학습 목표와 학생의 학습경험을 평가하는 학습의 평가가 적절하게 이루어졌는지를 중점적으로 관찰할 수 있는 기준을 마련하였다.

✏ 수업 참관방법

수업을 참관하는 방법에는 수업자의 교실에 직접 참여하여 관찰하는 것이다. 수업에 참관하는 장학담당자는 관리자, 주임교사, 동료교사를 포함하고 있으며, 주로 수업자의 장학을 맡은 담당자가 관찰한다. 수업자에게 수업을 공개하며 평가를 받는다는 것은 매우 불편함을 주기 때문에 참여자는 수업자의 행위에 공감을 표시해주면서 관찰기록표에 수기로 표시한다. 때로는 참여자는 주로 들으면서 아동의 학습활동과 주변의 환경을 살펴보면서 수업의 진행을 관찰하기도 한다. 수업자에게 조금 더 다가가기 위해서 서로의 관계를 친밀하게 유지해야 하며 우선 서로의 친밀감이 형성된 후에 참관하는 것이 효과적이었다.

✏ 수업협의

그러면 수업을 한 후의 협의는 어떻게 하였는지를 장학의 원리에 비추어 살펴보고자 한다. 장학담당자와 수업자의 협의는 대단히 중요하다. 수업 후의 협의의 방식에는 장학담당자와 수업자와 개별적으로 하는 경우와 다수가 참석하여 협의하는 경우가 있다. 개별적으로 하는 경우에는 수업자 개인이 겪는 학교 및 수업관련 문제 등의 교직 문제에 속하는 것으로 교사의 태도 문제, 학습지도의 문제, 교육기술에 관한 문제 등을 지도·조언해주는 것이다. 장학담당자는 수업자의 수업반성을 듣고 그것을 자신의 문제로 생각하며 서로 해결하려는 태도를 보여야 한다. 이처럼 장학지도자는 교사들의 앞에서 힘써 보겠다고 하는 태도를 버리고 장학지도자는 교사와 약간의 상이한 경험과 식견을 가지고 있는 한 사람의 자료 제공자로서 혹은 교사와 같이 그 문제 해결을 위한 성원으로서 교사들과 같이 활동해야 하며 그리하여 해결방법을 결론을 얻게 되면 장학지도자는 교장, 기타 참가자와 같이 각자의 처지에서 해결의 책임을 분담해야 한다. 장학담당자의 역할과 자세에 대하여 민주주의적이고 비권위적이며 교사의 인격을 존중해가면서 문제 해결에 도움을 주는 사람이 장학을 잘하는 사람으로 여기고 있다. 장학담당자는 지시명령하는 위치에 있는 것이 아니며 어디까지나 수업자의 필요에 따라 조언하는 것이고, 수업의 개선에 필요한 도움을 사람으로 수업하는 교사에게 부담을 주거나 수업에 대한 사견을 강요하지 않는다.

5. 수업장학의 교육적 의미

앞에서 기술한 수업장학의 원리인 협동과 지도성에 의하면 장학담당자와 수업자간의 인간관계도 서로 이해하며 지도조언하는 수평적인 관계에 출발한다. 두 사람 이상의 사이에서 이루어지는 장학행위에서 수업장학은 어떠한 교육적 의미가 있는가? 장학은 수업의 질이 향상되는 것이 제일의 목적에 있다. 장학은 교사의 수업능력을 신장시킴으로써 학생의 학습효과를 높게 나타내려는 데에 있다. 장학은 수업자와의 상생의 서로 가르치고 배우는 상호협적인 능력의 개발활동이다. 더 나은 수업과 학습의 효과를 높이기위해서 상호의 의견교환은 물론 조언, 수용에 이르기까지의 수업전반에 관한 발전과정이다. 수업장학을 통하여 수업자는 자신의 수업을 성팔찰할 수 있는 기회를 얻어 바람직한 수업활동이 이루어지도록 한다. 수업참관자는 자신의 수업활동 또한 성찰하여 자신의 수업개선에 노력를 한다. 수업자와 수업을 관찰자는 상호 발전적인 의견을 상호교환하고 조언을 함으로써 수업에 대한 새로운 생각과 인식을 하게 되면서 상호발전하는 기회를 갖게 된다. 수업의 발전 외에도 수업자와 관찰자와의 새로운 인간관계 형성에도 도움이 되는 긍정적인 효과도 가져오게 된다. 이처럼 직접적이며 공동성을 가진 수업장학활동은 현장교사의 실연장으로 자기연수의 기회로서 또한 공통 문제 해결의 한 과정으로서 중시되고 있다.

제2부
수업 컨설팅 2.0(1980~1990년대)

수업 컨설팅 2.0

수업 컨설팅 2.0의 시대는 장학의 발전기인 80~90년대로써 수업장학 방법, 수업장학의 기본원리, 수업장학 체제, 수업장학의 제 모형, 수업장학의 추진과정, 수업참관요령, 지도안의 작성 등을 설명하였다. 80년대의 장학의 형태는 70년대의 장학의 개념이 지도·감독·지시의 일변도에서 벗어나면서 90년대의 학교장 중심의 자율장학과 지구별 자율장학의 활동으로 수업중심의 장학이 강조되기 시작하였다. 이로써 수업의 기술과 방법에 대한 수업장학의 기틀이 자리 잡아 가게 되었다.

[제1장 수업 컨설팅 2.0에서의 장학개요]
– 수업장학의 도입 기틀 마련 –

1952년 지방자치제가 발족하면서 그 해 6월 4일 처음으로 교육자치제가 시행되어 관료적 교육행정에서 민주적 교육행정으로 크게 진전하였다. 1978년대에는 협력장학관제를 만들어 본격적인 장학행정이 시작되었다. 장학의 발달에서 장학의 개념이 감독·지시·명령·지시 일변도에서 민주적, 과학적으로 변천해 왔다. 1982년 문교부의 장학지도 방향에서 명시된 내용에서 지시감독 위주의 지도를 탈피하고 획일적인 지도 관점이나 평가 척도에 의한 지도를 지양한다가 주요 내용이었으며, 1993년 문민정부가 들어선 이후에는 종래의 종합장학을 지양하고, 학교장 중심의 자율장학장학업무의 수행기능으로서 학교장 중심의 자율장학과 지구별 중심의 자율장학 활동을 강화하여 밀도 높은 교수·학습활동으로 수업의 질 향상을 도모하기 위해서 교과 연구회가 활성화 되었으며, 교내 및 교사 자율연수를 강조하였다(정태범, 1999:65). 수업장학은 수업개선의 향상에 최고의 목표로 설정하여 수업중심의 장학이 강조되어 교사의 수업 기술 개선 및 수업 기술 향상에 초점을 두었다. 수업장학은 1950년대 말부터 M.L. Cogan과 그의 동료들은 장차 교원이 될 학생들에게 수업 방법과 수업 기술을 연수시키기 위한 프로그램을 만들어 이들에게 적용한 것이 이론적으로 정립한 시초로, 현장교육에서 교사들의 수업기술과 능력을 향상시켜주는 데 장학방법으로 활용하고 있다. 수업장학의 궁극적인 목표는 교사의 수업능력 향상을 통한 수업의 질을 개선하려는 데 있다. 수업장학은 교사의 수업현실을 과학적, 조직적이고 체계적인 방법으로 교사와 학생의 수업활동의 질을 향상시키는 것이다. 수업장학은 1980년대부터 우리나라에 소개되어, 이후 수업장학의 필요성과 방안에 대하여 논의가 진행되기 시작했다(안우환·권민석·신재한, 2006:189에 재인용). 이로써 수업의 기술과 방법의 개선을 위한 수업장학의 기틀을 서서히 잡아가기 시작하였다.

[제2장 수업장학]

1. 수업장학의 기본원리

수업장학이란 연구수업 등을 좀 더 조직적이고 전문적인 관점에서 수업을 관찰하고 분석하여 객관적이고 타당성 있는 자료를 근거로 수업기술의 발전, 즉 수업개선을 모색하는 것이다. 수업장학을 통해서 현장의 교사들이 자신의 수업이 과연 개선되고 발전되었는지, 어느 부분에서 개선되었는지를 잘 인식하기가 쉽지 않다. 수업 개선을 위해 수업장학을 체계적이고 효율적인 과정으로 교사의 수업 기술을 개발하고, 학생의 학습을 촉진하여 학습능력을 향상시키기 위한 수업관찰을 면밀하게 할 필요가 있다.

■ **수업장학의 개념**

수업장학의 최종적인 목표는 수업개선을 통하여 학습의 결과가 가장 효과적으로 나타나는 데에 있다. 따라서 그 목표를 달성하기 위해서 교사의 수업기술을 개발하고, 학생의 학습을 촉진하기 위한 조직적인 활동이 필요하다. 수업장학 행위는 교사의 수업행위에 직접적으로 영향을 미침으로써 학생행위의 변화를 가져온다는 것이다.

수업장학은 교육의 목적에 따라 장학담당자가 수업자의 교육활동을 지도함으로써 학생의 학습능력을 극대화하는 데 있다. 직접적으로는 교사의 교육활동을 지도·조언함으로써 간접적으로는 학생의 학력을 향상시킴을 통해서 궁극적으로는 학교라는 조직이 달성하고 하는 일련의 과정이라 할 수 있다(정진환, 1989:37). 수업장학은 장학담당자와 수업자 사이의 관계가 원만해야 하며 교수·학습에 관한 치밀한 계획이 수립되어 있어야 한다. 장학담당자는 수업계획을 검토하고 수업자와의 인간관계 수립을 위해 대화의 분위기를 조성한다. 수업에 필요한 내용과 방법, 그리고 수업의 효과 즉 학생의 가치와 태도, 행동의 변화는 어떻게 나타날 것인지를 예상해 볼 수 있다. 수업의 실제에 들어서는 장학담당자는 수업분석절차 및 방법에 따라 수업을 관찰·기록하여 그 수업의 특성이나 의미를 찾고자 한다. 수업 후에는 학생의 행위에 어떠한 변화가 있는지를 인지적, 정의적, 행동적면에서 살펴보아야 한다.

■ 수업장학의 태도

수업 컨설팅 2.0시대에서의 수업장학은 수업 컨설팅 1.0시대보다는 새로운 수업모형이 도입되면서 수업장학의 방법이 점차 변하고 있었다. 장학담당자의 태도와 역할에 많은 변화가 있었으며, 수업장학에 대한 절차와 방법이 정립되어 가고 있다.

교육 활동의 목표를 달성하려 할 때 교육활동에 관여하는 사람들이 적극 참여하도록 하고 그들의 협조를 통해서 그 활동의 효율성을 높이는 것을 장학적 태도라 한다(조병효, 1985:23). 이 당시에는 민주주의를 실현하는 현실에서 교육당국이 추진해야 한 장학의 당면과제는 민주주의적인 교육관을 세우는 데 있다. 이는 바람직한 인간성을 함양하고 교사와 학생의 인간관계를 돈독히 형성하면서 창의적인 수업활동을 조장하였다.

장학담장자는 주로 장학관(사), 연구관(사), 교장, 교감, 주임교사로 80~90년대의 문교부의 장학 방침이 민주적인 방향으로 설정되었지만 실제 교육현장에서는 권위주의적인 행태가 많이 작용하였다. 장학에 대하여 교사가 갖는 부정적인 태도는 장학 그 자체보다는 장학담당자가 장학을 실시하는 방법에 문제가 있었다(김홍원, 1983:54). 수업자는 장학담당자로부터의 비판적인 내용에서 벗어나기가 어려웠으며, 장학의 시간이 대단히 엄격하고 권위적이었다. 이는 장학담당자들의 장학의 태도가 위엄 또는 권위적인 면이 존재하는 것은 문교부가 제시한 장학의 기본태도에서 언급하고 있는 것이 아니라, 장학을 담당하고 있는 사람들의 고압적인 마음에서 비롯되는 것이다.

■ **수업장학 담당자의 역할**

수업장학의 기능을 좀 더 확장한다면 장학 담당자가 교사를 도와 학교에서 교수학습활동이 잘 이루어지도록 조성하는 일로서 교육목표 설정, 교육과정 개발, 수업기술의 향상에 있는 것이다.

장학담당자의 학교방문에 따른 수업장학은 대체로 정해진 날짜에, 주로 1교시에는 학교운영에 대한 전반적인 설명을 들은 후 본격적으로 2~3교시에 전 학급의 공개수업을 한다. 이때 장학 담당자는 학년별 교과수업을 참관하되 지도·조언할 수 있는 교과목을 지정하여 참관한다. 수업 후에는 장학반의 협의를 거쳐 전체적인 수업장학에 대하여 장학담당자의 지도·조언의 내용 등을 전문적으로 교과지도에 대하여 좌담식으로 한다. 수업장학 지도는 교과지도에 대한 지도·조언을 강화하여 새로운 장학형태의 이미지를 전달하여 수업의 개선에 긴장하는 분위기를 조성하였다.

장학담당자의 수업장학에 관한 사항으로는 교수·학습향상을 위한 환경 및 분위기 조성, 교수·학습계획의 평가, 교육활동의 지도·조언을 하는 것이다. 명목상 지도·조언이라 하지만 현실의 흐름에 걸맞은 장학론과 교육행정학에 등장하는 장학용어로 지도론, 지도력, 지도자, 지도성 등이 주를 이루고 있는 것으로 보아 장학의 이미지와 분위기는 상당히 부정적 반응을 보이고 있었다(이영현. 1989:28~36). 장학담당자인 관리자는 장학의 기본적인 인식이 민주주의적 관점에서 바라보기보다는 장학활동이 관리자가 되는 데 필요한 일정한 활동형식으로 장학의 본연의 요소가 많이 부각되지 않았다. 따라서 권위적인 용어 외에도 장학담당자들은 수업장학에 대한 체계적인 연수와 학습의 부족하였을 뿐만 아니라, 관리자의 수업관리능력에 관한 수업의 전문성도 그리 높지 않았다. 장학담당자가 수업을 관찰하는 시점에 다다르면 수업자는 기존의 수업형태에서 벗어나 형식적인 수업을 진행하는 수업활동을 하는 것이 관례였다. 갑작스런 수업준비와 자료제작에 몰입하는 등 일반적인 수업 개선에 대한 이해가 부족하여 장학이 마친 이후로는 다시 이상의 수업으로 회귀는 형식화되었다. 장학담당자는 수업자의 수업능력 향상시키는 방향보다는 수업의 지적과 비판으로 일관하여 수업자의 수업에 대한 부담이 매우 컸다. 이는 올바른 장학의 활동이라 볼 수 없으며 민주적인 장학의 방법을 지향하게 된 결정적 계기는 당시의 우리나라의 세계화의 지향에 따라 서서히 민주적인 방향을 변하기 시작하였다. 90년대 후반부터 세계화의 정책으로 세계화, 글로벌화의 정책운영에 따른 교육의 향방도 변화의 붐이 일어 장학의 장학의 문제점이 노출되면서 수업장학의 활성화에 대한 논의가 진행되기 시작하여 경영학의 컨설팅개념을 교육학에 도입되기 시작하였다.

■ 수업장학의 종류

1960년대 하버드대학에서 개발한 임상장학이 대두하면서 장학의 유형도 전통적 장학[1], 1:1장학, 집단장학활동이 분화되고 전문화되어 가기 시작하였다. 장학의 종류로는 임상장학, 동료장학, 자기장학, 약식장학 등으로 구분되며, 90년도에는 새로운 "선택적 장학[2]"이 도입되었다. 수업장학의 분류도 서로 다른 교육경험에 따라 임상, 동료, 자기, 약식 장학의 형태로 학교의 형편에 따라 적절히 운영하고 있는 실정이다.

교육의 내용이 지식의 구조라는 학문의 기저를 이루고 있는 브루너의 학문사상에 따라 교수·학습의 방향이 결정되어 장학의 방법과 내

---

1 전통적 장학은 장학사나 교장, 교감이 잠깐 교실에 들러 수업을 관찰하고 평을 하는 형식을 취한다. 그래서 교사의 눈에는 도와주려는 의도로 비춰지기보다는 감독을 하는 것으로 이해되어 전통적 장학에 대하여 일반적으로 거부감을 가졌던 것이다(주삼환, 2007:321).

2 Allan A. Glatthorn(1984). Differnetiated Supervison.진동섭(2004). 새로운 선택적 장학. 서울: 교육과학사. 진동섭은 1986년 이를 선택적 장학으로 처음으로 번역·소개하였다. 선택적 장학이란 다양한 장학방법 중에서 자신에게 맞는 방법을 선택하게 하고 원의 사정에 따라 조정하게 하는 것이다(주삼환, 2003:198). 수업장학의 유형 중에서 가장 교사들의 요구에 부응할 수 있는 유형이 선택적 장학이다(안우환·권민석·신재한, 2006:189). 선택적 장학은 몇 개의 장학방법의 대안 중에서 각 교사에게 맞는 장학방법을 교사가 스스로 선택하게 하는 방법이므로, 장학의 개별화·인간화·능률화·민주화에 기여할 수 있기 때문이다(하영철, 1998:13).

용도 그에 편승하고 있다.

2. 학습지도의 기본원리

■ 교수·학습지도안의 일반모형

수업장학이 발달하는 80년대 이후부터는 헤르바르트의 5단계 교수설과 Glaser의 4단계의 모형은 고전적 수업모형이라 할 수 있다. 모형들은 수업활동의 흐름을 중요시하는 하나의 수업형식으로 모든 교과에도 공통적으로 적용할 수 있는 수업모형으로 수업의 경제적 효과를 나타나는 데 관심을 갖고 있다. 교수·학습활동은 학생이 학습해야 할 학습목표를 분명히 제시되어야 하며 학습의 계열성이 이루어져야 한다. 학습목표에 얼마나 도달하였는지를 알아보는 평가가 이루어져 학습의 부진요소를 제거할 수 있는 환류 기회를 가져야 한다. 교수·학습지도안에 들어갈 요소로는 본시의 내용이 교육과정의 내용의 구현할 수 있어야 하는 등 앞차시 또는 선수학습과의 연계, 자료선정 및 제작, 수업활동, 평가, 차시예고의 전반적인 수업활동 조직으로 구성되어 있어야 한다.

80~90년대의 수업장학은 교과의 특성에 따라, 수업이론에 따라 세세한 형식을 취하는 것보다는 일반적으로 공통의 형식을 취하고 있었다. 교육대학의 교과과정지도, 실습학교의 교과과정지도에서도 주로 통용되었던 수업지도안은 3단계로서 도입, 전개, 정리의 형식이었다.

수업지도안의 활동은 학습활동으로 교사와 아동(학생)의 발문을 구
분하고, 시간, 유의점 및 자료, 비고의 형식이었다.

과정	학습문제	학습활동		시간	자료	유의점
		교사	학생			
도입						
전개						
정리						

　　정리단계의 아래에 별도의 평가란도 기재하는 경우도 있으며, 정리
단계에 평가항목을 삽입하는 경우가 더 일반적이었다. 학습활동에서
는 교사의 발문과 그에 대한 학생의 응답의 내용을 자세하게 기록하
는 것이 통상적인 형식이었다.

　　수업의 모형이 도입됨으로써 교수학습의 지도안이 위와 같이 일반적
으로 어느 교과에서나 활용할 수 있는 지도안 구성되었다. 80~90년
대에서는 학습활동의 요소를 3단계 또는 5단계로 나누었으며, 학습
활동을 분화시켜 교사와 학생의 교수·학습활동을 구체적으로 제시한
것이 특징으로 나타난다. 3단계에서는 도입, 전개 그리고 정리의 형
식을 갖추었으며, 5단계에서는 단원의 전개방식을 ① 도입단계 ② 계
획 ③ 전개단계 ④ 정리(완결단계) ⑤ 평가단계의 5단계 형식(함종규,
1987:250)을 취하였다. 대체로 3단계, 5단계 분류의 도입단계에서는
학습자의 학습의욕을 고취시키는 단계이며, 전개단계에서는 교수학습
활동의 구체적인 실행단계이다. 마지막으로 정리단계에서는 학습결과

에 대한 평가로, 처음에 계획한 학습목표에 얼마나 접근하였으며, 학생들은 어떠한 행동변화가 있었는지 등을 살펴보는 교수·학습지도안이다.

3. 수업장학의 모형

80년대 이후의 수업장학에 대한 모형은 외국학자들의 수업장학의 모형이 활발히 도입되는 시기였다. 수업의 기술의 기법, 수업의 관찰 및 분석법, 수업개선을 위한 장학의 모형 등이 교육현장에 많이 적용되고 실용화되었다. 수업장학의 핵심적인 임상장학에 대한 수업장학 모형으로는 Cogan의 수업모형, Goldhammer의 5단계 수업장학 모형, Achesonrhk Gall의 3단계 수업장학 모형이 있다. 수업장학의 절차와 방법이 활용되는 과정으로서 수업 전 협의, 수업관찰 그리고 피드백할 수 있는 있는 수업 후의 협의로 간략히 나타낼 수 있다.

4. 수업장학의 형식

■ 수업장학협의록 양식

각 시도에서 실시하는 수업장학의 방식은 일반적인 장학의 모형을 사용하였으며, 그에 따른 수업장학협의록과 수업 참관 내용은 아래와 같다.

수업장학협의록 양식

실시일	199 . . . 요일		학반	–	담임	
교 과	단원 및 제재			학습과제(학습목표)		

▷ 수업 참관 및 협의

관 점	협 의 내 용
1. 교사 활동 　1) 교과와 교재의 특징 부각 　2) 동기 유발 및 목표 확인 　3) 교사의 발문과 아동 발언 처리 　4) 탐구 및 발견 학습 유도 　5) 자료의 선정과 활용 　6) 능력 차의 고려와 개별지도	
2. 아동 활동 　1) 학습 목표 파악 정도 　2) 학습 참여도 　3) 창의적인 사고와 탐구 활동 　4) 발표 능력과 발언의 질 　5) 자주적 학습 능력 　6) 자료 활용 능력	
3. 학습 기록 　1) 교사의 판서 상황 　2) 아동의 기장 내용과 학습사	
4. 수업 개선을 위한 노력 　1) 교육과정의 이해 　2) 개인 성장을 위한 연수 　3) 교사의 사랑과 열정	

경상북도 포항교육청(1992), 수업장학협의록(장학자료 92-1)

■ 수업장학의 과정

학교현장에서 교사들 간에 많이 시행되고 있는 수업장학을 중심으로 수업장학의 운영에 대하여 알아보자.

(1) 구성

- 연구주임교사와 협의체를 구성
- 특정교과 또는 분야에 연구를 깊게 한 교사
- 학년주임교사를 중심으로 같은 학년으로 구성된 교사
- 교감, 교장의 결정에 따른 장학담당자의 구성

(2) 운영방법

학교별로 장학의 운영방법은 차이가 있으며 경력에 따라서도 결정이 된다. 자율장학과 약식장학의 방법이 통용되어 일반화되어 있다. 수업은 수업자의 행위과 수업자의 수업계획으로 두 가지 모두 잘 이행되어야 한다. 수업자의 행위에 대해서는 언어 사용, 교사의 움직임(동선)으로서 습관화된 것으로 평소에 훈련을 하고 있어야 한다. 그리고 수업지도안은 수업현장에서 적용할 실제적인 수업활동과 학습활동의 설계도이기 때문에 단위시간에 달성하고자하는 학습목표를 비롯하여 교수학습내용을 한 눈에 알아볼 수 있게 기술되어야 한다. 수업을 시작하는 단계에서 수업후에 이르기까지의 일련의 과정을 알아보자.

1) 수업전 협의

주임교사는 약식장학으로 하는 경우가 대부분이거나 교내의 장학담당자로서의 자격으로 수업장학을 자기장학으로 갈음한다.

- 수업자의 수업문제 해결을 위해 학년주임교사를 중심으로 수업지도안의 작성의 지원, 자료제작의 지원, 학급환경설정의 보조 등의 수업업무관계를 협의한다.
- 수업이 이루어지기까지의 과정에는 동료교사가 적극적으로 지원 및 보조하는 체제로 구성되고, 수업자에게는 미니수업으로 동료교사에게나 주임교사에게 수업시연을 한다.
- 교장, 교감, 주임교사(연구주임)은 필요한 경우에 동료장학의 계획 수립에 참여한다.

2) 수업중 관찰

수업관찰단계에서는 관찰자는 일정한 수업장학 양식에 따라 관찰하고 기록한다. 관찰한 사항은 수업후의 협의에 논의되는 사항으로 면밀하게 관찰기록한다.

- 수업활동에서 관찰한 내용을 관찰기록부에 의거하여 관찰 관점을 적는다.
- 수업관찰방법에는 수업관찰기록표에 따라 수업관찰을 실시하여 수업과제가 무엇이며, 해결할 수 있는 객관적인 자료를 수집한다.

3) 수업후 협의

수업후의 협의에서는 수업관찰한 내용을 가지고 수업자는 먼저 자신의 수업에 대하여 반성적 성찰을 하며, 장학담당자는 수업자의 입장을 경청하고 난 후 자신의 견해를 지도 및 조언의 형식으로 조심스럽게 밝힌다.

- 수업을 관찰한 동료교사 또는 장학담당자는 수업후의 결과에 대하여 상호 협동적이고 자유로운 분위기에서 논의한다.
- 수업활동에 따른 결과 협의에서 논의된 수업개선에 대한 내용은 즉시 해결하도록 한다.
- 수업활동의 결과에 따라 차기의 수업방법과 방향을 제시하며 바람직하고 발전적인 방향의 수업이 되도록 한다.
- 수업후 협의회는 수업을 마친 후 바로 현장감 있도록 실시한다.
- 교장, 교감 그외의 장학담당자는 수업후 협의회에 참석하여 수업장학에 참여한 교사들로부터 수업에 관한 의견을 청취하고 그에 따른 적절한 조언과 지도를 한다.

수업후에 발견되는 문제점을 개선하고, 발전할 수 있는 수업의 가능성을 제시하는 지도와 조언으로 협의과정을 끝마친다.

(3) 수업관찰

수업자의 수업을 참관하기 위해서는 기본 관찰사항에 따라 점검해야한다. 연구주임교사는 수업을 참관하기 전에 수업의 연중계획에 의거하여 수립된 관찰기록지를 만들어 장학담당자는 물론 동료교사가 점검할 수 있도록 준비해야한다. 수업장학은 교수 및 학습지도 방법에 관하여 충분한 연구가 있어야 한다. 수업을 관찰하는 데에는 다음과 같은 관점을 갖고 하였다.

1) 교사의 수업준비

① 교재연구는 깊이 하였는가?

② 학급실태를 잘 반영하였는가?

③ 수업설계는 올바르게 하였는가?

④ 교구 및 자료제작을 제대로 하였는가?

⑤ 학습환경은 교육내용에 맞게 조성되었는가?

⑥ 학생들의 생각을 그리고 질문을 예상하고 있는가?

2) 교사의 수업

① 교사의 발언이 모범적인가?

② 교과의 교육과정을 준수하고 있는가?

③ 학생중심활동인가, 교사중심활동인가?

④ 국가교육과정을 잘 이해하고 지도하는가?

⑤ 교수학습교구 및 자료는 잘 준비되었는가?

⑥ 연간교육과정에 의거하여 수업을 진행하는가?

⑦ 학생의 창의와 고등정신능력을 신장하는 수업인가?

⑧ 교사의 판서활동은 조직적, 계획적으로 이루지는가?

⑨ 학생의 인지적 지식과 정의적 태도를 잘 이해하고 있는가?

⑩ 전반적인 수업활동이 학생의 인격을 존중하는 교육인가?

이외에도 교실환경, 학습 분위기, 교수·학습활동에서 자자하게 이루어지는 움직임, 학습활동, 발문 및 질문형태, 그리고 그 사후처리, 자료 활용 등을 고려해 볼 때 단순한 수업참관이 아닌 구체적인 사전계획을 갖고 이루어져야 한다. 수업관찰을 하는 방법들을 구체적으로 제시해보면 다음과 같다.

① 수업 이전의 준비상태를 파악하고, 학습목표 및 학습전개 계획을 뚜렷이 알고 있어야 한다.

② 수업진행사항을 기록할 수업 관찰지를 준비하고, 객관적·분석적인 관찰기록을 해야 한다.

③ 관찰목적과 연관되는 사항을 미리 메모해 두는 것이 바람직하다.

④ 학습목표 달성 등에 깊은 주의를 기울여야 한다.

⑤ 교사의 수업활동과 학생활동이 학습의 목표와 어떻게 관련되고 있는가를 유심히 관찰해야 한다.

⑥ 현장교사나 학생이 관찰활동으로 인해 긴장하거나 방해받지 않도록 해야 한다.

⑦ 수업관찰결과를 위한 모임에는 허심탄회하게 의견교환을 할 수 있는 수용적인 분위기를 마련해야 한다.

(조영일, 1989:52)

수업장학이 비록 미국에서 도입된 것이지만 우리 현실에 적용하기에는 그리 쉽지가 않다. 미국의 학교문화와 우리의 학교문화는 전통적인 사회의 문화로 견주어 보아도 확연히 다르다는 것을 알 수 있듯이 다른 사람의 수업을 관찰하기란 권위적인 학교장학 문화에서는 매우 조심스럽다. 수업을 개방하는 자체에도 어려움이 있지만, 수업을 관찰하고 의견을 나누는 것도 일방적인 의견이 제시될 수 있으므로 장학담당자들의 장학태도에도 지켜야 할 관행이 있는 것이다.

수업관찰자는 수업을 보고 난 후의 수업의 전개과정, 교사의 발문, 자신이 활용할 수 있는 배울 점 등을 장학하는 입장에서 관찰하고 기록한다.

수업관찰록

교과 및 단원	실과: 5-(4) 새마을 가꾸기
목표	농협의 필요성을 알고, 옛날의 협동 조직에 대해 알 수 있다.
내용 및 활동	• 농업협동조합의 의의 • 필요성 • 옛날의 협동 조직 • 총회 등
소감	수업이 처음부터 끝까지 지식의 전달인 것 같으며 수업의 변화(리듬)가 없었던 것 같다. 그 시간에 배운 것을 다시 괘도로 정리하여 필기하라고 했는데 이미 많은 아동들이 필기를 빼 놓았다.
질문사항	• 이 수업과 관련한 수업의 적정한 모형은 어느 것이 좋을까요? • 전개활동에서 아동들이 조별활동자료가 좀 부적하지 않았는가?

(김주란, 1980. 교육실습록)

교육실습에 대한 수업의 관찰도 일종의 장학의 형식을 취하고 있는 경우가 있다. 교사는 자신의 수업을 관찰자에게 보여줌으로써 수업의 정도를 지도하는 경우와 자신의 수업을 장학을 받는 입장에서의 경우를 함께 놓고 볼 수 있다. 수업기록 형식은 없으며, 자신이 필요한 부분을 기록하여 무엇을 어떻게 수업을 하는지의 궁금증을 갖고 자신의 수업의 노하우를 교사를 통하여 습득하는 것이 가장 바람직한 상황이었다. 많은 경력자들의 수업 경험을 간접적으로 겪으면서 하나하나의 개별 교사에게서 필요한 정보를 얻는 것이다. 특히 수업의 전개과정에서 교사와 관찰자의 시각이 다르고 개선의 여지가 있음은 관찰자 스스로가 판단하여야 한다. 수업후의 협의는 대개가 덕담이나 유머, 조언보다는 지적하는 사항이 주를 이루어 협의회 자체가 지시·지도·편달을 중심으로 이루어진다.

제3부
수업 컨설팅 3.0(2000년 이후)

수업 컨설팅 3.0

수업 컨설팅 3.0의 시대는 2000년 이후 장학의 정착기와 수업 컨설팅의 개념이 정립되고 그 활동이 본격적으로 시작하는 시기이다. 따라서 수업 컨설팅의 명시적 개념이 정립되고 수업 컨설팅의 절차와 방법 등이 검증되어가고 있으며, 컨설팅활동에 따른 수업 컨설턴트의 역할, 자질 등을 상세히 기록하였다. 그리고 수업 컨설팅의 과정에 따라 교수·학습과정안의 발전단계가 어떻게 변화되는지를 살펴봄으로써 수업 컨설팅을 하여야 하는 이유 등의 인식 전환을 하는 데 도움이 되도록 하였다.

[제1장 수업 컨설팅 3.0에서의 장학개요]

1. 수업 컨설팅의 탄생

초·중등교육법 제7조에 의하면 "교육과학기술부 장관 및 교육감을 학교에 대하여 교육과정운영 및 교수·학습방법 등에 대한 장학지도를 실시할 수 있다."라고 되어 있어 장학활동은 명실상부한 법적인 권

한에 속하여 장학담당자들은 법의 보호하여 장학활동을 할 수 있다. 2010년 5월 7일에 법 규정에 의해 교육과학기술부장관 및 교육감은 장학지도의 대상·절차·항목·방법 및 결과처리 등에 관한 세부계획을 수립하여 이를 장학 지도 대상 학교에 미리 통보하여야 한다. 따라서 일부 시도교육청은 선진형 지역교육청 기능 및 조직 개편에 따라 "교육청의 규제 감축 및 기능 재정립에 따른 시학 위주의 장학을 컨설팅 장학으로 전환하고…"라면서 지역교육청의 컨설팅 장학이 자리매김하기 시작하였다.[3]

2. 수업 컨설팅의 개념

학교컨설팅이란 용어와 원리는 2003년에 처음으로 대두하여 현재에는 컨설팅의 의미를 우리말로 번역하여 쓰기보다는 그 용어가 우리말처럼 자연스럽게 사용되고 있으며, 특별히 번역하여 쓰는 것이 어색할 정도로 대중화되었다.

우리는 몸이 아프면 의사를 찾아간다. 몸에 이상이 있는지를 검진하여 의사의 상담과 진찰을 통해 몸의 현상을 파악한다. 기업은 어떤가? 기업 경영에 문제가 있으면 문제에 대한 검토를 비롯하여 문제 해결책을 모색하고자 컨설팅 회사를 찾는다. 의사가 환자의 몸 상태를 진단하여 적절한 처방을 내려 상태를 호전시키는데, 이러한 일련의 활동을 컨설팅이라 한다(조민호·설증웅, 2011:14).

---

3 2012 희망 서부 컨설팅 장학계획. 2012. 3월 회의자료

교사의 전문성은 곧 수업에서 나타난다. 과거의 획일적인 수업형태는 지식전달의 일변도였다. 지식이 절대적으로 필요한 사회에 적합한 교수방법이었다. 지식이 많은 교사, 지식을 잘 조직하여 효율적으로 학생에게 기억에 남게 전달하는 것이 최고의 교사였다. 그러나 사회는 폭발적으로 증가하는 지식의 양을 개인이 모두 담아내기에는 너무나 많은 양이 양산되고 있다. 그것도 다양한 분야에서의 각기 다른 지식의 양이 하루에 수십만 건의 책과 논문으로 발표되고 있는 시점이다. 이러한 사회의 변화구조에서 모든 지식을 수용하기에는 불가능하다. 지식도 필요하지만, 지식을 생활, 학습에 필요한 알맞은 내용을 선별하고 이용할 수 있는 방법이 더욱 필요하게 되었다. 그러므로 무엇을 어떻게 가르칠 것인가? 그리고 학습의 효과가 극대화될 수 있는 생산적인 교육이 될 수 있도록 한다. 즉, 수업컨설팅의 목적은 과거의 수업장학 지도의 위계적이고, 강압적인 행태에서 벗어나 교사의 전문성을 인정하고, 평등한 관계 속에서 실질적 수업 개선을 위한 제도적 장치이다(박상현, 2011:87). 수업컨설팅의 목적이 수업개선에 있으니, 그러면 수업컨설팅이란 무엇인가?

　　수업 컨설팅 활동은 수업교사가 문제를 의뢰하면, 수업의 전문성과 기준과 수업 관찰이나 면담, 자료 등에 기초하여 문제점을 확인하고, 수집된 객관적 자료를 분석하여 문제와 관련한 교사의 수행수준을 진단하고, 진단 결과에 대해 적절한 조언과 처방을 내리는 일련의 문제해결 지원과정이다(이화진·오상철·홍선주, 2007:44).

"수업 컨설팅"은 컨설턴트와 컨설턴티가 수업에 대한 공공 이해를 바탕으로 "보다 좋은 수업"을 실행하는 데 도움이 되는 지식, 경험, 정보를 공유하고 수업과 관련된 제반 사항에 대해 상호 협력하는 총제적인 과정이다. 따라서 수업 컨설팅은 교사 자신, 동료 교사, 외부의 수업 컨설팅 전문가 등이 협력하여 지속적으로 수업에 대해 진단, 처방, 실행을 통해 실질적인 개선을 이루어가는 자기 주도적인 전문성 신장의 과정이다(천호성, 2008:112).

수업 컨설팅은 수업 관련 문제를 해결하기 위해 도움을 요청한 교원에게 교내외의 수업 컨설턴트들이 학교 컨설팅의 방법과 원리에 따라 제공하는 자문 활동이다(진동섭·홍창남·김도기, 2011:101).

수업 컨설팅은 수업개선을 위한 교수자와 동료, 전문가들의 협력적 문제해결의 과정이다(민혜리·심미자·윤희정, 2012:33).

수업 컨설팅은 수업을 어떻게 보느냐에 따라 개념과 의미가 다르며, 그 정의 또한 연구하는 학자마다 보는 견해에 따라 약간씩 달리 하고 있다.

위의 수업 컨설팅의 개념에서 나타나는 용어를 보면 문제해결, 수업의 질 개선, 협력, 동료교사, 전문가, 자문 등으로 수업과 관련한 친숙학 용어이다. 수업 컨설팅의 개념에서 공통적으로 대두되는 낱말은 '수업개선'이라는 것으로 결론으로 말하면 '수업을 잘 하라', '수업을 학습의 효과가 잘 나타나도록 하여라'로 수업을 하되 수업자의 입장에서 보면 수업의 효과가 크고, 학습자의 입장에서 보면 학습의 효과가 나타나도록 해 주어야 하는 것이다. 수업의 질을 개선하기 위해서 수업의 질을 높이고 싶은 교사나 수업을 더 잘하고 싶은 교사에게 필요로 하는 일종의 인센티브인 셈이다. 따라서 수업능력이 뛰어나고 지도능력이 있는 교사 또는 전문가들이 수업개선이 필요한 동료 교사들의 수업능력이 신장되도록 지원해주는 것이다.

결과적으로 컨설팅이라는 것은 교실 또는 실외에서의 수업이라는 현상을 중심에 놓고 수업에서 나타나는 문제를 컨설턴트의 교육적 지원으로 의뢰인 스스로 해결책을 찾아가는 것이다.

■ 수업 컨설팅의 질적 위치

수업 컨설팅을 하는 근본적인 이유는 교사의 수업개선을 통한 학생의 학습 효과를 높이는 데 있다. 지금까지 학습의 모형은 일반적으로 아래와 같이 적용되어 왔다. 이러한 모형은 잘 정착되어 있는데 학습의 효과가 바람직하게 나타나지 않는다는 데 있으므로 좀 더 효과적인 결과를 얻기 위해서는 어디를 변화시켜주어야 하느냐가 문제이다.

수업 컨설팅의 질적 위치

학생	·	수업자	·	학생
학생의 특성 　-인지적 영역 　(지식, 학습 능력 등) 　-정의적 영역 　(가치, 신념, 태도 등) 　- 행동적 영역 　(행동, 움직임 등) 학생의 영역별 특징 인식	⇨	**교사의 특성** 　-인지적 영역 　(지식, 교수기술, 학습능력 등) 　-정의적 영역 　(가치, 신념, 태도 등) 　- 행동적 영역 　(행동, 움직임 등) 수업자의 수업개선에 중점	⇨	학생의 학습성과 (성취수준 향상) -인지적 성과 -정의적 성과 -행동적 성과 학생의 인지, 정서, 행동의 변화

⇧
수업 컨설팅

문제는 학생의 인지적, 정의적 능력을 교사의 수업개선의 열과 성을 통하여 학생의 학습 성과를 얼마나 높이느냐에 관점을 놓고 변화될 부분을 찾아보니 학생의 인지, 정의적 현재의 능력 영역을 발전적인 영역으로 높이는 작업은 바로 교사의 교수 기술개발과 가치·신념·태도를 개선시킬 수밖에 없는 것이다. 바로 학생의 인지적, 정의적 및 행동적 영역의 특성을 인지하고 학습의 성과(성취수준 향상, 인지적 성과, 정의적 성과, 학습 속도, 행동적 성과 등)를 높이기 위해서는 교사의 인지적 영역의 수업 지도 기술능력 신장, 교사의 연구, 학습능력의 신장 등의 수업의 질을 개선하여 학생의 학습효과(인지적 성과, 정의적 성과, 행동적 성과 등)를 높이는 방법을 모색하는 것이다. 이는 교사의 특성을 참조하여 교과의 지식을 넓히고 교수기술을 신장하는 등의 수업 개선에 있다는 것이다. 수업을 개선하는 방법을 구안해 본 결과로 수직관계인 장학보다는 수평적인 관계로 바라보는 수업 컨설팅이라는 것으로 방법의 변화를 찾아보는 것이다. 수업컨설팅의 궁극적인 의미는 변화되지 않았던(변화를 바라는) 학생을 교사의 수업개선을 통하여 학생을 변화시킨다는 것이다.

■ 교사문화와 수업 컨설팅

학교 교육은 사회의 변화속도에 맞추느라 빠른 속도로 변화하고 있다. 전통적인 지식전달과 지식 습득의 문화에서 지식의 창조와 교육 시스템의 복지 지향으로 하루가 다르게 변화하고 있다. 교사는 교원 자격증을 취득하여 임용경쟁시험에 합격하면 교원이 된다. 교사는 교육이라는 공적 사명을 담당하는 교사를 의미하여 그 명칭도 앞에 수식어가 붙은 기간제, 돌봄, 전문강사 등과는 사뭇 다른 의미가 있다. 즉, 교사의 직업 목적은 사적 이해관계가 아니라 공적 복리에 있다. 교사는 끊임없이 자기 발전을 위해 평생 연수를 하고 있다. 가르치는 일 이외에도 수시로 떨어지는 공적인 업무를 담당하고 있다. 교사의 문화를 재귀성, 불확실성, 무경계성의 세가지[4]를 들고 있다. 그러나 이러한 풍토 속에서 자란 교사문화는 공통된 목표를 갖고 형성된 집단으로 독특한 특성을 갖고 있다. 공공의 교육으로서 자신의 능력 개발하여 잘 가르치고 싶은 사명감을 갖고 자존심 있는 수업기술을 연

---

4 사토마나부(2011;185)는 재귀성이란 언제나 자신에게 돌아오는 특징이 있다. 아무리 부모가 나쁘고 사회가 나쁘다고 바깥에서 책임을 찾고자 해도 스스로 책임을 지고 대처할 수밖에 없다. 불확실성은 로티가 훌륭하게 묘사했던대로다. 무경계성은 교사가 하는 일의 복잡성을 보여줄 뿐만 아니라 교사가 하는 일의 무제한성을 표현한다.

마한다는 데 그 특징을 찾아볼 수 있다.

  일반 기업에서 실시하는 컨설팅은 기업의 이익과 경영의 이익을 보장할 수 있는 중차대한 사안이다. 기업이 사느냐, 죽느냐의 기로에 선 경우도 있어서 기업의 인수, 합병 등 기업의 생사를 넘나들 수 있기 때문이다. 그래서 기업의 컨설팅은 기업인이 아닌 사람이 상상하기가 쉽지 않다. 기업의 동반자 역할을 하는 경우보다는 나의 기업이 살아남기 위한 뼈저린 고통을 감내하면서 보다 나은 발전을 모색한다. 그래서 컨설팅이 마무리되어도 사업과 사업의 관계에서 진행되기 때문에 인간적인 요소를 덜 내포하게 된다. 그러나 교직의 경우는 다르다. 교직 문화는 상호 보전적이다. "배워서 남 주나?"라는 속담도 있듯이, 교사만 유독 정말 남을 많이 준다. 상당히 상호적 상생 게임을 하고 있는 것이다. 교사는 자신이 부족한 부분이나, 또는 더 알고 싶어하는 경우에 학습을 통하여 지식이나 인식능력을 확대해 간다. 그리고 자신의 능력이 있으면 그렇지 못한 교사에게 무언가를 전수해 간다. 교직 문화에서 공존해 갈 수 있는 컨설팅은 바로 이러한 상생적 문화풍토로 자발적으로 성장해 갈 수 있다. 경험이 많고 전문가다운 교사가 그렇지 못한 초임교사든 본인이 원하든 간에 컨설팅의 관계가 순조롭게 이루어질 수 있다는 것이다. 또한, 컨설팅은 만남의 장을 제공해주는 예정설과도 같다. 언제 누군가가 필요에 의해서 나의 문제점을 들어주고 공감해가며 문제 해결능력까지 키워주는 관계로 발전한다고 하였을 때, 일면식도 없는 누군가와 컨설턴트와 의뢰인의 관계로서 만남의 계기가 되었다면 이것 또한 서로의 행복일 수 있다. 컨설팅하는 과정에서 의뢰인의 문제점을 들어주며, 서로가 문제 해결을 바라보는 같은 시각으로 교감하면서 자신을 발견하고 보다 발전지향적인 교직 문화를 형성해간다. 더 나아가서는 교직의 멘토로서, 인생의 멘토로서 순기능적이고 긍정적으로 작용한다. 컨설팅의 계기로 새로운 가치, 태도, 그리고 수업기술은 물론 삶의 연속과정으로서 교육관, 인생관이 달라지는 것을 느낄 수 있다. 지금까지 생활하였던 것이 옳고 정의로운 것인 줄만 알고 있었던 것이 더 넓은 세계와 일이 있다는 것도 새삼 깨닫게 된다. 때로는 나태했던 지난 과거를 돌아볼 줄도 알게 되고, 새로운 마음가짐으로 교직 생활을 영위할 줄 아는 진취적이고 바람직한 삶을 맞이하게 된다.

컨설턴트와 자발적인 의뢰인이 서로 일면식도 없는 관계에서 출발한 컨설팅이었다. 컨설턴트는 의뢰인에 관한 이름, 경력과 교수·학습과정 안밖에 알 수 있는 정보가 거의 없다. 의뢰인으로부터 무엇이 문제인지도 모르고 배정된 컨설팅의 절차나 원리와 전혀 부합하지 않았다. 사실은 이것이 현재의 실정이다. 단, 의뢰인은 자기가 무엇이 부족한지 수업을 해보고 조언을 듣고 싶었다는 마음만 있었다고 한다. 일단 의뢰인의 수업을 먼저 보고 나서 컨설팅을 시행하였다.

컨설턴트: 만나게 되어서 반갑습니다. 저는 ○ ○ ○입니다.

의뢰인: 네, 와주셔서 감사합니다. 이번에 컨설팅을 신청한 ○ ○ ○입니다.

컨설턴트: 이번 수업을 하시면서 어떠한 어려운 문제가 있었나요?

의뢰인: 학습목표에 따른 동기부여 하는 방법이 늘 어려웠든 이번 수업에서도 역시 쉽지 않아 늘 도입 부분에 대하여 고민입니다.

컨설턴트: 동기 부분에서는 무엇을 학습할 것인가를 학생에게 학습의욕이 적합한 자료를 사용하여 학생이 정말 배우고 싶은 의욕이 나게 하는 과정입니다.

의뢰인: 동기자료를 보여주고 학습활동을 진행하려면 학생들이 다 알고 있는 것 같아서 활동이 활발하지가 않아요.

컨설턴트: 동기자료는 전체를 보여주는 것이 아니라 순간 맛만 살짝 보여주셔요. 학생이 유추할 수 있을 정도로요.

의뢰인: 그러면 엉뚱한 것을 생각해요.

컨설턴트: 최대한으로 목표에 가까운 자료를 잘 선택해서 궁금증도 만들어 보셔요. 적절한 학습 동기부여는 학습활동을 좌우하여 학습시간 전체를 지배합니다.

컨설팅의 시간이 넉넉하지 않은 상태에서도 서로의 공감하는 부분과 문제를 해결할 수 있는 새로운 생각을 나눔으로써 수업의 기술뿐만 아니라, 나아가서 새로운 인간적인 관계를 맺어지면서 자신의 멘토로 삼기도 하고, 보다 훌륭한 교사로 성장할 수 있도록 멘토와 멘티 관계로 발전하는 모습을 볼 수 있다.

교직 문화는 서로를 한 번만 보는 일회용 관계가 아니다. 학교를 일정 기간마다 누구나 회전하기에 언제 어디서든지 만날 기회가 있다. 컨설팅관계에서 새로운 만남으로 컨설턴트에게 많은 것을 배울 수 있다. 서로 교직 생활을 하면서 폭넓은 인간관계가 형성되고 스스로 학습하기 어려운 것을 짧은 시간에 많은 부분을 경험과 학식이 있는 컨설턴트에게 집약적으로 배울 수 있다. 이것은 다른 사회 집단에서 찾아볼 수 없는 교사 문화이다.

■ 교사문화에서 컨설팅의 발전적 관계

교직 문화의 긍정적인 면도 많지만 그렇지 못한 면도 다분히 존재한다. 긍정적으로 보면 무엇이든지 다 할 수 있는 능력과 기회균등이 보장되는 것이 최대의 장점인 반면, 그렇지 못한 면을 보면 교육의 효과가 기업의 생산과 판매의 손익이 분명히 떨어지는 관계가 아니라는 것이다. 손익이 분명하면 무엇을 어떻게 해야 한다는 분석을 통해 새로운 계획이 나온다. 교육은 누가 얼마만큼의 손익을 평가하기가 매우 곤란하다. 교직 문화가 바로 이런 것이다. 교직은 비교적 폐쇄적인 선발방식으로 평등한 수준의 교직을 이수한 사람끼리의 선발경쟁을 통하여 임용된다. 그래서 전체적인 평등적 우등만 존재한다. 누가 더 나을 것이 없고 누구나 비슷하여 누구를 모델로 하지 않는다. 나보다 나은 사람이 많다고 생각하지 않고, 경험이 많은 것을 실력으로 착각하고 있다. 그래서 나의 것을 드러내기 어려워하고 부족함을 인정하려들지 않음으로 스스로 컨설팅을 요구하지 않는다는 것이다. 피라미드식의 경쟁 및 승진체계가 아니라, 원기둥 경력체제와 경력이 붙을수록 교육관이 완고해지고 일 처리방식을 잘 알기 때문에 상대적으로 수업 개선에는 좀 소홀히 여기기도 한다. 그러므로 자기 스스로 찾아가며 컨설팅을 받고자 하는 것을 매우 부정적으로 여긴다. 컨설팅 활동이 마무리된 이후에도 컨설턴트와 의뢰인의 관계는 교직 문화의 특성상 컨설팅의 일시적인 관계로 끝나는 일시성의 성격과 상호의 역할이 바뀌어 나타나는 교환적 성격이 있으며, 그리고 컨설팅의 관계가 상호 부조적인 관계로 꾸준히 연계되는 지속적인 관계로 발전하는 모습을 볼 수 있다. 다음과 같이 수업의 개선에 열망하는 교사들의 긍정적인 면을 고취하여 컨설팅의 관계로 인하여 어떻게 발전할 수 있는지 살펴보자.

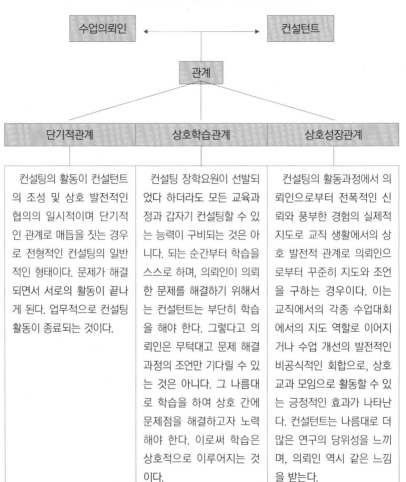

교사문화에서 컨설팅의 발전적 관계

| 수업의뢰인 ⟷ 컨설턴트 |
| 관계 |

단기적관계	상호학습관계	상호성장관계
컨설팅의 활동이 컨설턴트의 조성 및 상호 발전적인 협의의 일시적이며 단기적인 관계로 매듭을 짓는 경우로 전형적인 컨설팅의 일반적인 형태이다. 문제가 해결되면서 서로의 활동이 끝나게 된다. 업무적으로 컨설팅 활동이 종료되는 것이다.	컨설팅 장학요원이 선발되었다 하더라도 모든 교육과정과 갑자기 컨설팅할 수 있는 능력이 구비되는 것은 아니다. 되는 순간부터 학습을 스스로 하며, 의뢰인이 의뢰한 문제를 해결하기 위해서는 컨설턴트는 부단히 학습을 해야 한다. 그렇다고 의뢰인은 무턱대고 문제 해결과정의 조언만 기다릴 수 있는 것은 아니다. 그 나름대로 학습을 하여 상호 간에 문제점을 해결하고자 노력해야 한다. 이로써 학습은 상호적으로 이루어지는 것이다.	컨설팅의 활동과정에서 의뢰인으로부터 전폭적인 신뢰와 풍부한 경험의 실제적 지도로 교직 생활에서의 상호 발전적 관계로 의뢰인으로부터 꾸준히 지도와 조언을 구하는 경우이다. 이는 교직에서의 각종 수업대회에서의 지도 역할로 이어지거나 수업 개선의 발전적인 비공식적인 회합으로, 상호 교과 모임으로 활동할 수 있는 긍정적인 효과가 나타난다. 컨설턴트는 나름대로 더 많은 연구의 당위성을 느끼며, 의뢰인 역시 같은 느낌을 받는다.

　　교직 문화에서 바라본 컨설팅의 결과는 컨설턴트와 의뢰인의 관계는 컨설팅이 마무리되는 순간 컨설턴트의 역할이 종료되는 것이 아니라 상호 보완적인 관계로 이어지고 있다. 특히, 임상 교사와의 관계에서 수업의 경험과 관련 지식이 부족하여 컨설팅 활동의 결과로, 정기적인 수업 연구 모임으로 이어지는 관계로 발전한다.

교직 문화에서의 수업 컨설팅의 특징은 다음과 같은 유익한 점이 있다는 것이다. 컨설턴트와 의뢰인의 관계에서 첫째, 교사의 수업의 질 향상을 목표로 한다. 둘째, 컨설팅 활동을 교육 기부로 한다는 것이다. 셋째, 자발적과 비자발적 관계가 공존한다. 넷째, 컨설턴트를 자체적으로 교육 양성한다. 컨설턴트는 일정한 선발기준(수업 연구대회 입상, 수업 선도 교사 및 수석교사 경력, 수업 관련에 관한 수업 실기 대회 입상경력, 직무 연수 실적, 장학활동, 교과서 집필 및 장학 관련 자료 집필 등)에 적합한 자 중에서 선발하며, 의뢰인인 경우에는 교내에서는 자발적 또는 지정으로, 그 밖의 컨설팅은 자발적과 비자발적인 관계가 공존하고 있다.

교직 문화에서 볼 수 있는 수업 컨설팅	
• 수업의 질 향상을 목표로 한다. • 컨설팅 활동을 교육 기부로 한다는 것이다. • 컨설팅 활동에 자긍심을 갖는다.	• 자발적과 비자발적 관계가 공존한다. • 컨설턴트를 자체로 선발하여 양성한다.

수업의 개선에 최종 목표를 둔다면 위에서 제시한 수업 컨설팅 이전에 학교 문화의 개방성에 있다. 여기서 개방성이란 심리적인 교사의 마음 열기와 물리적인 교실 문의 개방을 말할 수 있다. 교사들은 자신의 수업을 타인에게 보여주고 싶어 하지 않는다. 자신의 수업을 본 동료는 좋은 조언과 충고보다는 수업에 대하여 지적과 시정을 권하는 언행에 마음을 상하였던가, 과거 자신의 수업 공개에 대한 부정적 이미지로 인하여 공개적인 수업보다는 자기만의 공간을 유지하려고 한다. 수업의 개선을 위해서는 동료끼리 서로 마음을 열고 동료성

(collegiality)을 형성하여(사토마나부, 2013:97) 발전지향적인 수업의 성찰을 통해 성장하는 방향을 모색해야 한다. '수업이 서툴러도 좋다' 라는 적극적인 마음을 갖고 자신이 진정성 있는 최선의 노력을 하고 있다는 느낌을 가져보는 경험도 중요하다. 자신의 학급 학생들이 안심 하고 학습할 수 있도록 환경을 조성해주고, 서로의 배움을 격려해주 는 것이다. 또한, 물리적인 공간인 교실 문의 개방은 자신의 수업을 누 가, 언제라도 볼 수 있도록 시야를 가리지 않도록 해야 한다. 교실이 폐쇄된 공간이 되면 자연스레 자세가 흐트러지거나 자유스럽지만 덜 긴장하여 학습의 효과가 저하될 수 있다. 이와 같은 환경을 만드는 것 은 교사 스스로가 동료와의 협업체제를 구축하여 상호 발전하는 조 화로운 모습이 되도록 노력하여야 한다.

3. 수업 컨설팅의 교육적 의미

수업 컨설팅은 의뢰인의 수업활동에 발생하는 교육적 문제를 발생 의 원인을 현상학적인 사실로 이해하고 있으나 그 해결과정과 방법 에 대하여 혼란스럽거나 확연하고 명확한 해답을 찾지 못할 때 문제 를 해결할 수 있는 사람의 도움이 필요한 상태이다. 의뢰인은 분명 자 신의 능력으로는 해결방법이 어려운 상태이므로 문제해결능력이 있는 사람 즉 컨설턴트가 필요한 것이다. 의뢰인과 컨설턴트의 관계 속에서 나타나는 여러가지의 현상 및 인지적인 분석결과에서 수업컨설팅의 교육적 의미를 찾을 수 있다.

- 수평적인 인간 관계속에서의 문제 인식

수업의 문제는 의뢰인에게만 나타나는 것이 아니라 교육적 활동을 하는 교육자라면 누구나 겪는 일이다. 그 중에서 특히 수업자가 부딪히는 수업활동의 문제를 다룬다는 것이다. 수업활동에는 비단 수업에만 국한해서 겪는 문제를 넘어서 수업과 관련한 문제가 대두되는 것이 더욱 많다. 수업을 좀 더 활동적으로 하고 싶은데 학생들이 열과 성의를 보이지 않거나, 수업에 방해에 가까운 행위로 인하여 수업이 어렵게 진행한다거나, 학습의 효과를 높이기 위해서는 동기부여, 학습활동 등의 여러가지 해결할 문제가 있다. 이는 수업자라면 쉽게 겪는 일이며 수업자나 컨설턴트가 공히 인지하고 있는 것이다. 이는 수업자와 컨설턴트 등의 구성원들이 겪는 공동의 문제로 인식하여 수업컨설팅을 통해 공동의 노력으로 문제를 해결하는 것이다. 이러한 과정에는 문제를 의뢰하는 사람은 믿을만하고 유능한 사람을 만나고 싶어한다. 더구나 마음이 통하는 사람과의 만남을 통하여 함께 의논해 가면서 해결하고자 하는 것이다. 일방적인 지시, 명령, 충고 및 조언을 하는 위계적 질서관계보다는 나의 생각을 나누고 개진해보는 부담 없는 수평적 관계를 원하게 된다. 문제해결과정에서 서로의 의견교환은 상대방에게 일방적 강요가 아니라 수용적이고 진취적인 조언으로 최선을 다하는 서로의 모습을 발견하게 된다. 이러한 일련의 과정에서 느끼는 것은 상호협력, 상호 신뢰감 형성, 동료의식 등의 자유로운 정의적 관계가 형성하게 된다.

- 상호학습의 장

수업 컨설팅을 한다는 것은 일종의 전문가다운 식견을 갖추고 있다는 것이다. 문제를 의뢰한 사람이나 문제해결을 부탁받은 사람은 필사의 노력으로 문제를 해결하려는 의지가 강하게 나타난다. 문제를 해결하기 위해서는 문제에 관하여 연구하지 않으면 안 된다. 의뢰인이라고 해서 문제를 의뢰한 현상으로 그치는 것이 아니라 의뢰인은 의뢰인대로 어떻게 해결하는 것이 현명한 지를 곰곰해 생각하게 마련이다. 의뢰를 받은 컨설턴트는 자신의 능력을 최대한으로 발휘하여 최선의 노력으로 문제를 해결하고자 할 것이다. 문제 해결과정에서 의뢰인과 컨설턴트는 서로의 연구정보와 사례를 교환하면서 상호학습이 가능하게 되는 것이다. 수업 컨설팅의 구성원들은 자신의 경험과 전문성을 갖춘 동료교사를 통해 지적자극을 받을 수 있으며, 새롭게 알아가는 지적 과정을 통하여 수업활동에서 나타나는 문제를 함께 해결하는 과정에 대해 즐거움과 만족감을 느낀다. 이러한 심리적 즐거움과 만족감으로 수업자와 컨설턴트간의 심리적 관계가 원만해지고, 의사소통이 원활하게 되는 것이다. 상호학습의 성과는 자신의 수업을 동료교사에게 수업개선을 위해 기꺼이 공개할 수 있는 자신감을 갖게 된다. 자신의 수업을 진정으로 바라볼 수 있는 용기가 생긴다는 것이다. 이는 곧 새로운 수업에 대한 도전적이면서 수업의 발전을 위해서는 과감하게 반성적이고 객관적인 수업으로 바라 보는 눈을 가질 수 있다는 것이다.

- 교사로서의 동반 성장

만남은 곧 인연이 된다. 컨설턴트는 자신보다 저경력자이거나 신규 또는 부단히 성장하고 싶은 교사를 주로 만나게 된다. 자신의 진로계 획을 세우는 교사도 있을 수 있고, 자신의 직업에 소명의식을 갖고 아 동을 사랑하며 수업에 늘 새로움을 더해주는 교사가 있다. 대부분 컨 설팅활동을 통해 열정이 있는 교사를 만나는 경우가 많다. 열정이 있 는 교사와의 만남은 곧 교직에서의 상호 동반자가 되며, 서로에게 멘 토, 멘티로 작용하여 함께 성장하며 문제해결을 위한 작은 단위의 구 성체가 이루어진다. 장기적인 교직생활을 고려해 보면 컨설턴트에게는 성장하는 모습에 보람을 느끼고, 교사에게는 자신의 진로를 개척해 가는 데 도움을 받는 상호성장하는 관계에 있는 것이다.

4. 수업 컨설턴트란

■ 수업 컨설턴트는 무엇을 하는 것인가?

장학에 대한 개념 정의가 매우 포괄적이고 학자마다 약간의 차이가 있지만, 궁극적인 목적은 수업개선에 있으며, 이 목적을 달성하기 위 하여 수업, 교육과정, 인간관계 등으로 접근할 수 있다. 현재의 교육 청 단위로 이루어지고 있는 장학은 수업에 초점을 두기 때문에 컨설 팅 장학의 개념도 장학의 정의에 의하여 정립되는 것으로서 보아야 한다. 수업컨설턴트는 수업의 질을 개선시키기 위해서 수업에 관련한 문제해결을 지원하고 자문해 주는 역할과 수업의 제반 활동을 개선함으로써 학습자에게 학습의 효과를 극대화하는 데 있다. 여기에는 교수자들이 필요로 하는 수업의 단순 문제 해결, 정보제공, 수업지도안의 제공, 미디어 제공 등의 활동은 효과적인 컨설팅의 활동으로 보기 어렵다(이상수·강정찬·이유나·오영범, 2013:27). 이러한 정의에 의하면 수업 컨설팅은 교사를 감시하고 감독하는 활동이 아니라 교사를 보조하고 도움을 주는 활동이다. 따라서 컨설턴트는 교사 개개인의 가치와 존엄성을 인정하고 교사의 필요를 충족시켜주는 활동가이다. 수업개선에 대한 계획이 잘 정립되어 합리적이고 효과적인 컨설팅이 이루어질 수 있도록 상황에 따른 주관적인 판단은 배제되어야 할 요소이며, 이는 올바른 수업 컨설팅의 활동이 아니다. 교사의 수업이 어느 면에서는 계획적이고 과학적인 절차와 방법에 따른 수업이라는 것을 고려해 볼 때 컨설턴트는 그에 따른 철저한 계획과 준비가 되어 있어야 한다. 교사의 수업 행동은 교사가 교실에서 수업할 때 행하는 제반 행동을 의미한다. 이와 관련된 행동은 교실 내에서 수업 행동과 밀접한 관련을 맺는 행동인 교재연구, 수업 계획 수립, 학생 실태 분석, 교수·학습지도안 작성, 교수방법, 평가방법 설정, 평가문항 제작, 평가결과 활용 등이 이에 속한다. 수업 컨설턴트는 이러한 수업의 개선을 위한 여러 가지 활동에 도움을 주는 수업전문가라 할 수 있다.

■ 수업 컨설턴트는 교사의 꽃

"옷깃만 스쳐도 인연이다."라는 불교의 속담이 있듯이 교직 생활을 하면서 많고 많은 교사들 중에 특히 나하고 만나는 사람이 얼마나 되며, 더구나 생면부지인 경우로 컨설턴트와 의뢰인(컨설턴티)의 관계로 만난다는 것은 단순히 길가를 지나가다 이름 모를 기억에 남지 않을 아무나가 아니라는 것이다. 잘 아는 관계로 만나는 경우도 있지만, 그렇지 않은 경우가 더 많을 것이다. 왜냐하면, 경력이 짧기도 하고 모르는 분야의 컨설팅으로 인연이 되기 때문이다. 때로는 자발적으로 컨설팅을 받는 경우가 있는가 하면, 자의 반 타의 반으로 받는 경우가 있기도 하다. 자의든 타의든 컨설팅은 존재하므로 무엇인가 발전을 위해서는 어려움을 감수하고서라도 일련의 과정을 거쳐야 한다. 컨설팅은 누군가에게 무엇을 어떻게 지도하여 현 상황보다는 발전하는 모습으로, 성장하는 모습으로 거듭나게 하는 작업이다. 의뢰인은 스스로 무엇인가 더 발전하고 성장하려는 의욕으로 자신의 성취를 위해서 조언해줄 전문성을 가진 사람을 원한다. 물론, 컨설턴트도 누구를 알고 가는 경우와 사전 정보가 부족하거나 약간의 정보를 얻고 가는 경우, 아주 완전한 정보를 얻고 가는 경우 등 정보 다양한 상황을 만난다. 컨설팅하기로 이미 만나게 될 것이라는 약속으로 사전 준비를 하는 과정에서 만남의 인연을 하늘의 뜻으로 운명적으로 여기게 된다. 물건을 파는 계약관계가 아니라 인간이 인간으로서 서로의 발전을 돕고 상생하는 관계로 성장하는 매우 바람직한 관계를 형성하게 되는 것이다. 경험과 식견이 앞선 교사가 먼저 배우고 경험한 것을 잘 조직하여 의뢰인과 교감, 공감하면서 더욱 발전하는 교육활동의 정도를 걷게 해주는 바람직한 인간관계를 형성하는 것이다. 컨설턴트에게는 자신의 경험과 식견을 함께 나눌 수 있어서 보람을 느끼며, 의뢰인에게는 짧은 시간에 경험하지 못한 부분을 압축해서 전수받아 만족감을 느낄 수 있다. 컨설턴트와 의뢰인과의 만남의 인연으로 양방이 삶의 방향이 발전적, 미래지향적으로 성장하는 모습을 자주 볼 수 있다. 한마디의 조언과 공감이 삶의 역사를 새롭게 쓸 수 있으며, 인생의 멘토로 오랫동안 작용하는 좋은 계기가 된다. 만남의 방법이 컨설팅으로 이루어졌지만, 이는 상호 발전적 관계로, 의존적 관계로 보듬어주는 인간적 관계로 이어지는 것이다. 대부분 교직 사회에서는 일회의 관계로 이루어져 단발성으로 끝나지만 여기서 상호 발전적인 조언과 공감은 매우 유의미한 장을 제공한다는 데에 큰 의미를 부여할 수 있다. 나를 위해 컨설팅을 해줄 사람을 기다리는 설렘과 나하고 관계를 맺어지는 의뢰인과의 만남에 기대를 한껏 향유할 서로의 관계를 긍정적으로 인식한다면 서로에게 사회생활을 하는 인생의 조력자, 동반자로서 새로운 밀월 관계가 탄생하는 것이다. 이러한 컨설팅관계로 인연으로 앞으로 작게는 수업 설계 조언자에서, 교직 생활의 조력자로 더 나아가서는 인생의 멘토로서 상호관계가 이루지는 것이다. 교직은 기업경영과 다르다. 이익을 위해 존재하는 것이 아니라 가치를 위해 존재하는 것이다. 서로의 존재감을 인식하고 공감해가며 서로에게 도움과 발전의 상생 관계를 이루어가는 인격적 인간관계이다. 의뢰인에게 일방적으로 지도하는 것이 아니라 서로의 식견을 나누어 바람직한 방향으로 나아가는 것이다. 따라서 컨설턴트는 항상 지혜가 고갈되지 않도록 현실에 안주해서는 안 된다. 항상 진취적이고 영감이 풍부하도록 다양한 경험을 과학적으로 잘 조직하고, 전문적 지식 및 식견을 쌓는 데 많은 노력을 해야 하며, 존경을 받을 수 있는 높은 수준의 민주시민 윤리의식과 식견을 갖추어야 한다. 존경은 스스로 만들어가는 것이 아니라 깊은 산 속의 샘물처럼 졸졸 흘러나오는 것처럼 타인에게서 나오는 것이다. 컨설턴트를 존경할 만해야 컨설팅이 성공하는 것이다.

■ **수업 컨설턴트의 자격**

장학요원의 범위를 살펴보면, 장학지도자는 교육경험이 풍부한 교장, 교감, 교과부장, 교육감, 교육학자, 연구소원으로부터 부형 시민에 이르기까지 광범위하다(백현기, 1964:69). 장학담당자는 장학사(관)뿐만 아니라 교장, 교감, 부장교사 및 일반교사(강영삼, 1992:372)도 될 수 있으며, 이외에도 연구사(관), 수석교사, 수업의 명인[5], 수업선도교사[6] 등에 수업컨설턴트로 인정해주고 있다. 장학이라 하면 교육부나 시도교육청, 지역교육청 수준에서 공식적으로 임명된 장학사(관)의 활동을 지칭하는데, 이는 장학의 과정보다는 역할을 강조한 까닭이라 할 수 있다. 장학의 요원을 점점 확대하여 동료교사까지 포함한다는 것은 현재 장학의 관점이 역할보다는 과정 중심이 강조되어 가고 있다는 것이다. 따라서 장학을 역할로서보다도 과정으로서 이해할 때, 장학 특히 자율장학의 의미가 명료화되어질 수 있을 뿐만 아니라 장학의 발전을 위한 조건 탐색에 유용한 시사를 도출할 수 있는 것이다(이윤식, 2008:228). 시도교육청에서 실시하고 있는 장학요원의 역할이 현재 운용하고 있는 컨설턴트의 역할과 비추어 볼 때 그 용어를 대등하게 장학요원 또는 컨설턴트를 혼용해서 사용할 수 있다. 수업 컨설팅이란 "수업활동의 개선을 위하여 주로 교원을 대상으로 하여 이루어지는 제반 제도적 지도·조언 활동이다."라는 정의에 의하면

---

5 경기도교육청의 수업의 달인에게 주어지는 수업명예교사
6 인천시교육청이 수여하는 수업명예교사

수업 컨설팅 요원(장학요원)의 자격은 시도교육청에서 실시하는 제도 상의 일정한 수준을 요하는 자격요건[7]을 구비하면 되는 것이다. 따라서 교육경험이 많은 교장, 교감, 장학담당자도 경우에 따라서는 경력이 짧은 교사들로부터 교육활동의 개선을 위하여 활용될 수 있는 좋은 지식, 기술, 정보, 아이디어, 도움 등을 얻을 수 있는 '장학 수혜자'로서의 위치에서, 초임교사의 경우에도 교장, 교감, 장학담당자를 비롯한 선배교사들로부터 모든 것을 배우고 지도·조언을 받기만 하는 입장에 있는 것이 아니라, 새로운 지식, 기술, 정보, 아이디어 등을 선배 교사들과 공유할 수 있다. 장학에 있어서 학교와 교직원들의 책무성과 자율성을 존중하고, 장학을 장학사(관)들만이 하는 특정한 "역할"로서 보다는 교육활동의 개선을 위한 "공동노력의 과정"으로 이해하려는 인식의 전환은 장학사(관), 교장, 고감, 부장교사, 일반교사 등 모두에게 요구된다(이윤식, 1999.21). 이렇게 상호보완관계로 파악한다면 수업 컨설턴트(장학요원)는 교육활동을 하고 있는 교육전문가라면 누구나 가능하다는 것이다(김홍원, 1983:58). 이러한 직분을 구체적으로 살펴보면, 수석교사는 아주 중요한 수업 컨설턴트 자원이다. 수업 컨설팅을 통해 수석교사가 수업 전문성을 후배 교사들에게 나누어 준다면, 교사 개개인의 전문성과 교직의 전문성은 높아질 수 있다. 이외에 교수, 연구원, 교장, 교감, 교육전문직, 퇴직교원 등도 수업 컨설턴트 후보들이다(진동섭·홍창남·김도기, 2011:104). 수업컨설팅을 할 수 있는 부류의 교사들은 많이 있으나 이들을 선택하는 것은 의뢰

---

7 인천 서부교육지원청의 경우 수업실기대회 입상경력, 수업선도교사 경력, 연구대회입상경력, 장학위원 활동경력, 특별연구교사 경력, 직무연수 실적, 수업공개 실적, 교과서 집필경력, 수석교사 경력, 활동계획서, 기타 교육발전에 공헌한 경력 등을 요구하고 있다.

인에 달려있다. 자발적 의뢰관계라면 의뢰인이 선택하고 싶은 부류는 자신을 잘 알고 지도해 줄 수 있는 수평적인 관계인 사람을 선택하게 될 것이다.

1. 컨설팅의 수행과정과 효과

교수 및 수업의 문제에서 그 범위와 방향은 컨설턴트의 조언과 정보 제공으로도 성공할 수 있으나, 더 심도 있게 결과를 처리하기 위해서는 의뢰인에게 발달 지원 프로그램을 제공하여 스스로 개선하려는 의지와 그에 따른 도움을 줄 수 있다. 이는 의뢰인 교사의 수업은 물론 교실 운영, 학생 생활지도에 이르기까지의 범위로 확대할 수 있다. 컨설팅의 진행과정을 보면 의뢰인이 문제를 인식하면서 문제의 대상을 의뢰하면서 컨설팅활동이 시작되는 것이다. 문제의뢰 대상은 컨설턴트에게 접수되면서 해결과정을 통해 의뢰인이 최종해결책임자가 된다. 문제해결에는 컨설턴트의 적극적인 문제해결지원이 필요하다. 성공적인 컨설팅이 되기 위해서는 아래의 수업 컨설팅의 해당 내용에 따라 구분하여 살펴보자(이화진·오상철·홍선주, 2007:44에서 재구조).

수업 컨설팅의 수행과정과 효과

문제 의뢰(의뢰인) ⇨	문제대상 ⇨	문제진단(컨설턴트) ⇨	문제해결(의뢰인)

• 교사 요구확인
  -예) 학생들이 발표를 하지 않아요.
• 문제 해결 방법 및 절차, 도구 등 협의
  -예) 동기부여가 참 어려워요.
  -예) 모둠활동에 너무 떠들고 장난을 쳐요.
	• 수업관찰의 관점 명료화
	• 수업관찰 및 자료 수립(면담, 지도안, 활동지, 평가지, 학생자료 등)
	• 수업방법 개선
	• 수업설계 능력 함양
	• 수업분석법
	• 새로운 수업기법
	• 모둠구성 및 운영
		• 관점 및 기준요소에 기초한 수업 및 수집자료 분석
		• 수행수준 결정
		• 학급실태조사, 분석 및 적용
			• 의뢰인의 실천
			• 수업개선 조언
			• 관련사례연구
			• 교사에 알맞은 프로그램 처방
			• 피드백 및 개선확인

-의뢰인- • 교장 • 교감 • 수석교사 • 교사 • 지역인사 • 관련교육인사가 의뢰		-컨설턴트- • 교육전문직 • 교육행정가 • 동료교사 • 장학위원 • 수석교사 • 교수	

⇓

교사 전문성 지원

인지적지식	지도계획	교수학습지도실천	전문성 발달
• 내용 지식 • 관련 교수법 • 학생 심리이해 • 환경요소 분석 • 사례연구	• 학습목표 설정 • 수업설계 • 학생실태 분석 • 행동수정 • 교실학습환경 • 칭찬 및 주의집중	• 수업활동 • 학습자와의 상호작용 • 학습분위기조성 • 학급조직운영 • 평가계획	• 수업 성찰 • 수업방법 개선 • 수업태도 및 의지 개선 • 지속적으로 관심 갖고 노력 • 인지적, 정의적 영역 지도개선

의뢰인으로부터 문제의뢰가 들어오면 컨설턴트는 문제를 확인하여 문제가 무엇인지를 진단한다. 예를 들면 수업시간에 교사의 질문에 학생들이 별 반응을 보이지 않고 있다는 문제를 어떻게 하면 문제를 해결할 수 있는지를 컨설턴트에게 방법, 절차 및 필요한 도구 등을 협의한다. 컨설턴트는 의뢰인으로부터 받은 문제를 수업관찰 및 자료, 지도안, 수업 중에 사용하였던 평가지, 학습자료 등을 면밀히 분석하여 수집한 자료를 통하여 문제를 진단한다. 진단에 따른 교사에 적절한 지도·조언을 함과 동시에 알맞은 처방을 내린 후 그 결과에 대한 추후활동을 확인하여 문제가 해결되었는지를 확인한다. 이때 컨설턴트는 의뢰인이 문제 해결을 할 수 있도록 지식의 습득, 관련 교수법, 학생의 이해, 교수·학습 및 교실 환경 등의 관련 내용을 지도하여 의뢰인이 수업설계가 잘되었는지, 학생 실태를 잘 파악하고 있는지 등의 문제에 대하여 제대로 인식하여 문제 해결방법을 계획하고 실천할 수 있는지를, 그리고 스스로 학습환경을 조성하여 수업이 개선되었는지를 자신의 수업을 성찰하여 수업 방법을 개선하려는 태도와 의지를 지속적인 관심을 갖고 노력한다.

수업 컨설팅의 궁극적인 목표는 교사의 수업 개선에 있다. 교사가 수업과 관련하여 안고 있는 문제를 컨설턴트에게 의뢰하면, 컨설턴트는 의뢰받은 문제를 해결할 방안을 마련하여 의뢰인에게 제공하여, 의뢰인은 해결방안을 실행에 옮기어 문제를 해결하여 자신의 수업 개선으로 이어지는 것이다. 수업 컨설팅을 하는 절차와 과정을 구체적으로 살펴보자. 수업 컨설팅의 구체적 해당 내용을 다음과 같이 1) 문제

의뢰 2) 문제 대상 3) 문제 진단 4) 문제 해결의 과정을 밟아나간다.

■ 문제 의뢰(의뢰인)

문제를 의뢰하는 사람은 기본적으로 교사이지만, 수업을 담당하고 있지 않은 교장, 교감, 지역인사 등도 할 수 있다. 특히, 교원평가를 시행하고 있는 상황에서는 교사의 수업능력을 평가하는 학부모, 학생은 교사를 수업능력이 부족한 교사에게 수업 컨설팅 요구를 할 수 있는지 잠재적인 요원이라는 것을 고려해보아야 한다. 이는 수업개선을 위해서 교장, 교감 등에게 수업능력 향상 요구를 함에 따라 이를 적극 수용하여 컨설팅을 의뢰할 수 있어 간접적인 수업 컨설팅 의뢰인의 범위가 좀 더 넓어질 수 있다.

■ 문제 대상

문제대상 문제를 확인하는 단계에서는 교사의 수업과 관련하여 수업관찰 관점 명료화, 수업방법 개선, 수업설계 능력 함양, 수업분석법, 새로운 수업기법, 자료활용, 발문 사용 등으로 구체적으로 일일이 열거할 수 없으나, 수업지도와 관련해서는 컨설팅의 대상으로 고려해볼 수 있다.

■ 문제 진단(컨설턴트)

컨설턴트는 의뢰인에게서 받은 문제나 과제를 면밀히 검토하고 진단하여 문제 해결방안을 강구하여 의뢰인이 수행할 수 있도록 해야 한다. 컨설턴트의 자격에 대하여는 명시된 바 없으나, 현장에서는 교육청에서 선발하는 장학위원, 수석교사, 교육전문직, 교육행정가, 동료교사, 기타 위촉인 등으로 구성되어 있다. 컨설팅은 수평적 관계에서 이루어지는 것이므로 일방적으로 배정하는 교육전문가, 교육행정가, 장학위원보다는 의뢰인이 원하는 컨설턴트로 연결해주는 것이 좋다. 의뢰인의 문제나 과제를 해결해줄 수 있는 동료교사, 친분이 있는 교사, 비공식적 모임의 교사가 효과적이다.

■ 컨설팅 수행 효과

컨설팅의 수행과제를 이행하면서 의뢰인은 수업의 개선효과를 가져온다. 수업의 개선이란 수업행위 속에서 수업자의 수업기술의 외적인 효과뿐 아니라 그 기술 속에 담아 있는 내부적인 능력도 향상되는 것이다. 그 내적인 능력이란 우선 인지적인 면에서 교과관련지식, 관련 교수법, 학생심리이해 및 학습환경요소 분석능력, 각종 수업의 사례와 지도계획면에서는 학습목표 설정하는 방법, 수업설계를 하는 방법, 학생실태분석, 학생의 행동기법연구 그리고 학생을 칭찬하고 주의집중시키는 방법, 그리고 수업활동면에서 학습자와의 상호작용방법, 학습분위기 조성하는 요령, 교실환경을 학습과 관련하여 구성하기, 학급의 조직적인 운영과 그 기법 등의 수업의 전반적인 지식과 수업기술, 평가방법 등을 습득하게 된다.

2. 수업 컨설팅의 원리

수업 컨설팅은 수업 개선이라는 고유한 목적을 지니고 있고, 주로 교사를 대상으로 하며, 동료 교사나 전문가 등이 컨설턴트의 역할을 수행한다. 따라서 수업 컨설팅은 수업 관련 문제를 해결하기 위해 도움을 요청해 온 교원에게 교내외의 수업 컨설턴트들이 의뢰인의 문제 해결에 도움을 주는 자문활동이다.

여기서 수업 컨설팅의 원리는 자발성의 원리, 전문성의 원리, 독립성의 원리, 자문성의 원리, 한시성의 원리, 학습성의 원리 등 여섯 가지의 원리로 규정하고 있다(진동섭, 2003a:38, 신재한, 2013:217).

그 밖에 의뢰인과 컨설턴트와의 협의 내용에 대해서는 서로 간의 비밀을 지켜줄 의무가 있는 것을 모두 개방할 필요 없다. 비밀성의 원리란 서로의 컨설팅 활동에 관한 내용에 대하여는 공개하지 않는 것이 좋다. 의뢰인의 수업에 관한 상세한 내용은 의뢰인과 수업 컨설턴트와의 관계로만 이어지는 것이다.

3. 수업 컨설팅 과정

기존의 수업 컨설팅의 절차를 준비, 진단, 해결방안 구안 및 선택, 실행 그리고 종료과정(김도기, 2011:27)으로 세분화하였다. 단위학교가 아닌 개인별 또는 교과별 수업컨설팅 활동은 의뢰인의 상황에 맞게 적절한 컨설팅의 과정을 밟지 않을 수 없다. 컨설팅의 합리적인 절차와 방식도 결국은 의뢰인과 컨설턴트의 노력과 의지에 달려 있다. 여기서는 교육현장에서 이루어지고 있는 교과별, 개인별, 목적별[8] 수업 컨설팅의 절차로서 준비단계, 이행단계, 그리고 완성단계의 과정으로 이루어진다. 각 단계별에 수행해야 할 요소들은 표에서처럼 구체적으로 명시하였다.

---

8 목적별이란 일정한 기간에 교육활동을 하는 교사를 대상으로 수업컨설팅을 약식으로 하는 경우이다.

수업컨설팅의 단계와 내용

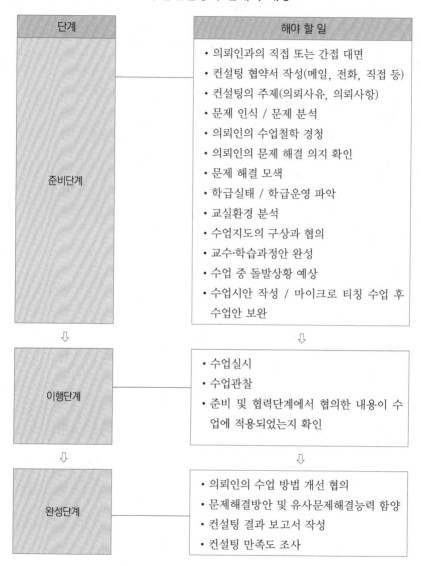

단계	해야 할 일
준비단계	• 의뢰인과의 직접 또는 간접 대면 • 컨설팅 협약서 작성(메일, 전화, 직접 등) • 컨설팅의 주제(의뢰사유, 의뢰사항) • 문제 인식 / 문제 분석 • 의뢰인의 수업철학 경청 • 의뢰인의 문제 해결 의지 확인 • 문제 해결 모색 • 학급실태 / 학급운영 파악 • 교실환경 분석 • 수업지도의 구상과 협의 • 교수·학습과정안 완성 • 수업 중 돌발상황 예상 • 수업시안 작성 / 마이크로 티칭 수업 후 수업안 보완
이행단계	• 수업실시 • 수업관찰 • 준비 및 협력단계에서 협의한 내용이 수업에 적용되었는지 확인
완성단계	• 의뢰인의 수업 방법 개선 협의 • 문제해결방안 및 유사문제해결능력 함양 • 컨설팅 결과 보고서 작성 • 컨설팅 만족도 조사

준비단계

준비단계에서 해야 할 일

- 의뢰인과의 직접 또는 간접 대면
- 컨설팅 협약서 작성(메일, 전화, 직접 등)
- 컨설팅의 주제(의뢰사유, 의뢰사항)
- 문제 인식 / 문제 분석
- 의뢰인의 수업철학 경청
- 의뢰인의 문제 해결 의지 확인
- 문제 해결 모색
- 학급실태 / 학급운영 파악
- 교실환경 분석
- 수업지도의 구상과 협의
- 교수·학습과정안 완성
- 수업 중 돌발상황 예상
- 수업시안 작성 / 마이크로 티칭 수업 후 수업안 보완

수업 컨설팅의 준비단계의 초반부에서 의뢰인은 처음으로 컨설턴트를 직접 또는 간접적으로 처음 대면하게 된다. 가장 좋은 방법은 의뢰인과의 상호교감을 충분히 하면서 의뢰인의 문제를 직접 경청하여 문제에 대해 정확한 인식을 하여야 한다. 그러나 그러한 사정이 여의치않을 경우나, 첫 대면이 어색할 경우에는 간접적으로 전화, 메일, 글로써 하는 것도 무방하며 현재 대부분 메일로 왕래하는 것이 보편화되어 있다. 그러나 간접적으로 하는 경우에는 의뢰인의 문제를 잘 인식할 수 있도록 내용의 전달이 명확하여 문제 해결에 대한 인식의 차이가 없어야 한다. 서로의 문제 내용의 인식에 차이가 있거나, 잘못 인

식할 경우에는 문제 접근방법과 해결방법에 상당한 오류를 범할 수 있거나 부연 설명을 필요로 하는 등 불필요한 요소가 개입되는 경우가 발생한다.

　문제의뢰가 들어오면 문제를 정확히 인식하고 분석해야 한다. 이는 문제만으로 해결책을 찾기보다는 문제와 관련 있는 의뢰인의 교육적 철학과 문제 인식에 대한 이해의 범위를 분석해야 한다. 여기서 말하는 의뢰인은 교육현장에는 의뢰를 부탁하는 교사 자신이나, 의례적으로 실시하는 교육청에서 요청하는 경우는 연구부장이 교사의 동의를 거쳐 공문으로 한다. 이러한 형식적인 수업 컨설팅 요청서를 공문으로 요청하는 경우가 통상적 관례이다. 준비단계에서는 의뢰인에 대하여 알 수 있는 약간의 정보를 컨설턴트에게 알려주어야 한다. 올바른 컨설팅을 하기 위해서는 문제를 잘 파악하는 것도 필요하지만, 의뢰인에 대하여 알 수 있는 교육적 정보를 통하여 문제가 어떻게 작용하고 발생하며, 그 문제를 어떻게 해결하는 것이 좋은지 관련하여 해결방안을 모색할 수 있기 때문이다.

　컨설팅 활동의 원활한 진행을 위해서 의뢰인과 컨설턴트는 서로 어떤 사람인지 인식할 필요가 있다. 의뢰인과 컨설턴트가 어떤 사람인지 간단한 정보를 서로 알려줌으로써, 의뢰인의 입장에서는 컨설턴트가 어떤 사람인지, 컨설턴트의 입장에서는 의뢰인이 어떤 문제를 갖고 있는 누구인지를 사전에 인지함으로 문제 해결의 접근방법을 용이하게 찾아낼 수 있다. 일종의 요청서를 의뢰인과 컨설턴트가 작성하면서 컨설팅이 시작되는 것이다. 요청서의 내용에는 의뢰인의 신상과 의뢰사유 및 의뢰사항 등, 컨설턴트의 기초정보를 교환한다. 요청서를 체결한 후부터 컨설팅의 활동일지를 작성하여 그 진행과정이 순조롭게 이루어질 수 있도록 체계적으로 관리되어야 한다. 컨설팅 일정은 컨설턴트가 준비하여 내용과 과정을 기록한다. 컨설턴트는 수업설계를 위해서 의뢰인으로부터 수업설계의 준비에 따른 수업계획, 수업교사를 진단할 수 있는 배경, 컨설팅의 주요 내용 등을 빠짐없이 숙지하고 있어야 한다. 이는 준비단계부터 컨설팅이 마무리되는 완성단계에 이르기까지 순차적으로 빈틈없이 정리되어야 한다. 이 단계에서는 의뢰인이 컨설턴트에게 컨설팅 요청을 유선, 대면 또는 요청서(수업 컨설팅 요청서)로 요청하는 것이다. 의뢰인과 컨설턴트는 상호 일정(수업 컨설팅 일정)의 협의를 거쳐 본격적인 수업 컨설팅 활동이 시작되는 것이다. 수업자(의뢰인)는 수업컨설팅요청서를 컨설턴트에게 송부하고, 의뢰인과 컨설턴트는 수업컨설팅 추진일정을 상호협의하에 작성하여 일정에 따라 진행하도록 한다. 실제 현장에서의 교과별, 개인별로 진행되는 수업컨설팅활동은 준비단계, 이행단계, 완성단계로 진행된다.

수업 컨설팅 요청서

소속 / 수업자	/		수업경력		수업학년	학년
과목						
의뢰일시						
수업일시						
관심영역 / 주제						
수업영역						
관련수업영역의 경험						
의뢰문제						
– 무엇이 문제인가요? – 해결하고 싶은 사항은 　무엇인가요?						

수업컨설팅 일정

의뢰인		컨설턴트	
장 소		준 비 물	
컨설팅 방법	직접면담( )	전화( )	온라인( )

	컨설팅 일정
내용	Ⅰ. 준비단계 : 월 일 • 의뢰인과의 직접 또는 간접 대면 • 컨설팅 협약서 작성(메일, 전화, 직접 등) • 컨설팅의 주제(의뢰사유, 의뢰사항) • 문제 인식 / 문제 분석 • 의뢰인의 수업철학 경청 • 의뢰인의 문제 해결 의지 확인 • 문제 해결 모색 • 학급실태 / 학급운영 파악 • 교실환경 분석 • 수업지도의 구상과 협의 • 교수·학습과정안 완성 • 수업중 돌발상황 예상 • 수업시안 작성 / 마이크로 티칭 수업 후 수업안 보완 Ⅱ. 이행단계 : 월 일 • 수업 실시 • 수업관찰 • 준비 및 협력단계에서 협의한 내용이 수업에 적용되었는지 확인 Ⅲ. 완성단계 : 월 일 • 의뢰인의 수업 방법 개선 협의 • 문제해결방안 및 유사문제해결능력 함양 • 컨설팅 결과 보고서 작성 • 컨설팅 만족도 조사

준비단계의 중반부에서는 수업을 성공적으로 하기 위한 기초자료를 조사하면서, 수업설계에 도움이 되는 학생들의 학급실태를 파악하고 그에 따른 실태를 분석하여 어떻게 수업을 진행할 것인지 수업의 방향을 설정하기 위해서 진단할 사항이 있다. 본 학습에 대하여 학생들의 학습 경험이 있는지, 학생들의 학습의욕과 성취능력은 어느 정도가 되는지를 가늠하여 합리적인 교수·학습 형태와 학습내용을 결정한다. 학생들이 생활하고 있는 교실의 학습 환경, 학생들의 학습 분위기, 학습준비도 등도 함께 점검하여 그에 따른 적합한 교수 활동을 전개할 수 있는 교수모형을 설정하고 이행 가능성을 예측하고 협의한다. 학급실태로는 수업을 진행할 수 있는 기초적인 준비물, 학업능력, 평가에 따른 성취도 검사, 학습의욕 등을 점검하고, 학급 운영 면에서는 학생들의 이름 알기, 학생들의 활동 조직, 교우관계, 교사와 학생 간의 긴밀도, 발표습관, 학생 간의 유대감, 교사의 일관성 있는 교육철학, 학생들로부터의 신뢰감 형성 등이며, 교실환경으로서는 교실에 게시된 학습내용, 학생들의 학습조직형태, 교실 청결상태, 독서활동상태 등을 잘 고려해야 한다.

수업을 전개하는 과정에 나타날 수 있는 사전 점검 및 진단으로서 대단히 중요한 과정 중의 하나이기에 수업의 성패는 곧 여기서 좌우된다. 기초적인 조사가 이루어지고 나서 수업 지도를 구상한다. 수업을 구상할 경우에는 교사가 가진 자신의 특기와 장점을 잘 살릴 수 있는 내용을 선정하고, 학생이 잘 소화해낼 수 있는지도 동시에 고려해야 한다. 가르치는 사람은 가르치는 보람이 있어야 하고, 배우는 사람도 유익하게 배울 수 있는 학습의 효과가 최대한으로 나타나도록 하는 것이 좋은 수업이 되기 때문이다. 준비단계에서 준비해야 할 것으로는 수업자의 수업환경을 사전진단을 하여야 하며, 컨설턴트는 사전진단계획을 참조하여 수업설계를 수립하는데 자문역할을 해야 한다. 준비단계에서 해야할 계획에는 컨설팅요청서, 컨설팅 일정관계, 사전진단계획, 교수학습과정안 등을 마련하는 것이 좋다. 실제로 교육현장에서 요청서나 공문을 보내는 경우에는 의뢰인이나 컨설턴트에게서부터 반려되는 경우는 없다.

사전진단계획

〈의뢰인용〉

학급실태 분석	• 학생의 학업능력 상태 • 학생의 생활
학급운영 파악	• 담임의 교육관 • 학생과의 관계 • 학급의 연간 운영계획
교실환경 분석	• 학습 자료의 준비 • 교실의 학습 환경 구성 • 게시자료
수업지도의 구상과 협의	• 수업의 목표 • 수업의 방향 • 수업방법
진단 및 의견	

준비단계의 후반부에서는 의뢰인의 문제를 어떻게, 어느 관점에서 해결해야 하는지를 협의하는 과정이다. 의뢰인이 제시한 문제를 제시한 수준에서 머무르는 것이 아니라 이 문제를 컨설턴트의 조언을 통하여 의뢰인 스스로가 문제를 해결하려는 의지를 확고히 하는 것이다. 제시된 과제는 의뢰인과 컨설턴트가 문제 해결을 위해 서로가 노력해야 한다. 컨설턴트의 도움을 받아가며 의뢰인 스스로가 문제 해결능력을 키워 자신이 제기한 문제를 해결하는 것이다. 학습의 전개는 어떻게 할 것이며, 수업 진행과정에 발생한 문제는 없는가, 학생과의 의사소통은 어떻게 진행할 것이며, 학습부진아의 지도는 어떻게 할 것인지, 학습 개별능력 판단은 가능한지 등의 문제를 수업시연을 통해서 자신의 수업을 성찰해가며 무엇이 문제인지를 스스로 발견하여 해결하는 방법을 모색한다. 자신의 문제가 발생하는 영역을 점검할 수 있는 자기만의 수업점검표를 작성하여 수업을 성찰할 기회를 가짐으로써 무엇이 문제이고 어떻게 개선하는지를 점검하는 것이다. 수업을 시연하면서 전반적인 수업설계부터 동기유발, 교사의 발문 등의 교수방법, 학생의 활동과 반응, 학습정리 등의 교수·학습활동과 평가를 통하여 본 수업에서의 좋은 점과 개선할 점을 발견하여 수업개선에 도움이 되게 한다. 수업은 전체적인 수업을 하기보다는 10~20분 정도의 마이크로티칭 시간에서 수업의 흐름을 점검해보면서 문제가 무엇인지를 찾아보고 보완하는 과정이다. 수업자의 자기수업분석이 필요하다. 수업자는 먼저 자기수업을 마이크로 티칭수업으로 성찰해 보고나서 본 수업을 대비해야 한다. 1차로 수업시연이 끝난후에는 자기수업을 진단해 보아야 한다. 막연한 추상적인 진행이 아니라 구체

적으로 분석할 수 있는 자기수업 사전 분석료를 활용하여 수업의 전
모습을 분석하여 수정과 보완을 해야 한다.

자기수업 분석표

〈수업자용〉

일시	월 일 교시				수업자	
교과			단 원		차 시	
수업목표					수업모형	
의뢰문제						
자료	교사					
	학생					

세부영역			수업자의 예비수업성찰
수업단계	영역	요 소	
수업 준비	수업 설계	• 수업의 목적 • 교육과정관계기술 • 목표제시 • 지도계획 • 평가계획 • 학습형태/조직 • 학급실태분석 • 수업의 이론적 배경	
교수· 학습 활동	교사 활동	• 교사발문 • 교수방법 • 개별능력판별 • 수업과정 • 내용정리 • 평가활동 • 학생조직구성	

교수·학습 활동	교사 활동	• 자료제작 • 자료활용 • 자료투입 • 자료의 효과성 • 자료의 경제성 • 활용시간	
	학생 활동	• 학습준비도 • 자발적조직구성 • 학습참여 • 학습의욕 • 학습활동 • 질문 및 발표 • 정리자료 • 자기평가	
	정리 평가	• 학습목표도달 • 평가방법 • 평가 후 처리 • 개별화지도계획	
교실 환경	학습 환경	• 환경 구성 • 학습 분위기 • 학생 자료정리상태	
수업자의 의견			
컨설턴트의 의견			

이행단계

이행단계에서 해야 할 일

- 수업실시
- 수업관찰
- 준비 및 협력단계에서 협의한 내용이 수업에 적용되었는지 확인

본 수업에서는 컨설턴트의 교수학습분석표에 의하여 수업설계, 교사와 학생의 상호활동, 학습환경, 수업전략의 전반적인 사항을 분석하여 수업자의 수업개선에 이바지하도록 한다. 수업자가 스스로 타인의 눈으로 자기수업을 바라보아야 한다.

수업 시안과 시연을 통하여 문제의 해결방안을 구상한 다음 본 시안의 교수·학습지도안을 완성하여 수업을 한다. 실제 수업공개를 통해 수업 컨설팅을 구체적으로 진행하며 의뢰인은 교수·학습지도안을 바탕으로 수업한다. 의뢰인과 협의를 거쳐 의뢰인이 원하는 방법의 수업을 참관하는 것이 바람직하다. 참관하는 방법에는 컨설턴트의 직접 참관, 동영상 녹화 후 분석으로 할 수 있으며, 수업의 관찰과 기록은 협의한 내용을 중점으로 한다. 이 단계에서는 수업이 시작되는 부분에서 종료에 이르기까지의 전반적인 진행과정을 살펴보는 것이며 특히 협의과정에서 이루어진 내용이 잘 실천되고 있는지 관찰해야 한다. 도입단계에서의 학습자의 학습 동기부여 방법, 학습목표 제시방법, 활동안내 등을 살펴본다. 전개활동에서는 교사의 발문 및 질문의

유형 분석, 학습자의 활동 분석, 교사와 학생의 상호 의사소통 관계, 자료 활용 방법, 교수방법, 돌발 상황대처 등을 구체적으로 본다. 마지막으로 정리에서의 학습정리와 학습자의 학업성취도달 점검, 차시 예고 및 과제물 부여 등을 점검하여야 한다. 컨설턴트는 수업자의 수업에서 나타나는 여러 영역의 관찰사항을 교수학습분석표에 근거하여 수업이 개선될 수 있도록 세밀한 관찰이 필요하다.

교수·학습분석표

수업일	월 일 교시	대상		학년 반	수업자	
교과		단원			컨설턴트	
의뢰 문제						
영역	요 소	분석관점				관찰사항
수업 설계	목표진술내용	• 목표진술이 학생이 행동적으로 실천가능한가?				
	내용의 구조화	• 내용의 계열화와 위계조직이 잘 되어있는가?				
	교육과정	• 교육과정의 일관성이 있는가?				
	지도계획	• 학생의 학습능력을 고려하였는가?				
	평가계획	• 평가가 학습목표에 적합한가?				
	자료활용계획	• 학습효과를 극대화할 수 있는 자료의 투입이 적절한가?				

교사 활동	교사발문	• 교사의 발문이 확산적이었는가? • 학생의 의견에 수용적인가?	
	학습조직	• 학습조직이 수업목표에 도달에 적절한가?	
	개별능력판별	• 학생은 학습능력에 따라 분리하였는가?	
	수업절차	• 수업이 계획대로 잘 진행되었는가?	
	판서활동	• 판서는 목표에 맞는 내용의 정리였는가? • 판서가 구조적 또는 계획적이었는가?	
	교수 자료 활용	• 자료 활용의 효과가 있었는가?	
	평가계획	• 학습의 효과가 얼마나 나타났는가?	
	동기부여	• 학습의욕을 부여하는 동기가 효과적이었는 가?	
	차시예고	• 차시예고는 이루어졌는가?	
학생 활동	발표의식	• 학생이 문제의식을 갖고 질문하는가?	
	참여도	• 학생의 학습활동이 활발한가?	
	학습방법	• 학습방법이 서로 도움이 되는가?	
	학습준비도	• 학습 자료를 적절하게 준비하였는가?	
	정리활동	• 학습정리를 어떠한 방법으로 하는가?	
	평가도달	• 학습목표에 도달 활동으로 학습 목표에 접근 하고 있는가?	
학습 환경	학습 분위기	• 심리적, 물리적 학습 분위기가 조성되었는가?	
	학습 안내	• 학습과 관련된 적절한 구성이었는가?	
수업 전략	수업전략의 효 과가 있었는가?		
컨설턴트의 의견			

완성단계

완성단계에서 해야 할 일

- 의뢰인의 수업 방법 개선 협의
- 문제해결방안 및 유사문제해결능력 함양
- 컨설팅 결과 보고서 작성
- 컨설팅 만족도 조사

　수업 컨설팅의 마지막 단계로서 수업 공개 참관 후 수업 관찰결과를 중심으로 협의회를 통해 수업 컨설턴트가 수업개선을 위한 방안을 마련한다. 교사는 자신의 수업을 성찰해 봄으로써 자신의 수업을 개선하는 기회를 가진다. 컨설턴트와 의뢰인 간의 수업에 대한 소감을 피드백하여 컨설턴트는 교사의 수업능력 향상에 도움이 되는 조언을 한다. 한편 교사에게는 자신의 문제해결능력을 높임으로써, 수업개선에 대한 자신감을 갖고 앞으로 경험이 가능한 문제를 해결할 수 있는 문제 해결 응용력이 함양된다. 의뢰인은 처음부터 진행해온 수업의 준비단계에서 완성단계에 이르기까지의 전 과정에서 보여준 컨설턴트의 역할에 대한 수업 컨설팅 만족도 평가를 한다. 컨설턴트는 수업 컨설팅의 종료에 따른 최종 보고서를 작성함으로써 모든 일련의 수업 컨설팅 활동이 완성되는 것이다. 완성단계에서는 수업컨설팅활동의 마무리로서 수업컨설팅활동에 따른 컨설턴트의 역할에 대하여 앞으로의 컨설턴트 활동의 개선에 도움이 되도록 컨설팅만족도를 평가받아야 한다. 마지막으로 수업컨설팅이 공식적으로 끝남을 알리는 교수학

습과정안 컨설팅보고서와 컨설팅결과 보고서를 작성하여야 한다.

수업 컨설팅 만족도 평가

〈의뢰인용〉

단 계	평 가 내 용	의뢰인의 만족도				
준비 단계	1. 컨설턴트와 교감이 충분히 되었나요?	5	4	3	2	1
	2. 의뢰문제에 대하여 잘 인식하였다고 생 각하십니까?	5	4	3	2	1
	3. 의뢰문제의 협의과정에 만족하십니까?	5	4	3	2	1
이행 단계	1. 수업컨설팅에 관한 협의내용을 잘 이행 하셨나요?	5	4	3	2	1
	2. 컨설턴트의 지원이 수업 실행에 적절한 도움이 되었습니까?	5	4	3	2	1
평가 단계	1. 교사가 의뢰한 과제는 잘 해결되었습니까?	5	4	3	2	1
	2. 유사문제에 대하여 해결능력에 자신이 있습니까?	5	4	3	2	1
컨설팅 소 감						
바라고 싶은 점						

컨설팅 결과 보고서

컨설팅 일시	년 월 일		
구분	수업자(의뢰인)		컨설턴트
성명			
소속			
문제의뢰	• 의뢰문제 제시		
컨설팅 내용	• 의뢰문제 해결방안 제시		
우수한 점	• 교수·학습활동 • 평가		
컨설턴트의 종합의견			

수업 컨설팅의 방법과 절차가 적절한 과정을 통하여 이루어지는 것이 합리적이다. 수업 컨설팅의 방법과 절차는 매우 다양하다. 수업컨설팅의 매뉴얼대로 하기보다는 개인별, 교과별, 목적별의 특성과 상황에 맞는 하는 것이 필요하다.

컨설팅을 진행하는 방법을 현장에 실시하는 방식에 따라 형식적인 요건을 갖춘 경우와 그렇지 않은 경우인 비형식적 약식인 경우를 나누어 본다. 형식적이라 함은 컨설팅을 요청하는 단계부터 완료될 때까지 모든 형식을 갖추어 진행하는 과정을 말하며, 공문에 의한 정식 컨설팅활동, 지구별 장학협의회에서 실시하는 공식적 컨설팅, 교내 특별 장학요청 컨설팅의 대외적인 사안인 경우이다. 비형식적인 경우는 약식으로 수업연구대회, 교내외 공개수업 등의 일시적이고 특수한 목적에 부합하여 시간을 재촉하는 특별한 사안인 경우이다.

학교의 수업 컨설팅은 정해진 절차에 따라 철저히 진행되기란 쉽지 않지만, 컨설턴트와 의뢰인의 상호 협조관계로 원만히 수행한 컨설팅 활동으로서 이론에서 제시한 진행절차에 따라 실제 적용해 봄으로써 수업개선에 좋은 사례가 되었다. 수업 컨설팅의 활동은 최초 준비단계를 시작으로 단계마다 일정을 관리하여 최종 종결단계까지 최소 2~3주간의 시간을 확보하는 것이 좋다. 풍족한 시간적 여유가 있으면 충분한 협의과정을 거쳐 수업개선의 향상에 많은 기여를 할 수 있지만, 교사의 현장 여건상 수업 컨설팅에 집중할 수 있는 가장 적정한 시간으로서 많이 권장하고 있는 실정이다.

1. 형식적 컨설팅의 과정

■ 수업 컨설팅 의뢰 배경과 의뢰과제 내용

2014년 6월에 실시한 3학년의 영어수업 컨설팅의 사례를 통하여 실제로 수업 컨설팅을 한 내용을 중심으로 소개한다. 컨설팅은 컨설턴트가 정답을 갖고 활동하는 것이 아니라 전문적인 식견을 갖고 의뢰인의 과제를 함께 고민하여 보다 나은 방향으로 해결할 수 있도록 조언을 받는 것이다. 여기에 영어과의 수업에서 의사소통을 신장하려는 의뢰인의 과제가 컨설팅의 목표로 삼았다.

의뢰인	○○○
과목	영어
의뢰일시	2014년 5월 9일
수업일시	2014년 5월 23일
의뢰과제	수업분석
더 알고 싶은 점	동기유발 후에서의 학습목표 도입하는 방법

수업 컨설팅을 실제로 한 사례를 중심으로 단계별로 살펴보겠다.

1.1 준비단계(5월 9일)

수업 컨설팅의 첫 단계인 준비단계에는 의뢰인의 만남부터 이루어진다. 이메일, 전화, 방문 등으로 시작하여 컨설팅협약서를 작성한다. 그리고 컨설팅의 일정을 기록하여 성공적인 컨설팅을 할 수 있도록 순차적으로 진행해 간다. 컨설팅 추진일정은 준비단계, 이행단계, 완성단계로 각 단계별 활동에서 해야 할 일 들을 사전에 계획한다. 각 단계에서의 일정과 추진해야 할 내용을 컨설턴트와 의뢰인이 서로 잘 알고 준비할 수 있도록 추진일정을 작성하여 서로 정보를 공유하여 일정에 맞게 추진한다.

의뢰인은 관심 영역과 경험에 관한 기초적인 정보를 고지하고, 의뢰문제가 무엇인지를 구체적으로 제시하여야 한다. 컨설턴트는 이러한 관련 정보를 바탕으로 컨설턴트로서 의뢰한 사항을 면밀하게 검토하여 의뢰 문제에 대한 이해와 조언 능력이 있는지를 고려하여 수락함으로써 컨설팅이 이루어지는 것이다.

수업 컨설팅 요청서

소속 / 수업자	/		수업경력		수업학년	학년
과목						
의뢰일시						
수업일시						
관심영역 / 주제						
수업영역						
관련수업영역의 경험						
의뢰문제						
– 무엇이 문제인가요? – 해결하고 싶은 사항은 무엇인가요?						

수업컨설팅 일정

의뢰인		컨설턴트	
장 소		준 비 물	
컨설팅 방법	직접면담( )	전화( )	온라인( )

	컨설팅 일정		

| 내용 | Ⅰ. 준비단계 :   월   일
• 의뢰인과의 직접 또는 간접 대면
• 컨설팅 협약서 작성(메일, 전화, 직접 등)
• 컨설팅의 주제(의뢰사유, 의뢰사항)
• 문제 인식 / 문제 분석
• 의뢰인의 수업철학 경청
• 의뢰인의 문제 해결 의지 확인
• 문제 해결 모색
• 학급실태 / 학급운영 파악
• 교실환경 분석
• 수업지도의 구상과 협의
• 교수·학습과정안 완성
• 수업중 돌발상황 예상
• 수업시안 작성 / 마이크로 티칭 수업 후 수업안 보완

Ⅱ. 이행단계 :   월   일
• 수업 실시
• 수업관찰
• 준비 및 협력단계에서 협의한 내용이 수업에 적용되었는지 확인

Ⅲ. 완성단계 :   월   일
• 의뢰인의 수업 방법 개선 협의
• 문제해결방안 및 유사문제해결능력 함양
• 컨설팅 결과 보고서 작성
• 컨설팅 만족도 조사 |

준비단계에서는 의뢰인이 어떠한 문제가 있는지, 의뢰인으로부터 문제를 의뢰받아 문제의 성격을 인식하여 그 문제 해결의 방향과 전문적 식견을 갖출 수 있도록 한다. 문제 해결의 올바른 방향과 해법을 모색하기 위해서 의뢰인의 교육 방식과 교육철학을 경청할 수 있는 기회를 마련해보는 것도 좋다.

이 단계에서도 의뢰인으로부터 자료를 받아, 문제의 자료를 분석한 다음 의뢰인이 직면한 문제의 방향이 적절한지를 다시 협의를 할 필요가 있다. 의뢰인에게서 받을 수 있는 정보자료는 의뢰인이 가진 문제 주제에 대한 인식, 문제의 사건이나 상황, 학급의 운영 및 실태, 학급의 생활 및 학습지도 환경 등이 있을 수 있다. 수업의 실행을 위한 사전 작업으로서 의뢰인이 구상한 수업의 방향과 내용에 대하여 협의를 한다.

✔ 문제 분석
- 과제학습의 해결방안
- 차시의 과제가 과제학습으로서 적합한지 분석
- 과제학습의 내용 분석하여 학습모형에 적절하게 적용

교사의 수업 관련 문제가 무엇인지를 인식한 다음에는 수업 이전에 해결해야 할 문제를 분석하고, 분석한 내용이 단위 시간에 수행할 수업의 과제를 충족시킬 수 있는지를 확인해야 한다. 단위 시간에 수행할 과제학습의 문제라면 과제학습모형에 알맞게 적용되었는가를 살펴보아야 한다.

✔ 학급실태 분석

- 학생의 학업능력 상태- 개인차 파악(학생의 영어 의사소통 능력 수준 파악)한다.
- 학생의 생활- 학습과정에서 과제수행을 곤란할 정도로 주의가 산만한 학생의 존재 여부, 학생들의 상호 협동 및 배려 등을 참고한다.
- 학생의 학습능력을 사전에 조사하여 수업목표를 설정하는데 구체적 자료로 활용되어야 한다.

과제학습에서 수행할 영어의 의사소통 능력이 있는지를 학생의 학습 능력을 고려해보아야 한다. 영어로 진행하는 영어수업을 학생이 어느 정도 이해하고 있는지를 분석하여 학습활동에 반영해야 한다. 그 외에도 수업진행에 방해요소가 되는 요인을 가진 학생을 고려하여 상호 협동해서 학습할 수 있도록 주변 여건을 개선해야 한다.

기초분석(25명)

음식표현	음식을 권하는 표현 알기	더 먹을래?	많이 먹어	좋아하는 음식은 뭐야?
이해도	2명	2명	0	3명
협동학습이 어려운 학생		2명		

본 학급 학생의 음식표현에 대한 어휘 인지도가 매우 낮게 나와 음식을 권하는 표현, 좋아하는 음식의 질문지도가 필요하며, 이에 따른 음식표현을 익히기 위해 묻고 답하는 확산적인 표현을 기르는 데 유용하다.

TEE(영어로 진행하는 영어수업) 수업이해도(N=29 남: 17명, 여: 12명)

설문조사 결과		현황분석 및 지도방향	
		분석	−본 학급(3−6)의 62%(18명) 정도의 아동이 TEE 수업을 이해한다고 반응 −영어노출기회를 가급적 많이 제공할 필요가 있음
교실 영어 이해 가능	4	지도 방향	−각 단원의 목표문장(Target sentence)으로 이루어진 긴 대화(Dialogue나 Story time) 지도 시 이해하기 쉽게 Story Map 활용하여 지도 −TEE 수업 시 필요한 경우 우리말 설명 −수업 시간에 익힌 표현(관련 단원의 목표문장/ 단어 및 교실영어)를 활용할 기회 제공(쉬는 시간/ 타 교과 시간에 교실 영어 및 익힌 표현 사용)
교실영어와 한국어 혼용	14		
교실영어 어렵다	11		

✔ 학급운영 파악

- 학생과의 상호작용의 중요성을 인지한다.
- 과제학습에 따른 수업실행 성공 여부 파악한다.
- 교사의 교육방법 및 학생과의 호흡, 코드 확인한다.

수업은 교사 혼자 하는 것이 아니라 학생과 공동으로 진행하는 것이므로 교사와 학생의 관계가 매우 중요하다. 교사가 학급을 어떻게 운영하고, 교사의 교육철학을 어떻게 전개하는지를 잘 인식하고 있어야 한다. 교사가 자신의 교육방법을 전개하려고 할 때는 상대방인 학생과의 마음이 일체가 되어야 한다. 갑자기 자신의 교수방법을 바꾸어 학생들이 당황한다든지, 어색해할 경우에는 학습의 효과가 떨어진다.

✔ 교실환경 분석

- 과제학습에 따른 교실의 환경구성 및 자료의 준비를 확인한다.
- 게시자료는 무엇으로 구성되어 있는지 확인한다.
- 교실환경은 수업과 관련되는 자료가 게시되어야 한다. 또는 그 동안에 지도해 온 학습 자료가 누적되어야 한다.

단위 시간에 전개할 교수·학습내용은 학생들이 생활하는 환경에도 영향을 끼친다. 학습자가 학습한 자료를 계속 누적하여 게시함으로써 학습의 연계가 이루어져야 한다. 따라서 학습의 효과를 높이기 위해서는 선수학습, 후속학습과 관련한 교실 환경구성도 중요하다.

✔ 수업지도의 구상과 협의

- 수업의 목표를 설정한다.
- 수업의 방향을 정한다.
- 수업방법과 전략을 모색한다.
- 학습조직- 전체, 모둠, 개별 조직의 운영에 대하여 적절한 선택을 한다.

교사의 수업설계를 위해서 단위 시간에 이행할 학습목표와 교수내용은 전체의 교육과정 틀 속에서 교과가 추구해야 할 것을 먼저 확인해야 하며, 그리고 단위 시간에서 수행할 목표와 내용의 구성이 일치하는가를 살펴보아야 한다. 교사는 수업의 방향과 방법을 구체적으로 구상하며, 학생의 학습효과를 높이기 위한 학습조직도 함께 고려해야 한다.

✔ 진단 및 의견

본 차시는 과제학습의 모형을 적절히 적용 가능하여 학습의 효과가 높게 나타날 것으로 예상되나, 영어의 수업을 어려워하는 학생이 많은 관계로 영어로 진행하는 영어노출빈도가 높을수록 영어의 흥미가 낮아질 수 있는 위험이 있으니 혼용해서 활용할 것이 좋을 것이다.

✔ 1차 교수학습과정안 수립

- 자신의 수업을 바탕으로 하는 예비수업분석표 작성한다.
- 문제에 대한 인식의 확인 또는 유사경험의 여부를 점검한다.

- 의뢰인의 문제 해결 의지가 확고한지 확인한다.
- 의뢰인에게 필요한 자료 및 정보를 요청하여 문제 해결에 도움을 받는다.
- 성공사례를 제시하여 의욕을 북돋운다.
- 문제 해결 지원 방안을 적극 모색한다.
- 수업 시안 작성을 한다.
- 1차 교수·학습과정안(수업 시안에 대한 컨설팅)에 대하여 협의한다.
- 1차 교수·학습과정안에 따른 마이크로 티칭 수업 후 수업과정안을 보완한다.
- 돌발 상황을 예상해 본다. 예상되는 일을 염두에 두고 적절한 해결책을 세운다.

✔ 2차 교수학습과정안
- 1차 교수학습과정안 수정 및 보완
- 2차 교수·학습 지도계획을 한다(마이크로 티칭 수업에 대한 컨설팅을 시행하여 최종 확인한다).

1차 교수·학습과정안

단원	4. Do You Want Some More?		장소	5-3교실
차시	4/7	쪽수	58-59	수업모형	협동학습수업모형
학습목표	좋아하는 음식을 묻고 답하는 문장과 음식을 더 먹고 싶은지 묻고 답하는 문장을 읽고 말할 수 있다.			
주요 표현	What do you like? I like an apple pie. Do you want some more? Yes, please./ No thanks. Go ahead. Help yourself.	어휘	ahead, delicious, everything, food, fruit, full, other, really, try, vegetable	
교수·학습 자료	교사	Memory Board, 음식조사표, 그림카드, 문장카드,		
	학생			
활동형태	전체활동 – 개별활동 – 모둠활동 – 전체활동			

Steps	Contents	Teaching·Learning Activities		Time	Materials(◇) & Tips(▶)
		Teacher	Student		
Warm-up	Warm-up	▣ **Greeting** o 인사 및 일상적인 대화하기 – Hi, everyone. – How are you today? – I feel good, thank you. What day is it today? – Good.	– Hi, Ms. Kwon. – Fine, and you? – It's Wednesday.	1′	▶ 일상적인 인사로 수업 분위기를 조성한다.
Intro-duction	Review & Motiva-tion	▣ **Review** o 'Memory Board' 보고 지난 학습내용 상기하기 – Let's review the last lesson by reading the sentences that you read on the big writing board. ▣ **Motivation** o 좋아하는 음식 조사표 보기	◆ 지난 시간에 읽어 보았던 문장을 읽고 복습한다.	1′ 2′	◇ Memory Board ◇음식조사표

Steps	Contents	Teaching · Learning Activities Teacher	Student	Time	Materials(◇) & Tips(▶)
		– Here is a survey for your favorite foods. What is the most favorite food in this classroom? – What is the least favorite food in this classroom? – Do you want a pizza? – I'll show you wonderful pizza. Help yourself.	– It's a pizza. – It's a hamburger. – Yes, I do. – woo~		
Intro-duction	Guiding Today's Activi-ties	▣ **Confirmation of the Ob-jectives** – Can you guess what are we going to study?	– 좋아하는 음식을 묻고 답하는 문장과 음식을 더 먹고 싶은지 묻고 답하는 문장을 읽고 말할 수 있다.		
		▣ 학습 목표 확인하기 – Today, we're going to learn about reading what food I like and suggesting the foods more. ♣ 좋아하는 음식을 묻고 답하는 문장과 음식을 더 먹고 싶은지 묻고 답하는 문장을 읽고 말할 수 있다. ▣ 학습 활동 안내하기 〈Activity 1〉 Read the Graph 〈Activity 2〉 Speak & Read 〈Activity 3〉 Show & Tell		1′	▶ 학생들에게 확실하게 목표를 인식시킨다.

Steps	Contents	Teaching·Learning Activities Teacher	Student	Time	Materials(◇) & Tips(▶)
Devel-opment	Activity 1	▣ 【A1】 Read the Graph o 좋아하는 음식 조사표 보기 - Let's watch the graph. - How many foods did you select? - What do you like? - Do you want some more? - Go ahead. Help yourself. o 짝꿍과 대화 연습하기 - What do you like? - I like _____. - Do you want some more? - Yes, please./ No, thanks.	 - There are 8 kinds of foods. - I like pizza. - Yes, please. - No, thanks. I'm full. - Thanks. ◆ 교사가 제시하는 그림카드를 보면서 짝꿍과 대화를 나누어본다.	5′	◇지난 시간에 조사했던 좋아하는 음식에 관련한 표를 보면서 영어문장을 읽어본다. ◇그림카드
	Activity 2	▣ 【A2】 Read the Story o 모둠별 카드 읽고 이야기 만들기 - It's time to read the story. You will make the story and read the story. 〈How to play〉 ① This activity is a group work. ② You will have blue board, picture cards and sentence cards. ③ You make the story. ④ There are your stories on the wall. ⑤ First student goes to the wall and read the first sentence.	◆ 모둠원 전체가 그림과 문장을 이용하여 친구가 읽고 전달해주는 문장을 이용하여 이야기를 구성한다.	10′	◇모둠별로 이야기가 담긴 봉투를 구성하여 나누어준다. ◇모둠원이 협동하여 문장을 읽고 전달하여 이야기를 구성한다.

Steps	Contents	Teaching·Learning Activities		Time	Materials(◇) & Tips(▶)
		Teacher	Student		
Devel- opment	Activity 3	⑥ Come back to the team and say the sentence. ⑦ Rest students choose the sentence card and picture card and put them on the board. ⑧ Continue 4 sentences are set up.			
		■ 【A3】 Show & Tell o 모둠별 이야기 발표하기 – Are you done? It's time to show and tell. Now each team reads the story with your group and show and tell it to other group.	– Yes, we are. – 발표전에 팀원들과 함께 읽을 이야기 를 연습한다.	18′	◇ 발표할 그룹을 주 사위를 이 용하여 선 정한다. ◇ppt 자 료
Con- solida- tion	Check –up Guid- ing Next Class Wrap–up	■ 학습 내용 정리 o Let's review today's lesson. – Can you read this? ■ 차시 예고 – You did a very good job. – We are going to write your favorite foods next time. ■ 끝인사 – Thank you. Good–bye, everyone.	◆ 이번 시간에 학습 한 주요 표현을 정리 한다. – Do you want some more? – Yes, please. – No, thanks. – Thank you. – Good–bye, Ms. Kwon.	2′	◇PPT

교수·학습과정안(1)차 컨설팅 협의록

일 시	5월 15일			수업자	○ ○○
				컨설턴트	
교 과	영어	단 원	4. Do You Want Some More?	차시	4/7
수업목표	좋아하는 음식을 묻고 답하는 문장과 음식을 더 먹고 싶은지 묻고 답하는 문장을 읽고 말할 수 있다.				
의뢰문제	1차 교수·학습과정안 분석				

세부영역			협의 내용
수업단계	영 역	요 소	
수업 준비	수업 설계	• 수업의 목적 • 교육과정관계 기술 • 목표제시 • 지도계획 • 평가계획 • 학습형태/조직 • 학급실태분석 • 수업의 이론적 배경	◎ 수업배경 음식에 관한 음식명과 권유하는 표현을 학습하는 것이므로 우리 주변생활에서 소재를 끌어온 점이 아주 좋았습니다. 본 차시의 학습활동을 보면 협동학습수업모형으로 설계한 수업전개를 하고 있어 이론적 배경을 다시 고려해 봄직 합니다. ◎ 수업목표는 "내용+행동"으로 구분하는 것이 좋음 - 본시에서 진술한 목표내용이 적용 가능한 협동학습수업모형에 따른 방향과 일치하는 지 검토할 필요가 있음. 협동학습수업모형은 과제를 수행하면서 의사소통능력을 기르는 것인데 학습목표도 수업모형에 맞게 수정할 필요가 있음. - 의사소통향상에 따른 소집단 형성에서는 모둠원이 과업을 수행하는 과정에서 골고루 언어사용할 기회가 많고 사용해 보려고 하는 노력이 나타나 있어야 함. ◎ 학습실태분석: 본시에 밀접하게 관련된 학생의 실태가 정확한지 불필요하게 분석하여 수업에 도움을 주었는지, 불필요하게 실태방향이 되었는지 다시 고려해 볼 사항임.

수업 준비	수업 설계		결국 실태분석은 인지적 요인, 경험적 요인, 정의적 요인을 잘 고려해서 설문을 하고 분석 및 대책을 구상해야 함. 학생이 좋아하는 것으로 선택하는 것도 좋지만 언어 활용 면에서는 짝활동과 소집단활동을 적절히 구성하여 진행하는 것이 학습의 효과가 큼. ◎ 평가계획 수업목표의 도달도 확인을 위해 평가계획을 구체적으로 제시해야겠음 ◎ 자료활용 자료 활용의 효과가 분명히 나타나는지, 그리고 경제성이 있는지를 고려하여 제작하는 것이 좋겠음
교수· 학습 활동	교사 활동	• 교사발문 • 교수방법 • 개별능력판별 • 수업과정 • 내용정리 • 평가활동 • 학생조직구성 • 자료제작 • 자료활용 • 자료투입 • 자료의 효과성 • 자료의 경제성 • 활용시간	◎ 수업과정 1. 도입부분: 수업 포인트에 맞게 학생들의 관심이 먹는 것에 있는 만큼 입맛 나는 동영상 또는 맛있는 음식을 PPT로 제공하는 것이 좋을 듯합니다. 음식표보다는 눈요기를 통하여 군침이 돌게 하면서 자연스럽게 음식을 떠올리며 음식명도 자연스럽게 익힐 수 있도록 도입하면 좋을 듯 합니다. 2. 전개부분: 전개부분에서는 새로운 음식이름(지난 학습복습과는 다른 어휘이므로) 알아보는 것이므로 음식명을 읽는 능력을 키워주어야 하기 때문에 FLASH CARD 또는 따라 읽는 방법이 필요합니다. 활동1에서 따라 읽기나 보고읽기 활동으로 어휘연습과 표현연습을 전체 활동으로 하고, 활동2에서 (현재 활동2와 3이 한 번에 이루어지는 활동으로 가능하기 때문에 굳이 나누어서 활동을 할 필요가 없을 것 같 습니다)는 활동2와 3을 묶어서 모둠별로 문장을 만들어 발표하는 것으로 대체하는 것이 좋을 듯합니다.

교수·학습 활동	교사 활동		지도안에 넣으신 how to play을 과정안에서는 삭제하여 아예 위에서 제시한 바대로 학습전개과정으로 별도 칸을 만들어서 활동내용을 설명해 주는 것이 좋습니다. 따라서 현재 활동3을 다시 만들어 짝 활동으로 구성하여 학생들이 완전히 이해하도록 개별심화학습으로 전환하여 묻고 답하는 형식으로 취하는 것으로 마무리하는 활동이면 어떨까하는 생각입니다. 특히 협동학습모형이므로 학생들이 서로 노력해서 무엇인가 할 수 있는 구체적 학습활동을 제시해야 합니다.
교수·학습 활동	학생 활동	• 학습준비도 • 자발적 조직 구성 • 학습참여 • 학습의욕 • 학습활동 • 질문 및 발표 • 정리자료 • 자기평가	판서를 학습목표에 따른 주요 내용을 간략하게 정리하여 제시하여 준다. 판서는 학습방법을 정리하는 것이 아니라 학습한 주요내용 및 표현을 정리하는 좋음. 아래의 것은 자료의 제시이지 내용의 정리가 아니므로 학습한 주요내용 및 표현을 간략하게 써주는 것이 판서의 핵심임
	정리 평가	• 학습목표도달 • 평가방법 • 평가 후 처리 • 개별화 지도 계획	평가 자료는 학습목표도달을 확인할 수 있는 방법과 자료를 제시하기
	학습 환경	• 환경 구성 • 학습 분위기 • 학생 자료정리상태	

컨설턴트의 의견	
차기 계획	년　　월　　일에 메일로 교수·학습과정안의 수정안을 송부하기로 함

　1차 교수·학습과정안의 컨설팅에서는 본 수업안을 작성하였을 시 고려해야 할 수업모형인 교수·학습 이론적 배경, 수업목표에서는 '내용+행동'으로 구분하는 것으로, 학습실태분석에서는 인지적 요인, 경험적 요인, 정의적 요인을 잘 고려해서 설문을 하고 분석 및 대책을 구상해보는 것으로 하였다. 그리고 학습 환경에서는 학습한 주요 내용 및 표현을 간략하게 써주는 것이 판서의 핵심을 강조하였으며, 평가 자료는 학습목표 도달을 확인할 수 있는 방법과 자료를 제시하는 방향으로 협의를 마쳤다. 1차 컨설팅을 한 내용을 중심으로 점검한 수정된 교수·학습과정안을 보자.

2차 교수·학습과정안

단원	4. Do You Want Some More?		장 소	5-3교실
차시	4/7	쪽 수 58-59	수업모형	협동학습 수업모형
학습목표	1. 좋아하는 음식을 묻고 답할 수 있다. 2. 권유하는 음식을 묻고 답하는 문장을 읽고 말할 수 있다. (또는 한 문장으로: 좋아하는 음식과 더 먹고 싶은 음식에 관한 문장을 읽고 말할 수 있다.)			
주요 표현	What do you like? I like an apple pie. Do you want some more? Yes, please. / No thanks. Go ahead. Help yourself.		어 휘	ahead, delicious, everything, food, fruit, full, other, really, try, vegetable
교수· 학습자료	교사	Memory Board, 음식조사표, 그림카드, 문장카드,		
	학생	그림카드		
활동형태	전체활동 – 모둠활동 – 짝 활동			

Steps	Contents	Teaching · Learning Activities Teacher	Teaching · Learning Activities Student	Time	Materials(◇)& Tips(▶)
Intro-duction	Warm-up	▣ **Greeting** o 인사 및 일상적인 대화하기 – Hi, everyone. – How are you today? – I feel good, thank you. What day is it today? – Good.	– Hi, Ms.Kwon. – Fine, and you? – It's Wednesday.	1′	▶ 일상적인 인사로 수업 분위기를 조성한다.
	Review & Motiva-tion	▣ **Review** o 'Memory Board' 보고 지난 학습내용 상기하기 – Let's review the last lesson by reading the sentences that you read on the big writing board.	◆ 지난 시간에 읽어 보았던 문장을 읽고 복습한다.	1′	◇ Memory Board

Steps	Contents	Teaching·Learning Activities Teacher	Student	Time	Materials(◇) & Tips(▶)
	Review & Motivation	▣ **Motivation** o 좋아하는 음식 조사표 보기		2′	◇ 음식 조사표
		− Here is a survey for your favorite foods. What is the most favorite food in this classroom? − What is the least favorite food in this classroom? − Do you want a pizza? − I'll show you wonderful pizza. Help yourself.	− It's a pizza. − It's a hamburger. − Yes, I do. − woo~		
Introduction		▣ **Confirmation of the Objectives** − Can you guess what are we going to study?	− 좋아하는 음식을 묻고 답하는 문장과 음식을 더 먹고 싶은지 묻고 답하는 문장을 읽고 말할 수 있다.		
	Guiding Today's Activities	▣ 학습 목표 확인하기 − Today, we're going to learn about reading what food I like and suggesting the foods more. ♣ 좋아하는 음식과 더 먹고 싶은 음식에 관한 문장을 읽고 말할 수 있다. ▣ 학습 활동 안내하기 〈Activity 1〉 Read the Graph 〈Activity 2〉 Speak & Read 〈Activity 3〉 Show & Tell		1′	▶ 학생들에게 확실하게 목표를 인식시킨다.

Steps	Contents	Teaching · Learning Activities Teacher	Teaching · Learning Activities Student	Time	Materials(◇) & Tips(▶)
Devel-opment	Activity 1	■【A1】Read the Graph ㅇ좋아하는 음식 조사표 보기 – Let's watch the graph. – How many foods did you select? – What do you like? – Do you want some more? – Go ahead. Help yourself.	– There are 8 kinds of foods. – I like pizza. – Yes, please. – No, thanks. I'm full. – Thanks.	5′	◇ 지난 시간에 조사했던 좋아하는 음식에 관련한 표를 보면서 영어문장을 읽어본다.
		ㅇ짝꿍과 대화 연습하기 – What do you like? – I like _____. – Do you want some more? – Yes, please./ No, thanks.	◆ 교사가 제시하는 그림카드를 보면서 짝궁과 대화를 나누어본다.	10′	◇ 그림카드 ◇ 모둠별로 이야기가 담긴 봉투를 구성하여 나누어 준다.
	Activity 2	■【A2】Speak & Read ㅇ모둠별 카드 읽고 이야기 만들기 – It's time to read the story. You will make the story and read the story.	◆ 모둠원 전체가 그림과 문장을 이용하여 친구가 읽고 전달해주는 문장을 이용하여 이야기를 구성한다.		◇ 모둠원이 협동하여 문장을 읽고 전달하여 이야기를 구성한다.
		〈How to play〉 ① This activity is a group work. ② You will have blue board, picture cards and sentence cards. ③ You make the story. ④ There are your stories on the wall. ⑤ First student goes to the wall and read the first sentence.			

Steps	Contents	Teaching · Learning Activities Teacher	Teaching · Learning Activities Student	Time	Materials(◇) & Tips(▶)
Devel-opment		⑦ Rest students choose the sentence card and picture card and put them on the board. ⑧ Continue 4 sentences are set up.			
	Activity 3	▣ 【A3】 Show & Tell o 모둠별 이야기 발표하기 – Are you done? It's time to show and tell. Now each team reads the story with your group and show and tell it to other group.	– Yes, we are. – 발표전에 팀원들 과 함께 읽을 이야 기를 연습한다.	18′	◇ 발표할 그 룹을 주사위 를 이용하여 선정한다. ◇ ppt 자료
Consol-idation	Check -up	▣ 학습 내용 정리 o Let's review today's lesson. – Can you read this?	◆ 이번 시간에 학습 한 주요 표현을 정리 한다. – Do you want some more? – Yes, please. – No, thanks.	2′	◇ PPT
	Guid-ing Next Class	▣ 차시 예고 – You did a very good job. – We are going to write your favorite foods next time.	– Thank you.		
	Wrap-up	▣ 끝인사 – Thank you. Good-bye, everyone.	– Good-bye, Ms. Kwon.		

판서계획

단원: 4. Do You Want Some More?
목표: 좋아하는 음식과 더 먹고 싶은 음식에 관한 문장을 읽고 말할 수 있다
Activity 1 Read the Graph Activity 2 Speak & Ready   Activity 3 Show & Tell
주요 표현 : A : What do you like?
          B : I like an apple pie.
          A : Do you want some more?
          B : Yes, please. or No thanks.
          A : Go ahead. Help yourself.

평가계획

구분	평가내용	평가방법
상	좋아하는 음식과 더 먹고 싶은 음식에 관한 문장을 읽고 말할 수 있다.	관찰 또는 평가지
중	좋아하는 음식과 더 먹고 싶은 음식에 관한 표현이 좀 서툴다.	
하	좋아하는 음식과 더 먹고 싶은 음식에 관한 표현에 어려움을 겪는다.	

교수·학습과정안(2)차 컨설팅 협의록

일 시	5월 18일			수업자	○ ○○
				컨설턴트	
교 과	영어	단 원	4. Do You Want Some More?	차시	4/7

수업목표	좋아하는 음식을 묻고 답하는 문장과 음식을 더 먹고 싶은지 묻고 답하는 문장을 읽고 말할 수 있다.

의뢰문제	2차 교수·학습과정안 분석

세부영역			협의 내용
수업단계	영역	요소	

수업
준비
	수업
	설계
		• 수업의 목적
		• 교육과정관계
		  기술
		• 목표제시
		• 지도계획
		• 평가계획
		• 학습형태/조직
		• 학급실태분석
		• 수업의 이론
		  적 배경
			◎ 수업배경
			주요 표현을 읽고 말하는 능력을 키우는 것으로 우리 생활과 직결되어 있으니 어휘지도 및 표현을 중심으로 수업하는 것이 좋습니다.
			
			◎ 수업목표는 '내용+행동'으로 구분하는 것이 좋음
			– 수업목표를 구체적으로 2개로 나누어서 진술하면 좋을 듯합니다.
			
			◎ 평가계획
			평가계획은 수업목표를 평가함과 동시에 피드백할 수 있도록 분석도 필요합니다.
			
			◎ 학습조직
			학습의 효과를 증대하기 위해서 학습조직을 구성원의 수준에 따라 조직하며 활동의 크기를 어떻게 정해야 하는 것이 좋은지 구체적으로 생각해야 합니다.

교수· 학습 활동	교사 활동		**◎ 수업과정** 1. 수업과정도 내용의 확산 또는 심화될 수 있도록 구성한다. 활동과 활동 간의 내용이 서로 연계되어 점점 심화되도록 구성한다.

| 교수·학습 활동 | 교사 활동 | • 교사발문
• 교수방법
• 개별능력판별
• 수업과정
• 내용정리
• 평가활동
• 학생조직구성
• 자료제작
• 자료활용
• 자료투입
• 자료의 효과성
• 자료의 경제성
• 활용시간 | 3. 평가방법은 어떻게 할 것인지 지도안에 제시해 봅시다.
수업활동은 전체 활동⇒ 모둠별 활동⇒ 모둠 또는 개별 활동으로 전개하여 심화단계로 이어지는 것이 좋아요.
활동1, 2, 3의 명칭을 참신한 표제로 바꾸면 좋을 듯: 수업과정안에서도 활동안내는 presentation에서 practice 단계인 활동 1, 2로 읽기와 문장 만들기 연 습을 충분히 연습한 뒤에 활동3에서 production의 발화단계로 넘어가면 이해할 수 있다는 인지적 영역보다는 행동영역으로 활동내용과 방법이 더 활기차게 진행되지 않을까 합니다.

활동1: 활동1에서는 가장 기초적인 활동이므로 단어를 읽기 또는 문장의 읽는 방법을 인식하는 단계로 기초활동으로 꾸며야 하고,
활동 2에서는 활동1보다 조금 더 확산적인 문장을 읽을 수 있는 능력을 키우는 활동이 되어야 하며 활동3에서는 완전히 활동1, 2에서 익힌 내용을 자유자재로 습득하여 활용할 수 있는 발화단계로 활동이 심화되어야 합니다. 이 점 잘 염두에 두시어 분명한 단계별 구별이 있어야 진행이 자연스럽습니다.
따라서 활동도 전체 큰 활동에서 작은 활동으로 이어지기 때문에 학습의 깊이도 전체가 알기 쉬운 문제부터 개별 심화단계로 활용할 수 있다고 생각합니다.
활동명칭을 바꾸고 판서 순서를 단원. 목표. 주요 표현. 그리고 활동내용의 순서로 하면 좋을 듯하며 활동내용도 옆으로 1, 2, 3으로 하여 활동내용을 아래에 제시해주기.

◎ **자료 활용**
자료 활용의 효과가 있는가를 생각해 봅시다. |

교수· 학습 활동	학생 활동	• 학습준비도 • 자발적 조직 구성 • 학습참여 • 학습의욕 • 학습활동 • 질문 및 발표 • 정리자료 • 자기평가	◎ **자기평가** 평가계획은 평가관점이 있어야 하고, 평가방법 중 관찰을 어느 때 할 것인지 지도안에 명시해주고, 관찰 또는 지필에서 둘 중의 하나만 할 것인지 명확히 기술하기
	정리 평가	• 학습목표도달 • 평가방법 • 평가 후 처리 • 개별화 지도 계획	◎ **평가자료** 평가자료는 학습목표 도달을 확인하는 방법과 자료를 제시하기
	학습 환경	• 환경 구성 • 학습 분위기 • 학생 자료정 리상태	◎ 환경구성 ◎ 본시의 교수·학습활동에 부합하는 교실환경을 잘 구성하였음
컨설턴트의 의견			○ 3년 미만의 신규교사로서 컨설팅장학활동이 매우 활발히 이루어지고 있어, 앞으로 영어교사로 수어에 대한 긍정적인 마인드를 갖고 자기 연찬하기로 함 ○ 지속적인 발전을 위해 수업 컨설팅 및 코칭을 진행하기로 협의함
차기 계획			◎ 노래를 통한 동기유발이 학습의욕을 북돋아 주었음 ◎ 동기유발 자료가 학습목표유도에 결정적 힌트를 줄 정도로 분명한 자료였으며 어휘지도→ 문장연습 → 대화활동에 이르기까지 일관성 있음 　　　　년　　월　　일에 동기유발후의 학습목표를 도입하는 방법에 대하여 182p컨설팅내용을 메일로 송부하기로 함

1.2 이행단계(5월 23일)

이행단계에서는 준비단계에 수업에 관한 모든 준비가 끝난상태에서 본 수업을 진행하고 수업을 관찰하는 중요한 단계이다. 의뢰인이 의뢰한 문제가 수업속에서 제대로 적용되어 해결책을 찾아 협의한대로 이행하고 있는지를 수업 중에 관찰하는 단계이다. 이 단계에서는 관찰자(컨설턴트)는 완성된 수업지도안과 수업의 실행과정을 비교하면서 수업관점을 관찰자의 시선으로 바라볼 수 있으며 또는 일정한 수업관찰양식을 통해 관찰할 수 있다.

- 컨설턴트와 의뢰인간에 협의한 내용이 수업에 적용한다.
- 완성된 교수·학습과정안을 바탕으로 수업을 실시한다.
- 수업실시에 따른 수업자에 대한 수업관찰 분석표를 작성한다.

수업 관찰기록지

〈컨설턴트용〉

일시		월 일 교시	수업자	
단원	(/)			
자료	교사			
	학생			

구분	관 찰 내 용	관찰사항
수업 협의	1. 컨설턴트 협의내용을 실행하고 있는가?	
교사 활동	1. 본시 학습과제와 직결된 동기유발을 하고 있는가?	
	2. 수업과정에서 활동마다 시간 배정이 적절하게 안배되었는가?	
	3. 교사의 질문이 확산적이었는가?	
	4. 사용언어는 학생의 수준에 맞게 사용되었는가?	
	5. 학생의 의견에 수용적이었는가?	
	6. 수업목표와 지도내용이 일치되었는가?	
	7. 학생이 이해할 수 있도록 학습내용을 정리하였는가?	
	8. 창의적 문제해결능력을 발달시킬 수 있도록 지도하는가?	
	9. 교사의 움직임이 계획적이었는가?	
	10. 판서활동이 구조적이었는가?	
학생 활동	1. 학습활동이 활발한가?	
	2. 학습활동이 조직적으로 움직이는가?	
	3. 학습내용을 잘 파악하고 활동하는가?	
	4. 학습문제의식을 갖고 참여하였는가?	
	5. 학습조직의 형태가 실효성이 있는가?	
	6. 학생상호작용이 가능하였는가?	

학생 활동	7. 학생이 수시로 질문을 하는가?	
	8. 학습자료가 준비되어 있는가?	
	9. 학습문제를 해결하고자하는가?	
	10.문제해결방법이 독특한가?	
수업 매체	1. 자료제작 및 선택이 학습내용과 직결되었는가?	
	2. 수업과정에서 적정한 과정에 활용하였는가?	
	3. 수업매체가 학생의 흥미를 유발하였는가?	
	4. 학생의 수준에 적합한가?	
	5. 자료제작이 경제적이었는가?	
평가	1. 학습목표도달확인평가를 하였는가?	
	2. 평가 방법이 적절한가?	
	3. 성취기준에 적합한 평가였는가?	
컨설턴트의 의견		

교수·학습과정안(완성본)

단원	4. Do You Want Some More?		장 소	5-2교실
차시	4/7	쪽 수 58-59	수업모형	협동학습수업모형
학습목표	1. 좋아하는 음식을 묻고 답하는 문장을 읽고 말할 수 있다. 2. 음식을 더 먹고 싶은지 묻고 답하는 문장을 읽고 말할 수 있다.			
주요 표현	What do you like? I like an apple pie. Do you want some more? Yes, please. / No thanks. Go ahead. Help yourself.		어 휘	ahead, delicious, everything, food, fruit, full, other, really, try, vegetable
교수·학습자료	교사	Memory Board, 음식상, 그림카드, 문장카드, PPT		
	학생	오목판, marker, 수준별 학습지		
활동형태	전체활동 – 모둠활동 – 짝활동			

Steps	Proce-dure (Time)	Teaching·Learning Activities		Materials(◇) & Tips(▶)
		Teacher's	Students's	
Intro-duction	Warm-up Whole (4')	■ Greeting KT: I'm great. KT: How are you everyone? KT: Who is a little teacher today?	⊙ Greeting Ss: Hello, Ms.Kwon. How are you feeling today? Ss: Fine, good…… Ss: It's Subin. S: Hello, everyone. Ss: Hello, Subin. S: What day is it? Ss: It's Wednesday. S: What's the date? Ss: It's May 9th. S: How's the weather? Ss: It's sunny. S: What time is it? Ss: It's 1:55.	▶ 매주 한 명의 little teacher를 선정하여 요일, 날짜, 날씨, 시각 등을 묻고 답하도록 한다. ◇ Daily routine board

Steps	Proce-dure (Time)	Teaching·Learning Activities Teacher's	Students's	Materials(◇)& Tips(▶)
Intro-duction	Review & Motiva-tion	KT: Wow, you did a good job, and thank you Subin. KT: Good.	S: No problem.	
	Whole (3')	▣ **Review** KT: Let's review the last lesson. KT: Can you speak what you learned last time? KT: Great job. Your memory is perfect. KT: Look at this memory board. KT: Let's review together. KT: I say number, you say word. Are you ready? KT: I say number 1. KT: I say number 2. KT: I say number 6. KT: I say word, you say sentence. KT: I say chicken, I like chicken. KT: I say bulgogi, KT: I say fruit salad, KT: You did a good job! KT: And we sang a song, do you remember?	⊙ **Review** Ss: Yes, I can. S: What do you like? S: I like noodles. S: Go ahead. S: Help yourself. S: It's delicious. Ss: Let's review to-gether. Ss: Yes, I'm ready. Ss: **chicken Ss: **bulgogi Ss: **vegetable Ss: I like bulgogi. Ss: I like fruit salad. Ss: Yes, I do.	◇ Memory Board ▶ Memory Board를 보며 학생들과 4박 자 챈트로 지 난 시간에 배 웠던 음식이름 과 간단한 문 장을 복습한 다.

Steps	Procedure (Time)	Teaching · Learning Activities Teacher's	Students's	Materials(◇) & Tips(▶)
Introduction	Review & Motivation Whole (3')	KT: Let's sing along together. 지난 차시를 복습할 때 항상 Memory 보드에 단어를 제시하면서 4박자 챈트로 읽고, 나아가 문장 만들기 활동으로 전개- 리듬에 맞춰 하므로 학생들의 흥미 유발 ▣ Motivation KT: Look at the TV. KT: You will see many kinds of food. But you can see just a part of food. KT: You have to say the name of food. Can you do it? KT: Look, and what's this? KT: Wow, you did a job. Do you like vegetable?	Ss: What do you like Jeff? I like bulgogi, bulgogi~. ⊙ Motivation Ss: Look at the TV. Ss: Wow! SS: Yes, I can. S1: It's vegetable. Ss: No, I don't. Yes, I do.	
	Introduction of today's objectives Whole (2')	▣ Introduce today's objectives KT: What do you think we will learn today? KT: Can you guess the goal?	⊙ Check the goal Ss: We will learn how to ask and answer my favorite food.	
		▣ Today's Objectives		
		♣ 좋아하는 음식을 묻고 답하는 문장을 읽고 말할 수 있다. ♣ 음식을 더 먹고 싶은지 묻고 답하는 문장을 읽고 말할 수 있다.		

Steps	Proce-dure (Time)	Teaching · Learning Activities		Materials(◇) & Tips(▶)
		Teacher's	Students's	
		▣ Today's Activities		
		〈Activity 1〉 Read the Graph 〈Activity 2〉 Speak & Read 〈Activity 3〉 Show & Tell		
Devel-opment	Activity 1 Whole & Indi-vidual (10')	▣ Happy Birthday KT: Look at the TV. Let's see and read the words.	⊙ Happy Birthday Ss: Look at the TV. Ss: vegetables ice cream noodles cookies	▶ 교과서 cd 를 통해서 이 번 차시에서 배울 단어들을 하나씩 읽어보 도록 한다.
		KT: Now let's read the sen-tences.	Ss: What do you like? I like fruit. I like vegetables. I like ice cream. I like noodles. I like cookies.	
		KT: What do you like, S1? Can you ask your friend question?	S1: I like ice cream. S1: Sure, what do you like, S2? S2: I like noodles.	▶ CD에서 익 힌 표현을 활 용하여 친구 에게 묻고 답 하기 활동을 전개한다.
		KT: I have my birthday this Saturday, so I set the table for you. Do you want to get my invita-tion?	Ss: Sure, thank you. Wow! Ss: Thank you.	
		KT: You all are my guest. Welcome to my house.		

Steps	Proce-dure (Time)	Teaching·Learning Activities		Materials(◇) & Tips(▶)
		Teacher's	Students's	
Devel-opment	Activity 1 Happy Birthday Whole & Individual (10')	KT: Do you like cake? 　　Go ahead. Help yourself. 　　Do you want some more? KT: (대답한 학생에게 음식을 떼어준다.) KT: Do you like vegetables? 　　Go ahead. Help yourself. KT: Do you want some more? KT: (다른 학생에게 다른 음식을 물어보기를 거듭하고 더 달라고 할 경우에는 음식을 떼어준다.) KT: You did a good job. 　　I have some sentences. 　　Can you read these? KT: Now, let's read the sen-tences one by one with a mike.	S1: Yes, I do. 　　Thank you. 　　Yes, please. S2: Yes, I do. 　　Thank you. Ss: No, thanks. 　　I'm full. Ss: Yes, I can. 　: What do you like? 　: I like bulgogi. 　: Go ahead. Help yourself. 　: It's delicious. 　: Do you want some more? 　: Yes, please. No, thanks.	◇ 음식상 모형 ▶ 음식을 붙였다 뗐다 할 수 있도록 만들어서 개별적으로 음식을 좋아하는지 더 원하는지를 묻고 학생의 대답에 맞게 음식을 떼어서 건네줄 수 있도록 한다. ▶ 여러 음식들로 차려진 상을 보며 좋아하는 음식을 묻고 답하는 문장과 음식을 더 먹고 싶은지 묻고 답하는 문장을 제시하고 전체로 한번, 개별로 한 번씩 읽어보도록 한다.

The sentences shown on the card:
1 What do you like?
2 I like bulgogi.
3 Go ahead. Help yourself.
4 It's delicious.
5 Do you want some more?
6 Yes, please. / No, thanks.

Steps	Proce-dure (Time)	Teaching·Learning Activities		Materials(◇) & Tips(▶)
		Teacher's	Students's	
Devel-opment	Activity 2 Make a story Group work (9')	◼ Make a Story KT: It's time to do group work. Let me show you how to play. I'll give your team an envelope and blue board, and there are 2 picture cards and sen-tences cards. Did you check it? KT: Good, then S1 goes to the wall and read the first sentence. S1 goes back to your group, and tell the sentence. Then the members find the right sentences in a envelope. KT: Do you understand? You have to paste the sentences and a picture on your board. Are you ready? KT: Are you done? It's time to show and tell. Now each team reads it with your group and show and tell it to other group.	⊙ Make a Story Ss: Yes, I did. Ss: Yes, I do. Ss: Yes, I'm ready. G1: Yes, we are. What do you like? I like noodles. Help yourself. Thanks a lot. Do you want some more?	▶ 모둠별로 이야기가 담긴 봉투를 구성하여 나누어준다. ▶ 모둠원이 협동하여 문장을 읽고 전달하여 이야기를 구성한다. ◇ 정답ppt ▶ 모둠원의 발표 후에는 ppt로 정답을 제시하여 전체 학생이 같이 읽어 마지막 확인을 할 수 있도록 한다.

Steps	Proce-dure (Time)	Teaching·Learning Activities		Materials(◇) & Tips(▶)
		Teacher's	Students's	
Devel-opment	Activity 3 Food Omok Pair work (8')	▣ Food Omok KT: Please prepare your omok board. First let's read the words. KT: Great. You read the words well. KT: I'll tell you how to play this game. What is Omok? KT: Good answer. And you can say what you learned this lesson through this game. KT: For example, after doing rock-scissors-paper with your part-ner, if you win, you can choose the picture first. KT: Checking your seat, you have to say "I like ~." Then your partner has to say "Go ahead. Help yourself." KT: Finally if you check 5 seats first, you will be a winner. Did you get it? KT: Okay, ready.	⊙ Food Omok Ss: Yes, Ms.Kwon. They read many kinds of food name with a teacher. Ss: It's Korean traditional game. Ss: OK, I see. Ss: I like ~. Ss: Go ahead. Help your-self. Ss: Of course.	▶ 짝 활동을 통해 오늘 배운 활동들을 익숙하게 말할 수 있도록 연습한다. [그림] ▶ 교사는 궤간 순시하며 짝 활동을 통해 배운 표현을 활용하여 활동하고 있는지 관찰 평가하여 피드백한다.
Consol-idation	wrap-up individual (3')	▣ Let's review today's lesson. KT: Did you have fun in today's lesson? KT: I gave you two types of paper. If you can solve A problem, choose A. And if you can solve B prob-lem, choose B.	⊙ Let's review Ss: Yes, I did. Ss: I'll choose A. Ss: I'll choose B.	◇ 평가지 ▶ 이번 시간에 학습한 주요 표현을 익혔는지 교사는 궤간 순시를 하면서 수준별 평가지를 통해 확인한다.

Steps	Proce-dure (Time)	Teaching·Learning Activities		Materials(◇) & Tips(▶)
		Teacher's	Students's	

Consol-idation	Guid-ing Next Class	▣ Announcement next time
		KT: You did a very good job.
		    We are going to write your
		    favorite foods next time.
			◉ Listen to next lesson	

	Whole (1')	KT: Thank you.
		    Good-bye, everyone.
			Ss: Good-bye,
			    Ms. Kwon.	

판서계획

단　원 : 4. Do You Want Some More?
목　표 : 1. 좋아하는 음식을 묻고 답하는 문장을 읽고 말할 수 있다.
　　　　2. 음식을 더 먹고 싶은지 묻고 답하는 문장을 읽고 말할 수 있다.

주요 표현 : A : What do you like?
　　　　　 B : I like an apple pie.
　　　　　 A : Do you want some more?
　　　　　 B : Yes, please. or No thanks.
　　　　　 A : Go ahead. Help yourself.

〈 Activity 1 〉　　　〈 Activity 2 〉　　　〈 Activity 3 〉
Happy Birthday!　　 Make a Story　　　 Food Omok

평가 계획

평가 관점	1. 좋아하는 음식을 묻고 답하는 문장을 읽고 말할 수 있다. 2. 음식을 더 먹고 싶은지 묻고 답하는 문장을 읽고 말할 수 있다.	
구 분	평가내용	평가방법
상	좋아하는 음식을 묻고 답하는 문장과 음식을 더 먹고 싶은지 묻고 답하는 문장을 모두 읽을 수 있다.	관찰 또는 평가지
중	좋아하는 음식을 묻고 답하는 문장과 음식을 더 먹고 싶은지 묻고 답하는 문장 중에 두 가지 이상의 문장을 읽을 수 있다.	
하	좋아하는 음식을 묻고 답하는 문장과 음식을 더 먹고 싶은지 묻고 답하는 문장을 모두 읽지 못한다.	

평가결과 활용

평가결과는 본질적으로 기록이나 보고에 의미가 있는 것이 아니라 교육활동에 도움이 되는 점에서 활용되어야 한다.

가. 학년 초 또는 학기 초 지도계획 수립 및 학급경향 파악에 활

용한다.

나. 개별화 지도에 활용한다.

다. 아동을 판별하고 지도하기 위한 자료가 된다.

라. 목표 도달이 달성되었는지 확인하며 부진요소를 파악하여
피드백한다.

권미옥(2012)

1.3 완성단계(5월 23일)

완성단계에서는 수업후의 정리단계로서 수업자의 수업문제 해결력
이 향상되었는지 살펴보는 단계이다. 의뢰인이 의뢰한 문제가 수업중
에 제대로 해결되었는지, 앞으로 유사한 문제에 대하여 해결할 수 있
는 능력이 배양되었는지를 의뢰인 스스로 자문할 수 있는 단계이다.
완성단계에서는 수업컨설팅 만족도를 조사하고, 수업협의록, 수업컨설
팅결과보고서를 작성한다.

- 의뢰인의 수업방법 개선에 대하여 협의를 하고 수업협의록을 작
성한다.
- 의뢰인으로부터 수업 컨설팅 만족도 평가를 받는다.
- 수업 컨설팅 결과보고서를 작성한다.
- 의뢰인의 문제해결능력이 향상되었음을 인지한다.
- 유사한 문제에 대하여 스스로 문제를 해결할 수 있다.

수업 컨설팅 만족도 평가

〈의뢰인용〉

단 계	평 가 내 용	의뢰인의 만족도				
준비 단계	1. 컨설턴트와 교감이 충분히 되었나요?	5	4	3	2	1
	2. 의뢰문제에 대하여 잘 인식하였다고 생 각하십니까?	5	4	3	2	1
	3. 의뢰문제의 협의과정에 만족하십니까?	5	4	3	2	1
이행 단계	1. 수업컨설팅에 관한 협의내용을 잘 이행 하셨나요?	5	4	3	2	1
	2. 컨설턴트의 지원이 수업 실행에 적절한 도움이 되었습니까?	5	4	3	2	1
평가 단계	1. 교사가 의뢰한 과제는 잘 해결되었습니까?	5	4	3	2	1
	2. 유사문제에 대하여 해결능력에 자신이 있습니까?	5	4	3	2	1
컨설팅 소 감						
바라고 싶은 점						

교수·학습과정안 컨설팅협의록

〈컨설턴트용〉

일 시		교사	
		컨설턴트	
교 과			
수업목표			
문제의뢰			
컨설팅 협의 내용			
문제해결 방안제시	■ 문제해결방안제시		
교수· 학습 활동	■ 우수한 점 ■ 개선할 점		
컨설턴트의 의견			
수업자의 확인	(인)		

컨설팅 결과 보고서

컨설팅 일시	년 월 일	
구분	수업자(의뢰인)	컨설턴트
성명		
소속		
문제의뢰	■ 의뢰문제 제시	
컨설팅 내용	■ 의뢰문제 해결방안 제시	
우수한 점	■ 교수·학습활동 ■ 평가	
컨설턴트의 종합의견		

2. 비형식적 수업 컨설팅의 과정

학교현장에서는 수업 컨설팅의 절차와 방법을 형식에 맞게 의뢰하고 컨설팅 활동을 하는 경우도 있지만, 수업 컨설팅의 형식절차의 번거로움과 의뢰인의 컨설팅에 대한 부담 해소 및 시간의 절약이 필요한 경우 또는 지인의 컨설턴트에 대한 편안함으로 비형식적 컨설팅을 한다. 이러한 경우는 대부분 1~2주 안에 컨설팅활동이 완성된다. 의뢰인은 자신이 잘 아는 유능한 컨설턴트에게 부탁을 하는 경우와 소개를 통하여 연계해주는 경우가 있다. 의뢰할 때는 전화, 메일로 사전허락을 얻은후 통신상으로 하는 경우가 많다.

먼저 의뢰인으로부터 교수·학습과정 원안을 의뢰받아 1차로 컨설팅을 한 다음, 과정안을 의뢰인에게 보내면 의뢰인을 과정안을 정하고 숙지하여 다시 2차로 과정안을 컨설턴트에게 보낸다. 교수·학습과정안을 기준으로 한다고 해서 수업에 관련한 사항을 무지하는 것은 아니다. 수업에 필요한 수업설계, 학생및 학습실태패분석, 교실환경, 평가계획 등의 수업전반에 걸쳐 지도·조언을 하는 것이다. 비형식적 컨설팅은 사전의 복잡하고 형식적인 과정을 생략하고 간결히 하여 진행을 원활하개 위함이다. 컨설턴트는 과정안이 수정 및 보완이 되었는지 컨설턴트도 필요한 자료 및 학습을 하면서 살펴본 다음 최종적으로 완성한 과정안을 의뢰인에게 보내어 성공적인 수업이 되도록 구성한다. 이는 본 수업의 문제해결을 위해 교수·학습과정안만 지도 및 조언을 하며 기타의 사항에 대하여는 수업에 필요한 요소인지를 부연해서 지원해주는 것이다. 비형식적인 컨설팅활동은 교수·학습과정안-수업전 협의록, 교수·학습과정안(1차 수정안)-수업후 협의록 순으로 정리해 보았다. 비형식적인 관계에서는 교수·학습과정안을 중심으로 지원하고 있다. 교수·학습과정안을 점검하지만 의뢰인과 컨설턴트의 협의 내용을 수업에 관련한 모든 것을 포함하고 있다. 그러나 기타관련 제출하는 서류는 1, 2차 협의한 컨설팅 보고서만 작성한다. 다음은 비형식적인 수업컨설팅활동을 사례를 통하여 어떻게 진행되는지를 알아보자. 오로지 과정안을 컨설팅함으로 수업관찰을 하는 경우는 마이크로티칭으로 간단하게 중요한 점만 점검하며, 의뢰인이 자신의 수업을 비디오로 녹화하여 구체적으로 컨설팅을 하기도 한다. 수업후의 협의회는 마련하지 않으며 수업자 스스로에게 자신의 수업에 대한 성찰을 하여 수업개선의 의지를 확인하고 차후의 수업개선의 노력하는데 있다.

1) 교수·학습과정안–수업 전 협의록

수업 전 컨설팅 협의록

의뢰인	이 ○○	협의날짜	2012. 5 . 11 . 15 시
교과단원	Lesson 4. My birthday is April.3rd.	학습목표	날짜를 묻고 답할 수 있다.
컨설팅 목적	임상 장학	컨설턴트	김○○ 선생님(○○초)
컨설팅 요청 내용	전체적인 내용을 보시고, 유의점과 수정 할 점, 보충할 점을 말씀 해주시면 감사하겠습니다.		
수업 전 협의 및 개선 사항	1. 주제로 보아서는 "화제중심교수법"이 좋습니다. 2. 동기부분 : 인사하는 부분은 전체적으로 하되 분위기 조성을 위하여 교사가 개별적으로 2~3명 정도 지정하여 인사를 하는 것이 좋음. 재미있는 동기유발 자료(동영상이든 PPT 등)를 잘 찾아 제시하여야 하며, 학습문제를 도출하기 위해서는 지도과정안 학습문제 확인 바로 앞에서 달과 날짜가 은근히 나오도록 쉽게 나올 수 있을 만한 것으로 유도질문과 표현방법을 암시해주어야 한다. 예) What's the date, today? It's May 1st. 등과 같이 알고 있는 것을 통해 오늘 배울 표현을 학습목표와 직접 연결될 수 있도록 유도한다. 3. 재미있는 활동으로서 선생님의 생일 또는 친구의 생일을 제시하여 알아 맞추기 게임을 하고, 그리고 모둠 친구의 생일을 직접 소개해 보는 것으로 꾸미는 것이 매끄럽게 느껴집니다. 따라서 활동도 전체 큰 활동에서 작은 활동으로 이어지기 때문에 학습의 깊이도 전체가 알기 쉬운 문제부터 개별 심화단계로 활용할 수 있다고 사료됩니다. 그리고 다문화 학생지도와 관련하여 다문화의 날씨에 관한 문화요소를 언급해 주는 것이 필요합니다. 4. 평가하였을 때의 피드백은 어떻게 해야 되는지, 학습부진아가 3명이 있는데 부진요소를 어떻게 극복해 가며 가르칠 수 있는지, 마지막으로 차시예고를 보충해야 합니다.		

본시 교수·학습 과정안

단원명	Lesson 4. My birthday is April 3rd	대 상	○ ○초교 5학년5반 남 16명, 여 11명 (총 27명)
교과서	영어 40-41	차 시	2/5 (40분간)
주요문장	What's the date today? It's _____.	수업모형	화제중심교수법
학습목표	날짜에 대해 묻고 답 할 수 있다.(Students are able to ask and answer the date.)		
학습자료	일반 자료	교과서, 화이트 보드 판	
	ICT	website. (과정안에는 언제 쓰는 지 표시가 안되어 있어요)	
	Symbols	📁 ppt,	

학습단계	중심활동	교수 – 학습 활동	시량	자료(#) 및 유의점(※)
도입 (탐색 및 문제 파악)	학습 분위기 조성	▣ Create warm Atmosphere T: Good morning, everyone. How are you? S: Fine. T: How are you doing? (개별적으로 학생에게 질문한다.) 옥혜은, Stand up, please. Choose one of your friends and say hello. Pls, call his or her name. Can you do it? T: Can you remember the "What's up, chant"? S: Yes. T: One, two, three, Let's chant. S: (Chant를 한다.) T: Good job.	2분	몇 몇 친구들과 이름을 부르며 인사한다. 인사는 전체적으로 하면서 교사가 개인적으로 2~3명 지정하는 것이 좋음
	중요 표현 복습	▣ Review the last lesson T: What's the title of Lesson 4? S: My birthday is April 3rd. T: You're right. T: Can you memorize the dialogue ?		

학습단계	중심활동	교수 – 학습 활동	시량	자료(#) 및 유의점(※)
도입 (탐색 및 문제 파악)		S: (대화문을 외운다.) T: Good job. Can you tell me from first to 30th? ▣ Motivation T: Let me show you something. What is it? S: It's a box. T: Yes, right. There is something inside. 　Can you guess what it is? S: (각자 대답한다.) T: You can knock the box. Can you guess what 　it is? Let me give some hints for you. 　"The shape is square. 　It has different numbers in it. 　It has 12 months and 30 or 31 days." S: Calendar T: You're right. (달력을 꺼내 보여주며) 　It is a calendar. 　We've already known how to tell the months 　in English. 　Can you sing "Month song" together? 　During you sing a song, pls sing with motion. 　Are you OK? S: (율동을 하며 노래한다.)	3분 4분	📺 PPT- 아이들사진 본시와 관련하여 달과 날짜를 표현하는 방법을 알아본다. #학습활동 안내자료
	학습 목표 확인	▣ Confirmation of the objective T: So, we are going to learn how to tell about 　the date in English. We'll practice how to ask 　and answer the question. 　That's the goal of today's lesson. 　Can you tell me our goal in Korean? ♣ 날짜에 대해 묻고 답할 수 있다. T: You are excellent. Awesome, students.		※ 학습이 이루어지는 전 과정을 설명하여 앞으로 어떤 활동을 할지 알고 준비할 수 있도록 한다.

학습단계	중심활동	교수 - 학습 활동	시량	자료(#) 및 유의점(※)
도입 (탐색 및 문제 파악)	학습 목표 확인	■ Guide the activities T: Would you pls tell me the first one of this lesson? 　We have three steps in the lesson. 　Yes, you're right. We'll learn about "Funtalk1" T: What is the second one of this lesson? 　Yes, right.　What page will we study? S: Listen & Repeat on p40. T: Right. What is the last one ? S: Game T: Good job. We are going to play two different games. 　One is a "calendar game" team by team. 　I'm sure you've already prepared the calendar you made last lesson. S: Yes. (준비했어요.) T: Thank you. 〈Activity 1〉 Fun talk 1 〈Activity 2〉 Listen & Repeat- role play 〈Activity 3〉 Games- "Calendar game"		
전개 (자료 제시 및 탐색)	활동1	■ Activity1- Fun talk 1 T: Look at the TV pls. Can you tell me who they are? S: They are _____. T: What can you see the picture? S:　They answer _____. T: Whose birthday is it? S: Mio's birthday T: Can you tell me where it is? S: Mio's home. T: Let's watch the screen. After watching TV, let me ask some questions. Pls watch it carefully. S: (TV를 본다.)	8분	# C D - ROM

학습단계	중심활동	교수 – 학습 활동	시량	자료(#) 및 유의점(※)

전개
(자료
제시
및
탐색)
	활동1	T: Let me ask the question.
		    What's the date, today?
		    What's the date, tomorrow?
		    When is Yuna's birthday?
		    Is this Chris's home?
		    When is Jinu's grandfather's birthday?
		S: (함께 대답한다.)
		T: Good.
		T: 그럼, 실제로 오늘은 몇 월 몇 일 인가요?
		    What's the date, today?
		    Who can tell me the date ?
		    Pls, raise your hand.
		T: Let's go to your book. Turn your book to page 40.
		S: Yes.
		
		T: I gave the dialogue of Fun talk 1
		    Pls repeat after me. Boys are Chris and Jinu.
		    Girls are Mio and Yuna.
		    Are you ready? One, two three, Action!
		
		T: Good job.		

전개	활동2	■ Activity2– Litesn & Repeat (Role–Play)
		T: All of you did very good job. Excellent!
		    Now, we have another activity here.
		    Let's go to the book on page 41.
		    What can you see? Who are they in the picture 1?
		    Where is it?
		S: (대답한다.)
		T: We'll watch the TV. and then we are going to do a role play?
		    (TV를 보고 난후)
		    Let's do the role play together.
		    Repeat after the voice.
		S: (다 같이 따라한다.)
		    Who will be Amy? Who will be Jinu?
		    Who wil be Chris?
			8분	직접 제작한 동영상
				
				#CD–ROM
				📀 PPT

학습단계	중심활동	교수 – 학습 활동	시량	자료(#) 및 유의점(※)
	활동2	S: (각자 Role Play를 한다.) T: Let's do the role play one more time. (다시 한 번 원하는 친구들이 나와 역할극을 한다) T: Good. Let's watch the TV Listen & repeat 2. (보고 난후) Let's do the role play together. Repeat after the voice. S: (함께 따라한다.) T: Who will be Yuna? Who will be Yuna? Who will be Chris? S: (남자는 여자 역할을, 여자는 남자 역할을 해 본다.)		아이들이 카드를 통해 자연스럽게 단어를 읽는다.
전개 (적용 및 응용 단계)	활동3	■ Activity3-Calendar game T: Good. I'm sure all of you can tell the months of year and the numbers on the calendar. Can you do it? S: Yes. we can. T: Before we begin the game, we have to review the months and the numbers. Are you ready? S: PPT(화면을 보며 큰소리로 얘기한다.) T: Pls remember the rules before we play the game. Are you OK? (최대한 작은 목소리로) Frist one, pls be quiet during playing games. Second, all teams are to join in the game. Are you OK? T: Did you prepare for the calendar you made last lesson? S: Yes. T: First, all of your team members find the special days in May. We have various special days in May. And then you can decorate the special days. Finally, I will give you some words. first team can answer if you heard some hints. Let's practice. Just practice. Are you ready? Let me give some clues. Can you tell me what day it is. The first one, kids. present. S: Children's day.	10분	게임을 설명할때는 한국말로 다시 규칙에 대해 설명하여 아이들의 이해를 돕는다. 다문화어린이의 문화적 적응배려한다. * PPT Calrendar ※인성요소 소집단 활동별로 주어진 역할 수행을 통해 책임감과 모둠원들에 대한 배려심을 기른다.

학습단계	중심활동	교수 – 학습 활동	시량	자료(#) 및 유의점(※)
정리	활동3	T: When is Children's day? S: It's May 5th. T: Yes, right. not May five. May fifth. 　(Parents' day, Teacher's day, Buddha's birthday) 　(모두 힌트만 제공하고 물어보고 학생들이 대답한다.) S: Now, let's play interesting games. 　It's a kind of Speed Quiz. let me tell how to play a game. Are you ready?	5분	#CD-ROM ▣ PPT
	내용 정리 하기	▣ Arrangement T: You did very good job. T: Awesome, friends! Now, let's review what we've learned. 　(5월 달력을 보여주며) 　When is children's day? 　When is teacher's day? 　When is hiking day of our school? S: (대답한다.) T: Very good job. we have a very special in May. 　Whose birthday is in May? S: (대답한다.) T: (그 학생에게) When is your birthday? S: May 9th. T: Good. Let's sing a birthday song for _____. S: (노래한다.)		완전학습이 이루어 지도록 부진요소 피드백을 한다.
	차시 예고	T: Let's call it a day. 　Pls. make a line. Group 6,5,4,3,2,1. 　pls tell me the title of Lesson 5 when you go back to the classroom. 　(차시예고) S: (학생들이 개인별로 대답하고 인사한다.)		

(이유정, 2012)

2) 수업후 협의록

수업 적용 및 수업 후 협의록

의뢰인	이 ○○	수업 날짜	2012.5.11. 5 교시
참석자	컨설턴트 ○ ○○	협의 일시	2012.5.11. 15：00시- 15：40분
수업에 반영한 사항 및 적용 결과	* 컨설팅을 받은 후, 학생들에게 우리 학교의 주요 행사를 첨부하여 날짜를 기억하기 쉽게 연습한 후, 말 할수 있도록 수정하였더니, 학생들의 이해와 호응도가 훨씬 좋아져서 수업의 흐름이 원활히 진행되었다. * 다문화 가정인 이라크에서 온 학생을 고려하여 게임을 준비하고, 이슬람의 신의 사진을 학생들에게 보여주며, 날짜 묻고 말하기를 함으로써, 다문화가정 학생을 배려하고, 공감할 수 있는 소재를 제공하여 학생들의 흥미를 유발하였다. * 처음에 작성한 "스피드"게임이 자칫 학생들의 과잉 경쟁을 유발 할 수 있어 팀별로 "달과 월"의 이름을 정하여 주고 받는 게임으로 변형하였다.		
수업 후 협의 내용	* 전체적인 흐름이 수업자가 의도한 대로 원활히 진행되었으며, 학생들의 호응이 좋아 즐거운 수업 분위기였음. * 우리 학교만의 행사 날짜를 넣어 practice한 점과 일상 생활에서 흔히 볼 수 있는 달력을 이용하여 학생들이 쉽게 이해하게 한 점이 돋보임. * 부진아 학생들을 배려하여, 게임시 참여를 시키고, 집중 할수 있게 배려 한 점이 작년 임상 장학과 비교할 때 향상 된 점임. * 한가지 아쉬운 부분은, 교사가 질문을 하고, 학생들이 답하는 형식을 취하여 학생들이 물어보는 문장을 충분히 연습 하지 못했다는 점이 아쉽다. * 시간 배분이 정확하였음.		
컨설팅 후기 (분량 자유)	작년 임상장학 시 생각 못했던, 부진아와 다문화 가정의 학생들을 고려하여 지도안을 수정하고, 컨설팅을 받은 결과 학생들 모두 즐겁게 참여하는 재미있는 수업을 이끌어 갈 수 있었다. 작년과는 또 다르게 발전하는 내 자신을 느낄수 있게 도와주신 선생님께 진심으로 감사드립니다.		

수업이라 함은 가르치고 배우는 현상 속에는 여러 가지의 변수가 작용한다. 학급의 학생실태가 교실마다 다르며, 사용되는 교수·학습 자료가 다양하고, 가르치는 사람의 생각과 방법에 차이가 있다. 여러 가지의 변수 속에서 가르치기의 어려움이 상존하고 있는 사회의 변화속에 교육이 적절하게 대처하기란 쉽지 않다. 그렇다고 교육이 먼저 앞서갈 수 없다. 사회가 어떻게 변화, 발전할 지를 예측하기 어렵기 때문이다. 이러한 역동적인 구조속에서 사회의 현실과 교육의 정책은 괴리현상이 나타나게 된다. 즉 교육적 이상과 사회적 현실 간의 괴리, 개인의 양심과 국가적 요청간의 불일치, 인성과 인력 간에 충돌하는 교육이념상의 모순성 등에 짓눌린 학교 교육 문화의 카오스 혹은 파괴된 프랙털 구조에 있다(고요한, 2003:172). 이러한 구조하의 문화 속에서도 교육의 질을 높이기 위해서 적절한 교수 방법을 개선하여 수업의 질을 높이는 데 있다. 교육적 현실은 당면한 교사가 잘 인식하고 있으며, 여기에 적절한 교수 방법의 개선이 시급함으로 본인의 노력과 더불어 도움을 줄 수 있는 노련한 경험자의 조언 및 지도가 필요하다. 따라서 수업의 개선에 관계되는 최근의 장학의 흐름에 대두되고 있는 용어에 대하여 그 상이점을 살펴보자.

1. 수업장학

■ 수업장학의 개념

수업장학은 학생들의 학습을 향상하고 학교의 교육과정을 유지하고 수업개선을 위하여 교사의 교수행위에 직접 영향을 줄 수 있도록 학교가 공식적으로 제공하는 제반 활동으로 학교장을 중심으로 한 교내장학이라고 규정하고 있다(조병효, 1991:115). 수업장학은 교사의 수업기술 향상을 위한 체계적이고 개별적인 과정이며, 이는 학교에서의 교수·학습과정을 성공적으로 성취할 수 있도록 교사를 지도·조언하는 활동에 초점을 두고 있다.

수업장학을 학생의 학습을 촉진하고 조직의 목적을 달성하기 위한 방법으로 교사행위에 직접적으로 영향을 주기 위하여 조직적 행위로서, 우연한 무의식인 활동이 아니고 조직적인 요청과 공식적인 권위를 내포하고 있다.

종래의 장학개념의 대안으로서 교사의 수업활동 개선에 초점을 둔 장학의 개념이 수업장학이다. 교육에서 사용하는 수업장학이라는 개념은 여러 학자 간에 유사한 차이가 있으나 대체로 장학의 발전과정에서 고착화되어 온 용어로서 학교 수준에서 교사를 대상으로 이루어지는 여러 가지 장학활동 중에서 직접적으로 교사의 수업기술과 방법의 개선을 위하여 제공되는 비교적 체계적인 활동으로 보고 있다. 그러나 수업장학을 학교수준에서의 장학활동 즉 교내장학과 같은 의미로 쓰게 되면, 교사의 개인적 발달, 학교의 조직적 발달에 관련되는 여러 가지 장학활동의 가치가 희석되는 문제가 있다(이윤식,

2008:279). 장학의 개념에는 교육행정기관의 장학행정과 학교현장 주도의 장학이 있으나, 흔히 교사의 입장을 고려해보면 학교현장에 이루어지는 장학의 하나인 자율장학을 말한다. 이 자율장학에는 수업에 관련된 수업장학으로서 동료장학, 자기장학, 약식장학, 자체연수가 있다. 따라서 수업의 질 향상을 위해서는 교사의 수업장학을 수업기술과 수업방법의 개선을 위한 계획적이고 과학적인 활동으로 교실 수업 개선에 초점을 두고 있다. 수업장학의 개념의 키워드는 교수·학습 활동의 성공적 조언, 교수학습의 개선, 수업개선 등으로 최종적으로는 수업의 질 향상에 목표를 두고 있다. 수업장학의 궁극적인 목적은 교사의 행동변화를 통해 학생들의 학습 효율화를 높이기 위한 일련의 활동이다. 수업장학은 교사의 수업 개선을 위하여 관리자(교장, 교감), 수석교사, 장학위원, 전문가 등이 주도하고 지도·조언하는 활동으로 강제성이 농후하다. 장학의 종류에는 임상장학, 동료장학, 자기장학, 약식장학, 자체연수 등 5가지로 보는 견해가 일반적이다.

장학담당자는 교육전문직(교육감, 장학사, 장학관, 연구사, 연구관), 교장, 교감, 수석교사, 부장교사, 일반교사 등이다. 수업장학을 통하여 교사의 전문성 계발, 교사의 개인적 발달 등을 추구하여 수업의 질 향상을 목표로 하지만, 수업장학의 결과로 나타나는 최종적으로 적합한 학교사회를 만들어가는 것이 된다.

■ 수업장학의 원리

수업장학이 교사의 수업개선으로서, 교사의 수업기술과 수업행위를 향상시켜 학생의 학습 효과를 높이는 데 있는 것이다. 수업의 원리에서도 수업자는 학습자의 학습지도를 효과적으로 하기 위해서 학습이론이나 수업원리를 잘 알고 수업을 하여야 수업의 효과가 크듯이, 수업장학에서도 수업자인 교사는 자신의 업무가 고유한 특징을 갖고 있으며 자신의 직업에 대하여 만족감을 느끼고 자긍심을 가져야 수업에 열정을 바칠 수 있다. 수업이라는 것은 타고난 능력이 아니라 후천적으로 수시로 연마하여 좋은 수업기술을 습득해 나가는 것이다. 본인의 노력 뿐만 아니라 주위에서도 함께 노력하는 모습이 있다. 이것이 바로 수업개선을 위해서 필요한 수업장학이라는 것이다.

■ **수업장학의 절차**

수업장학은 수업이 시작되기 전, 수업이 진행되는 과정, 수업이 종료된 후의 일련의 과정으로 이루어진다. 하나의 수업이 완성되고, 이상적인 수업이 될 수 있도록 수업이 시작되기 전, 수업이 진행되는 과정, 그리고 수업이 종료된 후에 이루어져 할 사항을 시의 적절하게 점검돼야 한다. 성공적인 수업장학을 실시하기 위해서는 수업장학의 전략인 수업 전 협의과정, 수업 진행과정, 수업 후의 협의 과정으로 나누어 본다.

수업장학의 절차			
상호교감	계획 수립	계획 실천	결과 확인
수업 전 협의 과정		수업 진행 과정	수업 후 협의 과정

✔ 수업 전 협의과정

- 상호교감-

예비단계에서는 교사는 지도안을 사전에 수립하지 않고 수업할 마음의 준비를 하는 과정으로서 교사의 수업의지, 교육의 가치관, 태도, 교사의 전공, 교사의 특기 및 장점, 학생관, 생활지도 등 여러 가지의 사전 정보를 얻으면서 수업에 임하는 자세와 태도, 의지를 다진다. 이 단계에서는 교수 학습지도안을 수립하는 것보다는 전체적인 윤곽을 잡아가는, 지도안을 수립하기 전에 시행착오를 덜 겪게 해주는 것이다. 지도안을 수립한 상태에서 과목, 수업목표, 수업모형, 절차 등을 수정하려면 오히려 더 복잡하고, 난관에 부딪히는 경우가 종종 경험하기 때문이다. 그러므로 예비단계에서는 무엇을 어떻게 시작하고 어떻게 마무리할지를 전체적으로 윤곽을 잡는 교수계획안을 세우는 작업이다. 예비단계에서 해야 할 구체적인 사항은 아래에 제시한 바와 같다. 수업장학의 활동가기 위해서는 우선 수업자와 장학담당자간의 상호협동하는 마음의 기제가 형성되어야 한다.

신뢰관계 조성

- 수업자와 장학담장자와의 상호교감과 신뢰를 갖기 위해서 사전 정보를 교환한다.
- 수업자의 교육철학과 수업방법을 인지하고 의견을 나눈다.
- 장학담당자는 수업자에게 편안한 분위기를 만들어 주도록 노력한다.
- 수업자의 전공, 장점 및 특기사항을 찾아준다.
- 무엇을 어떻게 가르치고 싶은지 생각을 경청한다.
- 주의할 점은 서로의 논쟁은 피하는 것이 좋다.

- 계획 수립-

수업장학의 실시를 위한 수업 전 협의회 과정을 마쳤으면 협의회에서 이루어졌던 각종 정보를 가지고 해당 수업을 실행하기 위해 수업실행의 과제를 설정하며 수업개선에 도움이 되는 사항을 장학담당자와 의견을 교환한다.

수업 개선 방향 논의

- 수업자가 수업에 관련하여 연구하고자 하는 사항이나 수업개선을 위해 도움이 필요한 사항이 있으면 이를 장학담장자와 의견을 교환한다.
- 수업 개선 과제를 구체화하고, 과제 해결 개선 방안에 대해 협의한다.
- 학생들의 학습능력, 학습태도, 학습의욕 등을 비롯한 학생에 대한 제반 사항에 대하여 협의한다.
- 수업자의 수업진도, 수업내용, 수업방법 등에 관하여 협의한다.

⬇

수업관찰 계획 수립

- 수업의 시기, 수업 목표, 내용 방법 등을 포함한 수업 계획에 대해 협의한다.
- 수업관찰의 시기는 수업지도안 작성에 필요한 시·공간적 사항을 고려한다.
- 관찰내용, 관찰기록방법, 관찰시간, 관찰 장소, 관찰위치 등에 관해 협의한다.
- 수업관찰 계획에 따른 녹음, 녹화의 기자재의 확보에 대하여 논의한다.
- 환류 협의에 대한 계획(시간, 장소, 참석자, 절차 및 방법 등)을 논의한다.
- 계획수립 후 수업자의 구체적인 수업지도안을 검토한다.
- 수업자의 계획수립 단계에서 작성한 수업관찰 계획서를 확인한다.

✔ 수업 진행 과정

- 계획 실천-

수업 관찰하기

- 수업관찰 계획에 따라 장학담당자는 수업을 관찰하고 기록한다.
- 관찰방법
  - 관찰된 내용을 서술식으로 기록하는 방법
  - 관찰된 사항을 약어나 부호를 사용하여 그 빈도를 기록하는 방법
    (학생들의 과업집중도 기록법, 교사와 학생들 간의 언어 흐름 기록법, 교사
    와 학생들의 이동기록법, Flanders의 상호작용 분석법 등)
  - 관찰된 사항을 체크리스트를 사용
  - 컴퓨터영상, 녹화기를 사용하는 방법
- 서술적 수업관찰 일지
- 협동 참여관찰 일지
- 관찰자의 생각 적어보기
- 수업 중 실제 수업시간 기록
- 수업과정을 시간대별로 기록
- 교사의 지시적 언어 기록
  - 강의 및 설명
  - 학생의 비평
  - 학생의 발언
- 교사의 비지시적 언어
  - 학생의 감정의 수용
  - 칭찬이나 격려
  - 학생의 의견, 아이디어의 수용
  - 질문
- 학생의 행동기록
  - 경청
  - 산만
- 학생의 지시적 언어 기록
  - 학생의 말
- 기타 : 판서, 침묵, 학습분위기, 학습조직

✔ 수업 후 협의 과정

- 결과 확인-

수업관찰 결과 논의

- 수업 후 자신의 수업에 대한 개략적인 자기 평가, 수업관찰 결과에 대한 논의 의제를 정리한다.
- 수업자의 수업관찰 자료 등을 중심으로 상호 협동적이고 동료적인 분위기에서 수업의 만족스러운 점과 개선이 요구되는 점에 관하여 논의한다.
- 수업자 자신의 수업 개선을 위한 아이디어를 창출한다.

⬇

수업개선 실천하기

- 수업자의 수업연구의 과제 해결·개선·수업개선을 위한 방안을 설정한다.
- 수업자의 수업연구 과제의 해결·개선 또는 수업개선과 관련하여 수업자에게 계속적인 도움을 제공하는 방법에 대하여 의견을 교환한다.
- 수업연구 과제의 해결 또는 수업개선을 위해 설정된 방안을 실제 수업에 적용·평가 및 2차 수업관찰을 계획하거나, 수업자 스스로 평가한다.
- 설정된 수업과제 해결 및 수업개선 방안의 일반화를 위한 평가·반성을 한다.
- 논의된 주요 내용은 차후 수업개선이나 장학활동 개선한다.

수업의 효과는 수업자가 지니고 있는 성격, 인성, 경력, 경제적 배경 등에 영향을 받기보다는 교수·학습활동에서 이루어지는 수업자의 수업 행동에 따라 달라진다. 수업자가 설명을 어떻게 하는가? 어떤 방법으로 칭찬하는가? 수업목표에 도달하기 위해서 어떠한 수업전략을 세우는가? 질문기법을 어떠한가? 등이 수업의 효과에 영향을 미친다.

자기의 수업을 전문적으로 잘하기 위해서는 새로운 수업기법, 수업이론을 부단히 연마해야 한다. 타인의 좋은 수업을 자주 관찰하여 자신의 수업을 되돌아볼 수 있는 성찰의 기회를 자주 가져야 한다. 장학수업은 하나의 자신의 수업 표현이다. 동료 교사에게 자신의 수업을 공개하여 자신의 수업기술을 객관적으로 바라볼 기회를 가짐으로써 자신의 눈이 아닌, 타인의 눈으로 점검할 필요가 있다.

■ 수업장학 담당자

장학의 발전과정을 보면 미국의 주 교육자치구의 교육감이 탄생하면서 교육감의 장학담당기능이 상설화되어 그 하위인 교육장도 장학담당자로서의 자격을 갖고 있다. 우리의 현장에서도 수업을 장학할 수 있는 장학담당자는 교육감(장), 장학사(관) 등 이외에 학교장, 교감, 주임교사, 동료교사들이다. 교육 관리자가 장학 담당자로 역할을 할 경우에는 교사와의 관계가 수직적이므로 지도·지시의 위계가 있으므로 협의 사항 등의 개선점이 교사 중심보다는 관료적인 입장이 강하였다. 그러나 동료교사가 포함되면서 교사와의 수평적 관계로 서로가 동등하고 동료적인 입장에서 보다 효과적인 장학활동이 이루어져 수업 개선에 직접적 영향을 받는다.

■ 수업장학 대상자

1980년대의 수업현장에서는 수업장학이라 함은 매우 부정적인 인식을 갖고 있다. 수업장학은 곧 수업개선의 목적이 있었지만, 장학 후의 후폭풍이 수업과 별개인 수업의 행위에 대한 비난과 질책으로 이어지는 것이 상례였다. 이러한 심리적 압박감을 받기 싫은 경력교사, 선임교사, 주임교사 등은 장학활동에서 제외되었거나, 장학을 신청하지 않았다. 당연히 신규교사, 저경력 교사 및 어쩔 수 없이 하는 교사가 주로 대상이 되었다. 수업장학이 수업개선의 전문성이라는 취지를 잘 살려 수업장학 대상자는 물론 비대상자에게도 이해시킬 수 있는 인식의 변화에 대한 교육이 정착되어 가고 있다.

■ 수업장학의 관찰사항

수업장학은 교사의 수업 개선의 목적에 있으므로 수업의 기능적인 측면과 내용적인 측면의 2가지를 대상으로 장학활동의 관찰사항이 된다. 기능적인 측면에서는 교사의 복장, 자료의 활용, 교실환경, 이동경로 등이며 내용적인 면에서는 교사의 질문과 발문의 방법, 학생의 질문에 대한 응답처리, 활동내용의 전개, 학습목표 내용진술방법, 동기부여, 핵심정리 등으로 주로 양적인 관찰사항을 중심으로 장학관찰이 이루어졌다.

■ 수업장학의 유형

장학의 유형으로는 교사의 선택과 경력에 따라 선택적으로 사용할 수 있다. 다양한 장학의 유형을 본인의 능력에 따라 또는 경력에 따라 임상장학, 동료장학, 자기장학, 약식장학 등으로 나누었다.

✔ 임상장학

임상장학은 주된 목적은 수업기술 향상으로 교실 내에서의 교사의 수업 행동에 초점을 두고 체계적이고 집중적인 지도와 조언을 하는 과정이다. 주로 교장, 교감 그리고 수석교사가 담당하며 실제 수업에 적용하기 전에 마이크로 티칭을 통해 수업 개선점을 파악한 후, 수업 방법의 수정 및 보완의 일정한 과정을 거쳐 실제 수업에 투입되는 것이다. 대상으로는 초임교사와 저경력 교사가 중심이며 수업의 기술 향상을 바라는 교사 등이다.

✔ 동료장학

동료장학은 동료 교사들 간에 단위학교에서 시행되는 것으로서 단위 교과, 단위 학년에서의 수업의 개선을 바라는 동료 간의 협조에 의하여 수업방법을 개선하기 위한 형태이다.

✔ 자기장학

교사가 내적으로 동기 유발되어 자신의 전문적 성장에 관심을 갖고 교사 스스로 수업개선을 위해 교수 방법 개발하려는 자율적 교사중심의 장학형태이다. 이는 경력이 많은 교사와 자신의 전문성 신장에 부단한 노력을 하는 교사를 중심으로 이루어지고 있다. 장학의 전 과정을 자기 스스로 행하는 것으로 계획안 작성, 분석, 수정, 녹화 등을 한 후 계획안과 비교 분석하는 일련의 과정을 거치면서 수업기술을 향상시키는 데 있다.

✔ 약식장학

약식장학은 일상장학으로서 단위학교의 교장이나 교감이 일상적으로 5분 내외의 짧은 시간 동안에 수업 참관을 통하여 교사들의 수업 및 학급경영 활동을 관찰하고, 이에 대해 교사들에게 지도 및 조언을 제공하는 과정을 말한다. 약식장학은 교장, 교감의 계획과 주도하에 전개되는 비공식적인 성격이 강한 활동으로서, 다른 형태의 공식적인 장학에 대해 보완적이고 대안적인 성격을 가진다. 그러나 자신의 전문성이 강한 집단인 교사의 경우에는 과거에는 약식장학이 빈번히 이루어졌으나, 오늘날에는 이러한 약식장학의 형태를 관리자나 교사의 모두에게 부정적인 반응을 보이고 있다.

✔ 사이버 장학

인터넷의 영향으로 생겨난 신조어로서 사이버 장학이란 동료, 임상, 자기, 약식장학 등의 자율장학 외에 교내에서의 교장, 교감 등이 중심으로 직접 대면하기 어렵거나 교육 관련 좋은 정보를 알려주기 위해서 빠른 속도를 가진 정보화기기를 이용하여 수업개선에 이바지할 수 있는 장학의 한 형태로 간주하고 있다. 이는 교내에서 실시하는 경우 그리고 지역단위 교육청에서의 학교 간 실시형태로 이루어지는 경우도 있다. 빠른 정보와 시간을 절약하는 경제인 면이 있으나 자료를 소홀히 다루거나 무작위 자료로 인식하는 부정적인 면도 있다.

✔ 자체연수

수업의 개선을 위한 방법으로는 장학 외에 교사의 전문적 연수를 통한 전문성 신장 방법이 있다. 학교에서 벌이는 정기적인 수업개선 관련 연수 또는 개인적인 교육 관련 학회 및 세미나의 참석, 개인적인 연구, 대학원의 진학 등으로 교수·학습의 능력개발을 위해 다각적으로 관심을 두고 노력하는 경우가 있다.

2. 컨설팅 장학

컨설팅과 장학이라는 용어가 서로 복합적으로 사용하고 있다. 장학이라는 용어는 전통적으로 지도와 수업의 감독 기능으로 인식되어 왔기 때문에 그 권위가 우리의 뇌리에 아직도 남아있다. 컨설팅이라는 어감은 좀 부담이 덜하고 자유스러운 분위기를 연출하기도 한다. 이렇듯 강제성과 자율성이 혼합하여 사용되고 있는 것은 수업 개선을 위한 노력의 일환으로서 현장에서는 자율성을 강조하고, 지도 감독하는 관할 교육청에서는 강제성을 띄는 의도적인 활동으로 간주하고 있기 때문이다. 자율성을 최대한으로 보장하면서 행정적 지도를 통한 컨설팅으로 이루어진다는 것이다. 컨설팅 장학이란 고도의 전문성을 요구하는 장학의 활성화를 위해 기업 경영으로부터 컨설팅의 의미와 원리, 방법을 도입한 개념으로 이제까지 교육계 안에서만 행해지던 관리자 중심의 장학 관행에서 벗어나 교사가 주축이 되는 장학요원을 위촉함으로써 현장에 적합한 장학 활동을 펼쳐 교실 수업의 개선에 기여할 수 있도록 하는 데 그 취지가 있다. 학교 컨설팅의 원리와 방법을 장학에 도입하여 교원들의 요청과 의뢰에 기초하여 교육 활동 영역별 전문성을 갖춘 사람들이 교원 직무 수행의 문제점을 진단하고 해결을 위한 대안을 마련하며, 그 과정을 지원하는 새로운 장학의 유형이라 할 수 있다(서우석·류희수·여태철, 2008:41). 컨설팅 장학은 현장의 교실 수업개선의 문제점을 잘 아는 교사가 중심이 되어 교사가 의뢰인으로부터의 문제를 정확히 인식하고 수직적 관계가 아닌 수평적 관계에서 이루어지는 방식이다. 과거의 관료적이고 수직적 관계에서는 의뢰인이 자신의 문제점을 제대로 전달하기가 어려우며, 그 문제점을 노출하고 싶어 하지 않는다. 그러나 수업의 질 향상을 위해서 상대적으로 교육 경험이 적은 신규교사와 자발적으로 희망하는 교사, 그리고 비자발적으로 대상으로 하는 교사 등이 포함되며, 앞으로 수업을 강조하는 시대적 조류에 교사의 인식 변화를 크게 기대할 수 있게 됨으로써 컨설팅 장학의 인식도 자발적 컨설팅 관계로 변화하고 있다. 지금까지는 컨설팅 장학 활동에서 의뢰인이 선택할 여지가 좁았지만, 앞으로는 의뢰인이 자신의 문제점과 그 해결 방안을 적극적으로 찾아줄 수 있는 유능한 컨설턴트를 선택할 수 있는 적극성을 반영할 수밖에 없다. 의뢰인이 받고자 하는 컨설팅의 문제를 제대로 해결해줄 수 있는 컨설턴트의 선택의 폭이 넓어지는 만큼 다양하고 유능한 의뢰인의 요구에 적합한 컨설턴트의 선발에 각별히 관심을 가져야할 시점에 와 있다. 의뢰인이 원하는 과목에 따른 특정한 주제를 선택하였을 시 그것의 문제점을 정확히 알고 해결해줄 수 있는 특정한 능력의 전문 컨설턴트 양성과 연수가 더욱 필요하다.

■ 컨설팅 장학의 목적과 대상

컨설팅 장학은 교원의 전문성 계발을 통하여 교사의 수업 질을 높이는 것뿐만 아니라, 학교 교육의 질을 전반적으로 향상시키는 데 목적이 있다. 학교 운영이 필요한 학교 경영에 관한 경영계획, 교실 수업 및 교과 수업 기술에 관한 전문성 지도, 학생의 생활지도, 교원 연수, 학급 경영, 창의적 체험활동, 시사 교육 지도 등 교수·학습에 직접 또는 간접적으로 관련된 문제를 대상으로 하고 있다. 컨설팅 장학의 범위가 포괄적인 데 비하여 수업 컨설팅 장학은 수업만 대상으로 활동한다는 데 범위를 한정하고 있다.

■ 컨설팅 장학요원과 의뢰인과 관계

컨설턴트의 역할을 하는 방법에는 형식적 방법과 비형식적인 방법이 있다. 형식적인 방법으로는 일선 교육청이 장학요원의 선발을 별도의 과정을 거쳐 일정한 수준의 이상을 가진 유능한 요원을 확보하여 의뢰인과 관계를 맺어주는 획일적인 방법이다. 이는 일정한 선발과정을 거쳐 컨설팅 장학요원인 컨설턴트로서의 자격을 부여받고 있다. 비형식적인 방법으로는 컨설턴트는 의뢰인의 문제를 적극적으로 해결할 수 있는 능력을 갖춘 교사는 누구나 할 수 있다. 장학요원의 개념을 떠나 동료의 교사로서 경험이 있으며, 문제에 대한 올바른 인식과 해결 및 지도 능력이 있으면 가능하며, 이는 학교 현장에서 의뢰인과 능력교사를 연결해주는 방법도 있으며, 다른 한편으로는 일대일 교사끼리 서로 멘토-멘티 역할을 맺어줌으로써 건전하고 발전적인 교우관계로 형성해주는 경우가 있다.

컨설팅 장학의 원리에 따르면 자발적으로 이루어지는 의뢰인은 교사들이다. 교사들은 교수·학습 활동에 관련된 문제나 과제에 대하여 요청할 수 있다. 이때 의뢰인이 직접 컨설턴트에게 의뢰하는 경우도 있으며, 반대로 컨설턴트가 의뢰인을 찾아가서 컨설팅 활동을 하는 경우가 있으며. 후자의 경우가 전반적인 흐름을 주도하고 있다. 컨설팅 장학의 요청은 대부분 연구부장의 역할로 일정한 형식에 의하는 것보다는 공문으로 컨설팅 장학의 일정, 수업내용, 협의과제 등을 알려줌으로써 시작된다. 여기에는 대체로 교수·학습과정안의 지도가 주를 이루며 지도과정의 보고서 작성과 컨설팅활동이 종료한 후의 아래와 같은 컨설팅 장학의 결과 보고서를 제출함으로써 모든 일정이 완료된다.

컨설팅 장학 결과 보고서

학교번호 :	-	학교명	

장학일시	교사명	과목	수업주제
월 일(요일)			
장학위원	소속		성명
컨설팅 장학 요지			
우수사항			
종합의견			

위와 같이 컨설팅 장학 결과 보고서를 제출합니다.

년   월   일

장학위원: ○ ○ ○

(2013년 서부교육청 컨설팅 장학 결과보고서식)

3. 수업 컨설팅

수업 컨설팅의 용어가 대두하기 전에는 장학의 개념이 상당히 뿌리를 내리고 있다. 수업 컨설팅의 개념은 1970년대 초반 미국대학에서 도입하고 활용되면서 그 후에 대학의 수업 컨설팅에 대한 교수들의 요구가 늘어나기 시작하면서 대학 환경에서 수업 컨설팅을 의무화하고 자신의 전문적, 학자적 능력을 인식하기 시작하였다.

그런데 각 분야의 컨설팅은 그 의미와 방식이 다양함에도 기본적인 특성에 있어서 공통점을 가지고 있다. 특히 수업컨설팅은 수업자인 의뢰인이 스스로 의뢰하는 자발적 행동에서 비롯되는 것이다.

학교 컨설팅은 학교 경영 컨설팅, 교육과정 컨설팅, 생활지도(학교폭력, 성희롱 등 포함)컨설팅, 수업 컨설팅 등의 학교 교육 전반을 4개의 세부적인 영역으로 분류하고 있다. 이 중 수업컨설팅은 수업을 중심으로 하는 자문활동이다. 이것을 통해 수업의 질 향상은 물론, 개인의 발전도 도모할 수 있는 진로의 방향을 설정할 기회를 접할 수 있다. 수업 컨설팅의 목적은 즉각적인 과제의 해결이 아니라 점진적인 문제 해결 과정 시스템의 기능적 개선을 가져오는 것이다. 따라서 교수 자극을 필요로 하는 수업의 단순 문제 해결, 정보 제공, 수업지도안 제고, 미디어 제공 등의 활동은 효과적인 컨설팅 활동으로 보기는 어렵다(이상수, 2013:27).

4. 수업장학, 컨설팅 장학, 수업 컨설팅의 유형 비교

수업장학, 컨설팅 장학, 수업 컨설팅의 유형을 목적, 영역 등에 따라 서로의 차이점에 대하여 비교하여 보면 다음의 표와 같다. 각각의 장학의 유형은 고유의 장·단점을 가지고 있는 관계로 서로의 우열보다는 목적에 맞는 장학의 형태를 선택하여 수업개선에 많은 영향력을 끼칠 수 있는 것이어야 한다.

수업장학, 컨설팅 장학, 수업 컨설팅의 유형

	수업장학	컨설팅 장학	수업 컨설팅
목적	교사의 수업능력을 객관적으로 평가하고 분석하기, 수업 개선	교사의 수업능력을 객관적으로 평가하기 및 수업 개선	컨설팅을 의뢰한 교사 해결해주기 위함
원리	긍정성, 계획성, 전문성, 학습성	준강제성, 선택성	자발성, 전문성, 독립성, 자문성, 한시성, 학습성의 원리
절차	수업 전 협의회-수업관찰-수업 후 협의회	문제 진단-대안수립 해결과정지원-인적자원 발굴	문제 진단-대안수립해결과정지원-인적자원 발굴 및 네트워크 형성
영역	교수·학습 관련 모든 영역	교수·학습 관련 모든 영역, 학교 경영	의뢰인이 요청한 영역
지도 방법	지도, 조언	지도, 조언	조언, 성찰, 비평
성격	준자율 장학	준자율 장학	자율 장학
담당자	교육전문직 학교관리자 부장 동료교사	교육전문직 학교관리자 컨설턴트 의뢰인	컨설턴트 의뢰인
관찰 방법	양적·질적 방법	양적·질적 방법	양적·질적 방법
결과 산출물	수업 관찰 협의록	컨설팅장학 결과보고서	컨설팅 결과 보고서

실행유형	강제성	자율적 바탕으로 준강제성	자발성
주관	교내에서 실시	교외에서 초빙	교내에서 실시 또는 교외에서 초빙
관찰 결과의 활용	• 교사의 수업 전문성 향상에 관한 정보제공 • 교사의 평가자료 활용	• 학교경영의 전문성 • 교사의 수업 전문성 향상에 관한 정보 제공 또는 의뢰인의 판단에 의존함	• 원칙적으로 의뢰인의 판단에 의존함 • 교사의 수업 전문성 향상 • 문제 해결과정 지원 • 인적 네트워크 형성, 자원발굴 및 조직
유형	임상, 동료, 자기, 약식, 자체연수	지원주체별 학교 및 수업 컨설팅	자발적 수업 컨설팅
장점과 단점	교사의 수업 역량을 객관적, 효율적으로 측정할 수 있음/ 획일화된 기준으로만 수업을 평가하여 교사의 개성을 없애버림. 수업하는 교사의 문제점을 개선하기보다는 의욕을 꺾어 버리는 경우가 많음.	컨설턴트의 체계적인 분석으로 수업 개선의 방향을 잡아줌/ 자의반 타의반으로 하는 경향으로 수업의 의욕이 적음. 수업의 준비과정에 많은 노력이 들어감.	수업 컨설턴트의 체계적인 분석으로 수업을 하려는 교사의 문제를 잘 도와줄 수 있음/ 교사의 내면 문제까지를 돕지 못해 피상적인 해결책을 제시할 가능성이 높음. 수업의 개선에 있어서 교사를 의존적인 존재로 만듦.

수업장학, 컨설팅장학, 수업컨설팅은 각각 추구하는 목적이 다르며 그 성격에서도 차이가 있다. 특히 실행유형에서는 강제성에서 자발성에 이르기까지 그 차이는 심리적으로 매우 크다. 그리고 그에 따른 장

단점이 있으므로 성격에 따라 유형별 적절한 선택이 필요하다. 그러나 개념과 실시방법에는 약간의 차이가 있으나 궁극적인 목적인 수업의 질 향상과 수업 개선에 있다.

학교조직에서 이루어지는 대부분의 전문적 과업들은 수업활동과 관련되어 있기 때문에 모든 장학활동도 결국 수업에 관련된 것이다. 학생의 학습효과는 무엇보다 교수·학습과정에서 이루어지는 교사의 수업 행동, 수업 기술, 수업전략 등에서 나타나는 것으로서, 이는 선천적으로 타고난 것이 아니라 후천적인 노력으로 수업 전문가의 자질이 함양될 때 나타나는 것이다. 그러므로 장학 수업이든, 수업 컨설팅이든, 컨설팅 장학이라는 용어로 수업 개선을 위해서는 지도 방법과 기술이 계속하여 변화 및 적용하고 있는 것이다. 즉, 지식정보화사회에서는 사회의 변화에 맞는 교육의 변화를 요구하고 있다. 장학은 과거의 교육행정기관의 중심에서 학교중심으로, 이론 및 경험중심에서 문제해결중심으로, 상하의 수직적 관계에서 동료 관계의 수평적 관계로, 가르치고 지도하는 형식에서 공동의 배움의 형태로 수업개선에 대한 장학의 패러다임이 변화하고 있다.

수업장학, 컨설팅 장학, 수업 컨설팅의 영역을 기준으로 포함관계를 살펴보면 다음과 같다. 수업장학이 가장 넓은 영역을 갖고 있으며 컨설팅 장학, 그리고 가장 작은 영역으로서 수업 컨설팅이라는 것을 알 수 있다.

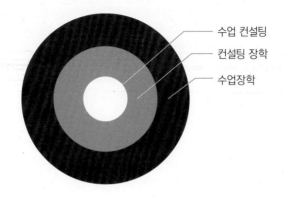

수업장학, 컨설팅 장학, 수업 컨설팅의 포함관계

— 수업 컨설팅
— 컨설팅 장학
— 수업장학

결국 수업 컨설팅이라는 것은 학교 컨설팅영역에서 가장 작은 단위인 수업의 영역에 국한하여 컨설팅하는 것이다. 수업 컨설팅은 수업에 관련된 교육과정, 수업활동, 평가 등을 다룬다. 용어의 개념에서 약간의 차이는 있지만 장학이란 학습과 아동의 성장발달에 관한 모든 조건을 향상시키는 전문적 기술봉사라는 뜻으로 일반에게 알려지게 되었다(백현기, 1961:37). 결론으로 말하면 수업장학, 컨설팅장학, 수업 컨설팅의 근본적인 목적은 장학의 큰 개념의 범위에 있으며 학생의 성장을 돕기 위한 전문적 기술을 개발하는 것이다.

제4부
수업 컨설팅의 4.0(앞으로의 방향과 과제)

수업 컨설팅 4.0

수업 컨설팅 4.0의 시대는 앞으로의 장학의 발전 과제 등에 관하여 살펴보고자 한다. 앞으로의 수업 컨설팅은 어떠한 모습으로 전개될 것인가? 즉 10년 후, 20년 후의 미래의 교육은 어떠한 모습으로 우리에게 다가올 것인가를 연구하지 않으면 안 된다. 지금까지는 오랜 시간에 걸쳐 장학 또는 컨설팅의 활동 모습이 변화했지만 사회가 너무 빠르게 변화하고 있어 교육이 이 변화의 속도에 어떻게 맞추어 갈 수 있는지 관심을 갖고 있어야 한다. 지식정보화시대에서는 이전의 사회와는 다른 형태의 교육과 학교를 요구하고 있다. 시공을 넘는 가상공간적 학습형태가 지배적이고, 학습의 형태가 다양하여 그에 따른 지도방법도 다양하게 나올 수밖에 없다. 사회의 변화에 따른 교육 내외의 환경 변화에 따른 컨설팅 장학 발달의 당면성이 더욱 시급할 때이다. 21세기의 교육의 발전에 따른 수업 컨설팅의 방향도 개별화 또는 다양화로 가야 할 것이다. 교사의 개인차와 다양성은 학생의 개인차와 다양성보다 더 심하다. 수업 컨설팅 요원의 전문성, 정보력, 문제해결력, 민주성 등에 기초적인 권한을 마련하여 자율적인 수업 컨설팅 문화의 발전을 기대해 본다.

제1장 수업 컨설팅 4.0의 시대
−수업 컨설팅 4.0의 시대의 특징−

    앞으로의 수업 컨설팅은 어떠한 모습으로 전개될 것인가? 즉 10년 후, 20년 후의 미래의 교육은 어떠한 모습으로 우리에게 다가올 것인가를 연구하지 않으면 안 된다. 지금까지는 오랜 시간에 걸쳐 장학 또는 컨설팅의 활동 모습이 변화했지만 사회가 너무 빠르게 변화하고 있어 교육이 이 변화의 속도에 어떻게 맞추어 갈 수 있는지 관심을 갖고 있어야 한다. 지식정보화시대에서는 이전의 사회와는 다른 형태의 교육과 학교를 요구하고 있다. 창의적이고 자기 주도적인 학습이 요구되는 시대이다. 시공을 넘는 가상 공간적 학습형태가 지배적이고, 학습의 형태가 다양하여 그에 따른 지도방법도 다양하게 나올 수밖에 없다. 기존의 교수·학습의 방식이 바뀜에 따라 현재의 교실수업 개선에 중점을 두는 장학 또는 수업 컨설팅의 방향과 개념이 지식기반 사회에는 변화하지 않을 수 없다. 장학과 수업 컨설팅의 운영도 승진에 대한 인센티브 요소도 고려해 보아야 한다. 학생 중심의 수업을 강조한다 하여도 아직은 교사 중심 수업이 지배적이며, 지식의 전달과 이해의 수준을 벗어나고 있지 못한 상태에 있다. 장학담당자 또는 수업 컨설턴트와의 대면적 관계가 존속하고 있는 현재의 장학방법에서의 수업에 대한 조언과 지도는 점차 사이버상으로 진행하는 사이버 장학으로 발전하고 있다. 수업담당자는 자신의 수업을 사이버 장학을 통하여 이동시간과 준비시간을 상호 절약할 수 있으며, 수업의 단기적 기술보다는 전체적인 전략과 지도내용을 모색하는 방향으로 진행하게 된다. 단기적인 수업기술은 이미 교원양성기관에서 습득한 것을 바탕으로 하여 현장에서 필요한 수업의 전략과 방법을 구체적으로 찾아가는 고도의 기술을 요구하고 있다. 우리가 지금까지 실행해 온 장학 또는 수업 컨설팅의 개념적 경계를 뛰어넘는 것으로 장학의 개념이 필요 없는 시대가 도래할 가능성이 있다. 앞으로의 장학의 중심역할을 하는 '장학사'라는 말에 내포된 관료적 성격을 탈피하여 '상담사', '조언자', '교사 조력가', 심지어는 '변화 추진자', '수업 컨설턴트'라는 직함으로의 변경이 필요하다는 주장이 미국에서 1950년대 이후 꾸준히 제기되어 오고 있는 실정이다(신현석, 2000:30). 수업 컨설턴트의 개념 및 역할은 정착되어 그 활동은 당분간 활발히 이루어지고 있을 것이다. 사회변화에 적합한 교육과정의 변화 주기의 단축, 교육내용, 교육과정의 변화, 지식정보사회의 도래로 새로운 교육행정 및 교육공학의 발달 등은 교사의 능력 개발과 연수의 필요성을 증가시켰으며, 이에 따라 컨설팅 장학의 필요성도 함께 증대되고 있다. 선진국을 위시한 개도국에서도 강조되고 있는 교육개혁의 핵심적 과제는 교육의 질 향상이며, 이를 위해서는 컨설팅 장학을 강화해야 한다. 단위학교 책임경영제의 도입에 따른 교육내용 및 교육과정의 자율적 운영, 자율에 따른 책무성의 요구 등이 강조되면서 컨설팅 장학에 대해 부정적인 교사의 태도 변화, 교육의 만족도 향상, 교사의 가르치는 일에 대한 성취감 등을 고려해볼 때 교사의 교육수준의 눈높이 맞는 양질의 수업 컨설팅 장학이 더욱 필요하다. 즉, 사회의 변화에 따른 교육 내외의 환경 변화에 따른 새로운 컨설팅 장학 발달의 당면성이 더욱 시급할 때이다.

수업컨설팅의 발전방향은 사회가 어떻게 변하는가에 따라 학교 기능의 역할이 달라진다. 국가교육의 실천을 담당하고 있는 각 시도교육청의 교육의 방향은 수업컨설팅의 방향을 결정한다. 교육의 방향이 어떻게 설정되는지 그에 따른 컨설팅의 내용이 다르게 나타난다. 수업컨설팅이 활성화되기 위해서는 앞으로 어떠한 인식을 가져야 하는지 알아보자.

우선 교육적 환경조성이 제일 중요하다. 학교가 교육을 담당하고 있는 교육적 기능을 충분히 살린다. 학교는 수업이 우선이다. 학생의 가르침을 최고로 한다. 따라서 교사는 학생을 위해 존재하고 학습의 효과가 최고로 나타나도록 가르침에 있어서 최선을 다한다. 이러한 인식이 확산되고 교육의 고유기능에 자긍심을 가질 때 수업에 열정을 보이는 것이다. 보다 좋은 수업을 위해서, 수업의 질을 향상시키기 위해서 수업을 연구하고 협의하는 자연스런 학교문화가 조성되면 수업컨설팅의 문화가 정착된다.

둘째, 수석교사제와 관리자의 진로교육을 2원화로 해야 한다. 수석교사의 역할과 기능을 구체적으로 법에 명시되어야 한다. 현재의 수석교사제도가 법제화되어 있지만 그 역할이 불분명하여 수석교사의 거처가 애매하여 어디까지 참여할 수 있는지 어려운 상황이다. 수석교사의 역할이 수업건설팅의 업무가 주요한 활동이므로 수석교사의 법적 정원을 구성하여 컨설팅활동에 적극적으로 활용하여야 한다. 수업컨설팅을 할 수 있는 담당자의 범위를 제한하여 수업컨설팅의 창구를 일원화하여야 한다. 컨설팅의 원리에 비추어볼 때 누구나 할 수 있지만, 수업의 전문성을 고려해 보면 이제는 수석교사의 전문성을 입지로하는 컨설팅으로 이루어져야 한다.

셋째, 지식중심주의교육과 경험중심주의교육이 상호공존해야 한다. 지식중심주의교육에서는 교사의 역할은 지식전달자이다. 어떻게 하면 많은 지식을 학생에게 전달하고 학생은 그러한 지식의 양을 될 수 있으면 많이 얻어 가면 최고의 학습이 되는 것이다. 이는 곧 창의성 신장에 역행하기 때문에 바람직한 방법은 아니다. 이의 대안으로서 경험을 중요시하는 경험중심주의교육이다. 아동의 생활경험에서 나오는 생활지식은 지식의 생산적 활용과 창의성의 발달에 좋은 영향을 준다. 여기서 수업컨설팅의 중요 작용점을 보면 지식중심주의이든, 경험중심주의이든지간에 수업의 강조점은 각기 다르지만 지식의 양을 늘리고 과학적 경험을 생산하여 생활에 적용하는 학습의 효과를 높이기 위해 수업컨설팅의 역할이 크다는 것이다. 어떠한 지식을 어떻게 가르칠 것인가를 고민하는 것에서, 어떠한 경험을 생산적으로 극대화시킬 수 있는 것인가에 대한 문제의 해결과정에서도 자문 및 조언이 더 필요할 것이다.

넷째, 수업컨설턴트를 상시 인력풀제로 운영한다. 수업컨설팅을 위해 일방적으로 연계를 시켜주는 것이 아니라 컨설턴트의 기초인적사항과 경력, 연구분야, 특기 등을 일정한 양식에 의거하여 의뢰인이 직접 컨설턴트를 확인하여 본인에 어울리는 컨설턴트를 선정할 수 있도록 한다. 컨설팅은 우선 인간관계를 고려해야 하기 때문에 의뢰인의 마음과 잘 통하는 사람으로 선정하는 것이 효과적이다.

다섯째, 교사의 자발적, 협동적 참여를 바탕으로 활발하게 이루어지도록 컨설팅문화의 조성이 필요하다. 컨설팅문화의 조성은 학교의 관리자의 교육철학에 많이 의존하게 된다. 학교교육을 책임지고 있는 관리자가 수업에 별 관심이 없고 학교시설확충이나 행사에 전념하게 되면 수업컨설팅이 활발히 이루어지기 어렵다. 그러나 학생의 교육적 성장에 지대한 관심을 갖고 있는 관리자는 학생지도, 수업개선에 전념하여 결국 전문가의 자문과 조언이 절실하게 필요하게 된다. 필요성에 의해서 전문가의 컨설턴트가 필요하며 이는 곧 컨설팅활동이 활발히 이루어질 수 있다.

여섯째, 교사의 자기가치 실현에 대한 소명의식이 있어야 한다. 가르치는 직업에 있어서 스스로 자긍심을 갖고 수업의 질을 향상시킬 수 있는 배움의 동기가 충만 되어야 수업의 컨설팅이 더욱 활기를 띠게 된다. 사회의 변화가 아무리 변화한다 하더라도 교육이라는 직업의식이 바로 서야 교육의 자부심과 긍지를 갖고 교사의 본연의 책임을 다하게 된다. 이는 곧 자신의 수업역량강화를 위해 수업컨설팅의 활성화로 이어진다.

일곱째, 미래의 교육에 적합한 수업 컨설팅을 추구하기 위해서는 전략적인 방법과 수업 컨설팅의 전문화 작업이 필요하다. 컨설턴트가 된다는 것은 전문가라는 칭호를 받을 수 있는 자격이 있다는 것이다. 일정한 자격을 갖춘 인증자에 한해서 수업컨설팅을 할 수 있도록 전문가 교육이 필요하다.

여덟째, 수업의 전문성 신장을 위해 수업연구의 문화가 배양되어야 한다. 수업의 개선을 위해서는 수업컨설팅이 필요하지만 수업에 기초한 연구가 잘 되어 있어야 한다. 수업의 기술적인 면과 적용할 줄 아는 전문지식을 함께 갖추어야 바람직한 수업개선에 탄력을 받는다. 이러한 연구의 지원도 컨설팅의 일환으로 적용할 수 있어 오히려 컨설팅 활동이 활성화되는데 바람직한 방향이 된다.

아홉째, 수업컨설팅의 활성화되기 위해서는 교육의 희망과 미래 비전이 있어야 한다. 교육의 발전이 국가를 이끌어 간다는 강한 신념이 있어야 한다. 교육이 앞서가고 탄력적인 교육과정을 운영하려면 교육이 먼저 변해야 하는 것이다. 교육이 변화려면 물리적인 시설의 변화가 있지만 내용적으로는 수업의 질이 높아야 한다. 가르치는 사람이 국가교육을 책임진다는 의식하여 교육의 발전은 곧 수업과 직결된다는 확고한 믿음이 있어야 수업에 정열을 쏟을 수 있다. 수업에 관심이 커지면서 수업개선에 노력을 한다. 교육의 희망과 미래 비전을 바탕으로 하는 수업컨설팅 활동은 앞으로 더욱 활성화가 될 것이다.

마지막으로 업무의 간소화가 있어야 한다. 교사는 주업무가 학생을 가르치는 것이다. 가르치는 보람이 있어 교육의 효과가 나타나 교육의 희망을 기대할 수 있어야 한다. 그러나 현실의 학교 기능을 보면 수업이 2류로 밀려나는 상황에서 교사가 교육에 전념하기란 매우 회의적이다. 각종의 학교민원, 학교폭력 등의 현안에 너무 교사의 역량이 집중되어 교사 스스로가 교육의 희망을 품기 어려운 상황에까지 이르렀다. 교육적 희망은 교사의 본분을 확연히 살려주면서, 교사의 자리가 무엇인지를 알게 해 준다. 수업이 우선이라는 것을 통해 수업컨설팅은 더욱 활성화된다.

1. 관리자의 적극적 지원의 필요하다

학교의 분위기를 좌지우지하는 것은 일반교사보다는 학교 관리자의 영향을 매우 크게 받는다. 학교 운영의 면에서, 수업관리의 면에서 학교장, 교감의 관리자가 어떻게, 어디에 중점을 두는가에 그 방향에 따라 전체적인 향로가 결정된다. 수업을 중시하여 수업개선에 많은 관심을 갖게 되면 자연히 수업 컨설팅이 활성화되고 일반 교사들도 수업에 관심을 두어 교수·학습방법에 연구를 하지 않을 수가 없다. 관리자가 수업에 관심을 두지 않으면 수업 컨설팅의 발전은 기대할 수 없다. 수업의 평가 때문에 수업관찰을 하는 것은 일련의 평가 일정만 지나면 평가를 위한 평가로 그칠 수 있다. 수업의 개선을 위해서 수업을 관리 감독하며 수업능력의 향상을 위해 각종 지원을 아끼지 않을 경우에 학교의 분위기는 바로 수업의 개선으로 이어짐으로써 수업 컨설팅의 활동이 활발히 이루어질 수 있다.

2. 자발적인 컨설팅 활동의 문화를 조성한다

컨설팅은 의뢰인이 컨설턴트에게 자발적으로 문제를 의뢰하여 해결하는 관계로서 문제를 가지고 있는 의뢰인이 "도와주세요."라는 실천

적 행위가 자연스럽게 나올 수 있는 환경을 조성하는 것이 가장 중요
하다.

3. 의뢰인과 컨설턴트의 관계를 효율적으로 연결해준다

 컨설팅은 자발적으로 의뢰인에게서 나오는 문제를 컨설턴트의 과제
로서 부여하는 것이다. 문제의식을 가지고 있는 의뢰인은 문제 해결능
력이 있는 컨설턴트의 연결이 절대적으로 필요한 것이다. 컨설팅 활동
이 이루어지기 위해서는 의뢰인은 자신의 문제의식을 갖고 자신이 원
하는 능력을 갖춘 컨설턴트에게 문제 해결을 협의하는 과정으로 이루
어진다. 그러나 현재의 컨설팅 활동은 의뢰인이 원하는 문제를 해결
할 수 있는 적절한 컨설턴트를 무작위로 지정하거나 연결해줌으로써
의뢰인이 바라는 문제 해결 결과에 그다지 만족해하지 않는다. 의뢰인
과 컨설턴트의 관계를 다양한 역학 관계로 살펴보고자 한다. 첫째, 의
뢰인이 직접 컨설턴트를 선택하는 경우이다. 둘째, 교육기관이 의뢰인
에게 컨설턴트의 정보를 제공하는 경우이다. 셋째, 의뢰인이 신청하여
교육기관이 배정하는 경우이다. 넷째, 의뢰인과 컨설턴트의 컨설팅 문
제에 관해 교육기관이 상호정보를 제공해주는 경우이다.

첫째, 의뢰인이 직접 컨설턴트를 선택하는 경우

가장 좋은 방법은 의뢰인이 직접 유능한 컨설턴트를 찾아가서 컨설팅을 받는 것이다. 의뢰인은 자신이 가진 문제점을 잘 인식하고 있으며 자신이 해결할 수 없는 것으로서, 그 문제 해결을 위해 지도 및 조언이 필요한 유능한 컨설턴트가 필요한 것이다.

의뢰인	선택	컨설턴트
• 의뢰인이 직접 컨설턴트를 선택하는 경우	⇨	• 컨설턴트가 다양할 경우 • 컨설턴트의 인지도가 높을 경우

의뢰인이 직접 컨설턴트를 선택하는 경우는 전문분야의 컨설턴트가 다양하고 인지도가 높을 경우에는 가능하다. 각 교과의 관련 영역에 대하여 전문적인 식견을 가진 컨설턴트가 상시적으로 운용이 가능할수록 의뢰인의 입장에서도 선택의 폭이 그만큼 넓어진다.

둘째, 교육기관이 의뢰인에게 컨설턴트의 정보를 제공하는 경우

의뢰인은 자발적으로 컨설팅을 신청하고, 교육기관은 활용하고 있는 다양한 컨설턴트의 이력과 관심분야를 모든 의뢰인이 선택하고 연결될 수 있도록 자료를 제공해주는 것이다. 의뢰인은 자신의 문제 또는 관심분야의 문제 해결에 대한 조언과 지도를 얻어서 바로 활용할 수 있도록 하는 데 있다.

의뢰인		컨설턴트
• 의뢰인이 자발적으로 컨설팅 신청	⇐ 제공	• 교육기관이 컨설턴트를 운영하는 경우 • 컨설턴트의 이력을 제공하는 경우 • 컨설턴트의 활동내용을 제공하는 경우

교육기관이 일방적으로 의뢰인과 컨설턴트의 관계를 맺어주는 경우이다. 이것은 교육기관이 컨설턴트를 선발 및 운영에 경제적이고 신속하면 정보를 많이 제공할 수 있다는 장점이 있으며, 컨설턴트의 이력과 활동 내역을 좀 더 구체적으로 신뢰할 수 있다. 이는 의뢰인의 관심 주제와는 상관없이 관련 교과의 연계에 중점을 둔 나머지 컨설팅의 주제와 먼 경우가 자주 발생한다.

셋째, 의뢰인이 신청하여 교육기관이 배정하는 경우

의뢰인이 신청하여 교육기관이 배정하는 경우로서 의뢰인이 신청한 컨설팅 문제를 고려하여 교육기관은 그 문제를 적절히 해결할 수 있는 유능한 컨설턴트를 연결해주는 방식이 있다. 의뢰인이 하고자 하는 의뢰할 문제와 관심분야와 컨설턴트가 가지고 있는 문제해결능력 이력, 활동내용, 관심분야 등을 함께 공유하여 의뢰인이 적합하게 자신이 원하는 컨설턴트를 지정해서 원하는 컨설팅을 받을 수 있도록 한다.

의뢰인		컨설턴트
• 의뢰인이 자발적으로 컨설팅 신청(가급적 컨설팅문제가 포함되어야 함)	배정	• 교육기관이 의뢰인에게서 받은 컨설팅의 문제에 따라 컨설턴트를 배정하는 경우

이것은 의뢰인의 문제를 분석하여 그 문제를 해결 가능한 컨설턴트를 직접 연계해주는 경우로 의뢰인의 입장에서 가장 바람직한 방법이다. 의뢰인이 별도로 본인의 관련 문제 또는 관심영역에 따라 선택하는 시간을 절약할 수 있으며, 오히려 객관적인 신뢰감이 높은 컨설턴트를 만날 수 있다.

넷째, 의뢰인과 컨설턴트의 컨설팅 문제를 교육기관이 상호정보를 제공해주는 경우

의뢰인과 컨설턴트의 컨설팅 문제를 교육기관이 상호정보를 제공해주는 경우로서 이는 완전히 의뢰인과 컨설턴트의 관계를 상호보완적으로 선택하고 완전한 문제의 인식하에 지도·조언을 적절하게 할 수 있는 이상적인 관계이다. 지금까지 위에서 서술한 관계를 도식으로 나타내보면 다음과 같다.

의뢰인		컨설턴트
• 의뢰인이 자발적으로 컨설팅의 문제를 제공하여 신청하는 경우	⇔ 상호 제공	• 컨설턴트의 활동내용, 활동이력, 관심분야 등을 제공

의뢰인의 자발적인 컨설팅의 문제에 따라 교육기관이 그 문제 적합한 컨설턴트의 전문분야의 이력을 제공하여 의뢰인이 스스로 선택하여 컨설팅을 받을 수 있도록 기회를 제공하는 가장 합리적이고 부담이 적은 방법이다.

4. 의뢰인에게 선택권을 부여한다

교사문화의 특성상 컨설팅이란 교사 자신의 수업개선 노력이 생사를 가르는 문제이거나 절실하게 요구되는 문제로 여기지 않는다는 것이다. 컨설팅 문제는 자기 스스로의 노력으로도, 동료에게서도 얼마든지 지도·조언의 마음을 열어놓는다면 멀리서 찾지 않아도 어느 정도 해결할 수 있다. 이렇듯 의뢰인 자신이 수업능력을 개선하기 위해서는 직무연수, 자율연수를 통해서도 부족한 점을 보충하거나 좀 더 개선하려는 의지가 있으면 컨설팅을 통하지 않고서도 가능하다는 것이다. 직무연수든, 자율연수든 연수 프로그램을 제공하는 내용을 선택해서 참여한다면 연수의 효과는 배로 높아진다. 하물며, 컨설팅도 아무도 모르는 맹목적으로 지정 또는 배정받는 상황에서는 의뢰인의 문제를 적절하게 해결하거나 의뢰인의 기대수준에 미치지 못하는 결과를 낳게 될 우려가 있다. 따라서 컨설팅의 효과를 긍정적으로 얻기 위해서는 컨설턴트의 인력풀을 만들어 의뢰인이 원하는 문제 해결능력을 갖춘 유능한 컨설턴트를 선택하여 문제 해결에 대한 만족도를 높이는 것이다. 컨설팅활동은 컨설턴트의 입장에서 바라보는 것이 아니라 의뢰인의 입장에서 고려해야 한다. 자신의 문제를 잘 알고 있는 의뢰인이 컨설턴트의 선택 폭이 넓어야 한다. 컨설턴트가 컨설팅을 하기 위해 그동안 쌓아온 이력과 관심내용을 보고 의뢰인이 선별하여 컨설팅을 요구할 수 있는 창구마련이 시급한 것이다. 의뢰인은 컨설턴트의 활동과 지도내용, 경력, 즉 전공 교과 또 관련 학위, 논문, 보고서 활동경력, 주요관심사 등을 고려하여 선택할 수 있어야 한다. 의뢰인이 컨설팅을 시작하는 단계부터 컨설턴트가 최종마무리하는 과정은 다음과 같이 제시할 수 있다.

컨설팅의 선택과정

문제인식 문제의뢰		문제해결 방안의뢰		컨설팅 협의		문제해결		컨설팅 활동 결과 보고
의뢰인은 자신의 문제를 인식 컨설턴트 선정	⇨	문제 해결 방안 의뢰 의뢰인의 문제 수락하기	⇨	의뢰인과 컨설턴트의 활동 협의	⇨	문제해결방안 모색 문제해결실천	⇨	컨설턴트의 컨설팅 활동의 결과 보고서 작성
의뢰인		의뢰인 컨설턴트		의뢰인 컨설턴트		의뢰인 컨걸턴트		컨설턴트

의뢰인은 자신이 고민하고 있는 문제가 무엇인지를 정확히 인식하고 그 문제 해결에 도움이 되는 컨설턴트의 정보를 고려하여 컨설턴트를 선정한다. 자신이 원하는 컨설턴트를 선정 면 컨설턴트에게 자신의 문제를 상세하게 작성하여 컨설턴트가 참조하여 해결방안을 모색할 수

있도록 한다. 의뢰인의 문제에 대한 적절한 해결 방안의 합의점을 찾아 그 결과에 대한 만족도를 높이는 것이 중요하다.

5. 수업 컨설팅 제도를 법제화한다

수업의 질을 개선하기 위해서는 교사 스스로 교수 학습방법에 관하여 끊임없는 연구와 노력이 필요하다. 교사 자신이 수업의 기술을 개선하는 데는 한계가 있다. 자신의 수업을 자신이 평가하기가 어렵다는 것이다. 자신의 수업을 자신의 눈높이로 평가하며, 자신의 인식수준에 머물러 그 한계를 극복하기 어렵다. 타인의 시선으로 생각이 다르고 방법의 다양성을 수용하여 다양한 식견을 갖고 효과적인 학습지도를 할 수 있도록 조언 및 평가를 할 수 있는 제도를 법제화하는 것이다. 수업 컨설팅을 법제화하여 수업개선에 필요한 지원을 적극적으로 할 수 있도록 한다. 수업개선을 할 수 있는 전문가로서 법제화된 수석교사제도, 교육지원청의 컨설팅위원 등을 적극 활용하여 교수·학습방법을 개선한다.

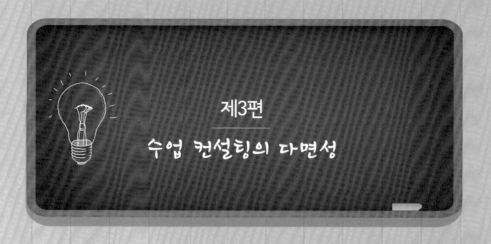

제3편

수업 컨설팅의 다면성

[**제1장** 수업을 보는 눈을 키워라]

어떤 유형의 수업을 하더라도 수업을 보는 관점은 수업의 양면성을 잘 파악할 수 있도록 양적인 관점과 질적인 관점으로 볼 줄 알아야 한다. 양적인 방법에는 수업관찰을 위한 학생관리관찰표(설양환·김윤옥·김지숙·박태호·우상도·이범웅·함희주, 2005:69), 프란더스 상호작용 분석(FIAC) 체크리스트, 교사활동 접근법, 녹음 또는 녹화법, 수업기록지 등이 있으며 주로 교사의 언행을 통하여 살펴볼 수 있다. 질적인 방법에는 면담, 대화분석, 현상학적 연구, 문화 기술적 연구 등으로 피상적으로 나타나는 것을 관찰하기보다는 그 수업의 내면의 세계를 밝히는 데 있다. 이러한 양면적인 성격을 가진 수업을 보는 관점을 어떻게 하면 종합적이고 조화롭게 살펴볼 수 있는지 알아보자.

1. 양적인 관점

■ 무엇을 어떻게 볼 것인가?

계획단계에서 지도안을 점검하고 수업의 진행과정을 일목요연하게 조직하고 정리를 마쳤다. 수업의 실행에서 컨설턴트는 무엇을 어떻게 볼 것인가가 관건이다. 수업의 도입부터 정리에 이르기까지 수업 전체를 컨설팅하기 위해서는 컨설턴트가 가진 모든 능력을 동원해야 한다. 보는 능력, 듣는 능력, 인식해가며 보는 능력, 즉 무엇을 볼 줄 아는 능력 등의 전반적인 물리적인 능력이 요구된다. 이러한 물리적인 능력 외에 어떠한 부분을 집약적으로, 집중적으로 볼 줄 아는 정신적인 능력이 요구된다. 이것이 수업을 보는 컨설턴트의 눈이며, 능력이다.

수업 관찰자는 무엇을 보고 수업의 의미를 두는가? 첫째, 교사가 설계한 수업 지도안을 바탕으로 수업을 체계적으로 실현하고 있는지, 요소요소의 전개과정을 살펴볼 줄 아는 눈이 있어야 한다. 둘째, 교사의 수업능력을 보는 눈이 있어야 한다. 셋째, 교육과정에 맞게 가르칠 수 있는 능력을 볼 줄 아는 눈이 있어야 한다. 그리고 교수·학습과정에서 교육의 중심을 교사에게 두는 것인지, 학생에게 두는 것인지를 판별할 줄 아는 눈이 있어야 한다.

■ 수업설계를 구체적으로 실현하는 능력

무엇을 어떻게 가르칠 것인가를 구상하고 실천하는 계획이 구체적으로 나타난 것이 수업의 설계도이다. 수업설계를 잘해야 계획한 원안대로 수업을 잘 전개할 수 있다. 교사가 설계한 계획대로 일관성 있게 조직적으로 진행되고 있는지를 알기 위해서는 관찰자는 먼저 수업의 설계가 어떻게 되어 있는지 그 흐름을 잘 인식하고 있어야 한다. 학습 실태 분석에서 시작하여 수업목표가 교수·활동에 얼마나 잘 구현되고 있는지, 설계한 대로 진행되고 있는지, 주제를 벗어나는 일이 없는지, 과정의 순서가 바르게 이어지고 있는지, 평가는 목표를 측정하는지 등을 빈틈없이 살펴보아야 한다. 교사가 설계한 지도안의 내용과 진행의 흐름 과정이 다르다면 원래 계획안대로 움직이지 않았다는 것이다. 원안대로 할 수 없는 돌발적인 상황도 나타나지만, 돌발 사태를 빠르게 해결하고 원안대로 돌아와 정상적으로 진행하여야 한다. 수업 목표에 도달하기 위해서 최선의 방법을 선택한 것이 수업지도안이므로 그와 같이 설계하였다는 것은 설계 당시에는 가장 합리적이고 효과적인 방법을 구안하여 최고의 학습 효과를 생산할 수 있다는 의미가 있다. 수업설계안에는 교사의 수업의지와 정신은 물론, 내용의 구체화가 잘 나타나 있어야 한다.

■ 교사의 수업능력

앞서 기술한 바와 같이 보는 능력, 듣는 능력, 인식해가며 보는 능력 등의 무엇을 어떻게 볼 것인지의 3가지의 요소로 수업을 보는 눈이 있어야 한다는 의미는 결국엔 교사도 관찰자로서 보는 식견과 같을 정도로 수업의 질이 높아야 한다. 즉 관찰자가 수업을 평가하는 능력의 이상을 겸비해야 한다. 관찰자의 입장에서 수업을 바라는 능력에 대하여 먼저, 교사의 수업 행위를 보는 눈이 있어야 한다. 이는 교사가 갖추어야 할 기본적인 요소이다. 교사가 의도하고 계획한 대로 수업을 진행하기 위해서는 학급실태분석, 학습 분위기 조성, 학생 통제 능력, 발문과 질문의 제시 능력, 학습자 모둠 조직 및 운영 능력, 자료 활용, 시간 관리, 판서 계획, 다양한 교수 방법 등을 들 수 있다. 이러한 수업능력은 과학적 실증적인 평가 방법에 따른 것으로 일반적으로 모든 교실에 사용하고 있는 방법이다. 정해진 시간에 시간의 흐름에 따라 수업이 진행되며, 교사의 발문이 곧 학생의 상상력과 창의력의 신장에 도움이 되는지, 학습 활동에 따른 모둠 구성이 제대로 조직되어 있는지, 판서의 계획은 조직적으로 구조화되어 있는지 등으로 수업의 질을 평가한다.

수업의 단위시간에 동기 부분에서는 무엇을 할 것인지를, 어떠한 동기자료를 투입하고, 시간 할당은 얼마나 하는지 등을 조직적으로 계획해야 하며, 학습 활동 부분에서는 학습 모둠 구성은 몇 명으로 할 것인지, 어떻게 운영할 것인지, 발문과 질문의 내용은 무엇인지, 이에 따른 학생들의 반응을 보고 발문을 어떻게 구성해야 하는지, 정리 부분에서는 차시예고 내용은 무엇이고 어떻게 예고할 것이며, 판서의 핵심을 판서계획에 따라 구조적으로 잘 정리해야 하는 등의 교실 수업에서 일어나는 모든 변화를 감지해가며 수업의 계획에 맞게 진행해야 한다. 수업과정에서 교사가 한 학생을 집중해서 질문한다면 관찰자는 어떻게 볼 것인가? 교사의 질문에 대한 응답하는 학생이 많으면 질문의 수준을 고려하여 낮은 질문은 그 질문의 수준에 맞는 학생을 발표시켜야 하며, 질문의 수준이 높은 것은 그 질문에 적절히 응답할 수 있는 능력의 학생을 지적해야 한다. 사고력을 요하는 발문이 필요하면 그와 같은 방법으로 해야 한다. 학생들이 수업에 집중하지 않고 장난을 하거나 딴짓을 할 때 교사는 수업에 집중할 수 있는 능력을 발휘하여, 학습의 효과가 높게 나타날 수 있도록 하는 지도력이 있어야 한다. 수업의 설계대로 진행하는 것은 당연하지만, 수업을 이끌어가는 기술적인 면도 상당히 중요하다. 수업의 기술적인 면을 아래와 같이 살펴보자.

- 교사의 칭찬기술
- 교사의 표현 전달능력
- 학생의 조직 관리 능력
- 학습의 돌발사태 처리 능력
- 교사와 학생의 상호 교감 능력
- 교사의 시선 및 동선 이동 기술
- 수업목표에 알맞은 환경구성능력
- 교사의 음성, 말의 속도 조절능력
- 교사의 발문 또는 질문 기술 능력
- 교사의 자료 제시 방법 및 이용 기술
- 교사의 표현 동작 기술 및 표정 관리

■ 교육과정을 볼 줄 아는 능력

교육은 무엇을 어떻게 가르칠 것인가의 구체적인 지도계획에 근거해서 의도적으로 진행하여 학생의 행위와 사고를 변화시키는 것이다.

교사는 가르치고자 하는 교육내용을 잘 알아야 하고, 관련된 교과의 전문지식과 식견이 있어야 한다. 국어의 교과내용을 가르치고자 한다면 국어에 관한 교과의 전문적 지식이 있어야 하며 국어과의 교육과정을 잘 알고 있어야 한다. 시적 표현력을 키우는 학습목표라면 표현력을 키우기 위해서는 사전에 무엇을 학습하였는지 사전 진단을 하고, 시적 표현력을 키우는 학습이 종료되면 후속학습으로는 어떠한 학습으로 이루어지는지를 학습의 발달단계를 잘 파악해야 한다. 국어의 시적 표현력을 키우는 데 언어적 상상력과 창의력과는 상관없는 시의 주제를 갖고 토론 및 토의한다거나 하는 것은 본시의 학습목표에 어울리지 않는다. 교과의 교육과정에 통달하여 교과의 학습내용을 교과의 성질에 맞게 학생에게 교과의 안목을 바로 볼 줄 아는 능력을 키워주어야 한다.

교사가 학문중심교육을 하든, 경험중심교육으로 하든 이는 학습목표에 따라 교사가 결정할 문제로서 여기에는 어느 것이든 교사의 탁월한 인식능력이 있어야 좋은 수업을 전개할 수 있다. 조선 시대의 대중미술에 대하여 교수·학습 활동을 하는데, 교사가 조선 시대의 민중의 가정 및 사회생활을 잘 모르고 있다면 학생들에게 대중들의 생활과 예술관계를 어떻게 설명할 것인가? 조선 시대의 미술을 가르치는 것인지, 조선 시대의 민요를 가르치는 것인지 학생으로서 분간하기 어렵다면 교사의 전문 지적능력과 지도방법에 문제가 있다. 대중예술이 탄생하게 된 배경에 대하여 질문을 하는 경우에 제대로 답변할 수 있는지에 자신의 능력에 관하여 의심을 한다면 교사로서의 자격이 매우 의문스럽다. 교사는 자신의 교과와 교육과정에 대하여 수직적으로 깊고, 수평적으로 박학해야 전문가로서 인정을 받을 수 있다. 교육과정의 체제를 알고 이를 구체적으로 수업의 실제에서 구현할 수 있는 능력을 보는 방법을 아래와 같이 제시해 본다.

- ✔ 교육과정의 철학적 배경을 알고 있는가?
- ✔ 수업목표에 대한 교사의 수업 방향이 적절한가?
- ✔ 교과 교육목표와 수업의 교육목표가 일치하는가?
- ✔ 수업목표에 대한 교사의 전문적인 지식과 식견이 있는가?
- ✔ 교육과정에서 추구하는 교육적 의미가 교과의 교육목표의 일관성을 알고 있는가?

2. 질적인 관점

교수·학습활동의 질적 연구 중심을 볼 줄 아는 능력이 중요하다. 지난 50~60년 동안 많은 연구자들은 인문사회과학 분야에서 과학적, 수학적인 정량적 분석의 방법이 지니는 한계 및 문제점을 지적하면서 다양한 유형의 질적 연구 방법을 개발해 왔다. 수업 현상의 탐구는 과학 실증주의를 기반으로 하는 양적 접근 관찰방법으로는 수업의 이해가 불가능하여 새로운 접근 방법이 필요하게 된다. 즉, 수업 현상을 이해하기 위해서는 관찰 및 면담, 교육인류학, 수업현상학, 분석철학적 관점, 사회·문화적 관점, 내러티브적 수업비평 관점, 변증법적 관점 등의 질적 방법이 있다. 질적 연구는 20세기 이후의 인류학자, 사회학자가 중심이 되어, 특히 수업분야 질적 연구는 교육 인류학자 또는 교육 사회학자들이 새로운 패러다임을 지향하는 노력에서 수업이라는 사태가 가진 사회적·문화적 특성을 파악하기 위한 시도로 볼 수 있다. 수업에 관한 질적 연구와 연구 방법이 다양화해지면서 수업의 현상에서 살펴볼 수 있는 다양한 질적 연구 관점에 대하여 살펴보자.

■ 사태 파악 접근법

중요한 사태 파악 접근법은 관찰자가 수업 중에 발생한 사태의 본질을 파악하는 접근법이다(주삼환·이석열·김홍운·이금화·이명희, 1999:71). 이는 수업 중에 일어난 사태를 있는 그대로 관찰하여 수업 중에 어떠한 일이 일어났는지, 그 결과가 무엇인지를 알아보는 형식으로서 관찰자는 수업이 끝난 교사와 면담을 통하여 일어난다. 이러한 일은 수업 중에 자주 목격할 수 있는 부분이다. 교사가 학습 자료를 나누어주는 경우에 학생들이 먼저 자료를 가져가려고 갑자기 교실 앞으로 뛰쳐나온다든지, 칠판에 어떠한 해결책을 제시하는 행동이 관찰자에게는 무분별하게 관찰될 수 있다. 이는 평소에 교사가 수업할 때에는 자료를 가지러 나올 때는 조별로 가져가라, 순서를 지켜가며 가져가라는 일련의 규칙을 알려주었음에도 무심코 일어나는 행동으로 이어진다. 관찰자는 그러한 행동으로 학습의 활동을 판단하여 수업의 진행이 순조롭지 못하다는 느낌을 받는다. 따라서 평소 교사의 수업 행위에는 그 이면의 어떠한 지시적 행동이 있었는지를 잘 살펴보는 것이 필요하다.

질적 분석에서 관찰자가 수업에 깊게 관여해야 할 필요는 없다. 다양한 질적 분석방법 중의 하나가 관찰 및 면담으로서 유용하게 활용되고 있다. 수업관찰자는 교사의 수업행위를 먼저 관찰하고 면담을 함으로써 교사와 학생 간의 상호작용에 대하여 자세히 탐구할 수 있다. 수업 중에 무엇이 일어나고 어떠한 배움이 진행되어 가고 있는지를 여타의 선입견을 배제하고 순수하게 관찰되는 모습 그대로 보는 것이다. 사실 있는 대로 본대로 기술하며 교사와 학습자의 면담도 눈에 나타난 현상으로 현재의 시각으로 관찰하는 것이다.

1학년 즐거운 생활의 〈부채를 만들어 봅시다〉의 학습목표로 수업이 진행되고 있었다. 교사는 아이들에게 모형 부채와 붓 펜을 나누어 주고, 부채에 꽃 모양을 그렸다. 교사의 그리는 모습을 아이들이 보고 있었다. 먼저 중요한 부분인 암술과 수술을 그리고 나서 가장자리의 꽃잎을 하나씩 그려가고 있었다. 관찰자에게는 꽃잎을 먼저 그리고 꽃술을 나중에 그리는 것이 순서인 줄 알고 내심 불안하였다. 아이들이 어떻게 저런 모습을 그릴까? 그것도 붓 펜으로 익숙하지 않은 재료를 갖고서….

그러나 그것은 우려에 불과하였다. 조금 지나더니 아이들이 여름에 관한 경험을 토대로 붓 펜으로 부채에 다양한 그림을 그리고 있었는데, 대부분 아이들이 꽃을 그릴 때는 먼저 꽃술부터 그리고 나서 꽃잎을 그렸다. 수업이 종료되고 난 후 담임에게 이와 같은 사실을 말하였다. 담임은 평소에 무의식적으로 모든 그

림을 그릴 때는 중요한 부분을 먼저 그리고, 그렇지 않은 부분은
나중에 그렸다는 것을 이야기해 주었다. 선입견으로 수업 내용
을 잘못 관찰할 수 있는 부분이었다.

이 ○○선생님과의 인터뷰에서

■ 교육인류학 관점

교육인류학은 사람을 연구하는 인류학의 한 부류로서 이를 교육의
현상에 접목하여 교육활동을 연구하는 학문이다. 또한 인류학의 제
분야 중의 하나인 문화인류학은 특정 지역을 장기간에 걸쳐 참여 관
찰하고 거기서 발견하고 기록한 사상으로부터 그 지역사회나 문화의
특성을 개성적으로 기술하는 것이다(사토마나부, 2011:133). 좀 더 교
육의 입장에서 기술해 보면, 교육인류학이 다루는 여러 영역 중에서
특히 교육과정에 관한 인류학적 연구로서의 교수·학습과정에 관한 인
류학적 연구라는 것이 있다(이종각, 2009:110). 그러므로 문화 전반을
연구하는 문화인류학의 범위를 좁혀 교육의 분야에 초점을 두면 교육
인류학의 연구대상이 무엇인지를 알 수 있다.

수업을 교육인류학적으로 본다는 것은 교실에서 일어나는 교사와
학생 간의 상호작용을 교실의 수업 문화를 통해서 수업을 관찰하는
것이다. 전통적으로 인류학자들은 학교 교육의 문제를 사회문제의 하
나로 인식하고, 문화에 관한 인류학적 지식을 응용하여 교육의 문제
를 해결하고자 하였다. 수업에 나타나는 일반적인 현상들인 교과과정,

수업활동의 관찰, 수업활동 및 상황의 기록, 수업평가 등을 교육인류학적인 연구한방법을 수업에 적용하는 것이다.

교수·학습과정에 관한 인류학적 연구라 함은 교사가 수업을 설계하여 이를 바탕으로 수업을 전개해 나갈 때 학생들의 활동은 어떻게 이루어지고 있는가를 관찰, 연구, 분석하는 것이다. 수업의 장면에서 교사와 학생의 상호작용을 보면 학생은 교사와 상호작용하는 가운데 사고와 행동의 변화 또는 정서의 변화를 경험한다. 교사의 설명은 어떠하였으며, 이에 따른 학생의 반응을 수업 문화적인 면에서 고찰한다. 수업 중에 교사는 열심히 설명하는 데 학생은 경청하고 있는 것 같으면서 관심은 다른 데가 있다든지, 아니면 더 재미있는 것을 기대하고 있는지를 수업문화에서 찾아본다. 그래서 수업의 과정에서 교사와 학생의 상호작용에 주목해야 한다. 수업을 관찰할 때는 모든 학생을 관찰할 수 없으므로 무작위 한 학생을 주목하여 그 학생과 주변과의 관계를 계속하여 관찰한다. 이 학생과 교사와의 상호작용은 물론 다른 학생과의 상호작용도 관찰한다. 이 학생의 움직임의 활동장면, 말하는 장면, 교사와의 반응관계, 다른 학생과의 상호활동, 자료 활용, 학생의 표정 및 감정, 학습 과정, 공책 정리 등 모든 장면을 관찰하여 기록한다. 이러한 일련의 과정을 자세히 관찰하여 수업의 과정에서 학생이 무엇을 학습하였으며, 무엇을 경험하였는지를, 그리고 그 경험이 어떠한 의미가 있었는지를 분석하는 것이다.

교육인류학적 연구방법에는 참여관찰과 기록, 수업자 또는 학습자의 심층면담, 수업에서의 사건 분석, 역사적 기술 등이 있다. 교실에서 일어나는 사건·사태의 중요성, 의미, 영향, 개인 또는 집단의 해석 등에 초점을 맞추는 교실 수업 관찰법으로서 관찰자는 수업과정에 일어나는 현상을 그대로 보면서 의미를 이끌어내어야 한다. 연간 1,000~1,200시간 이상을 학교에서 보내고 발생하는 사건에 익숙하여 비판적 시각으로 바라보는 일에 무감각해진 교사는 사건 발생의 중요성을 잘 파악하지 못한다. 교육 인류학적인 관점에서 보면 사건의 이면에 숨어 있는 것을 자세히 조사해야 한다. 교실에서 일어나고 있는 학생의 행동을 관찰하고 이해하기 위한 방법으로 관찰자는 어떤 사건에 대하여 기록을 한 두 수업이 끝난 후에 그 수업에 참여한 사람들을 대상으로 누가 어떤 행동을 하였고, 왜 그런 행동을 하였는지 등에 관한 인터뷰를 할 수 있다. 그리하여 수업에서 발생한 어떤 사건·사태를 관찰한 관찰자가 그 사건의 원인 및 배경을 통해 어떤 생각을 하고 있는지를 알게 되는 것이다.

다음은 4학년 단원 5. 〈Is this your watch?〉의 영어 수업 중에 일어난 사건의 예를 들어보자.

교사: (학습정리를 하고 있는 옆 학생의 공책을 연필로 슬쩍 낙
    서를 하는 모습을 보고) 너도 학습정리를 해야지요? 옆
    친구가 낙서를 보고 싫어하겠다.

학생 a: 얘가 제 지우개를 밀었어요.

교사: 지우개 민 것 가지고 그렇게 하면 안 되지요.

학생 b: 팔꿈치에 밀렸는데 그런 줄 몰랐어요.

교사: 그냥 별일 아닌 것으로 넘어가도 되었을 텐데….

학생 a: 선생님이 안 계시면 더 해요.

학생 b: 내가 언제?

교사: 선생님이 계시든 안 계시든 다르게 행동하면 좋은 것인
    가요?

학생 b: 쟤가 꼭 먼저 그래요.

교사: 학생 b, 방금 장난을 쳤으니 무엇을 학습하였는지 기억이
    나니?

학생 b: 읽을 수 있어요.

교사: (그림을 보여주며) 읽어보렴.

학생 b: (그림을 보면서 서툴지 않게 읽는다.) 다 읽었어요.

교사는 두 사람의 관계에서 일어난 일을 자주 목격하였으므로 사건
의 관계와 내재하여 있는 문제를 잘 파악하기 어려우며, 대수롭지 않
게 여긴다. 그러나 관찰자에게는 이처럼 수업 중에 발생한 일련의 사

건을 경험한 적이 없기 때문에 좀 더 심각한 사태로 보인다. 이는 교사와 관찰자와의 사건을 서로 다른 시각으로 지각하는 것이다. 두 사람의 관계는 단순히 지우개가 사건의 원인으로 낙서의 결과가 나왔지만, 그 속에는 교사에 대한 의사소통이 되어 있지 않았다. 낙서한 학생은 늘 선생님의 관심을 받고 싶어했지만, 번번이 관심을 얻지 못하였다. 자주 수업을 방해하여 왔다고 생각한 교사는 그러한 행동을 관심과 배려를 점점 소홀히 하여 웬만한 일은 무시하는 경향이 있었다. 이번 시간에도 혹 선생님의 관심을 얻고자 별일 아닌 지우개 문제로 사건의 발단이 되었다. 이와 같이 수업 중에 일어난 사건을 관찰자는 직접 관찰하고 교사와 학생에게 인터뷰를 통해 이면에 숨어 있는 모습을 파악하려는 것이다. 교사는 학생 b를 학습능력은 있지만, 가정에서 관심을 받지 못해 선생님에게 조금이라도 관심을 얻고 싶어하는 경우가 있다는 것을 이해하고, 학생은 늘상 부모에게 인정받지 못하고 동생에게 시달리고 있어 자기를 이해하고 배려해줄 사람이 없어 친구를 괴롭히면서 교사의 관심을 끄는 행위로 표현하고 있는 것이다.

■ 현상학 관점

현상학이란 '자신을 나타내는 것'으로서의 '현상'을 '말하는 것', 그것을 '밝히는 것', '그것을 드러내는 것', 그것을 '보게하는 것', 그것을 '전달하는 것'(이수정, 2011:40)이라고 하여 수업에서도 수업의 현상을 들춰보면 수업에서 나타나는 행위, 상황, 수업이 말하고자 하는 언어, 수업에서 전달하고자 하는 의미가 무엇인가를 본질적으로 찾아보아야 한다. 그래서 원래 '수업이란 다 그런 것이다'라고 수업의 현상을 이해하는 것이다. 수업이 이루어지는 그 본연의 의미를 찾아야 한다. 수업이란 가르치는 사람과 배우는 사람이 있으며, 그 중간에 학습의 효과를 높이기 위해서 필요한 자료가 있는 현상으로서, 수업이라는 특별한 현상을 규정하기 위해 현상학 앞에 수업이라는 수식어가 붙어 수업의 현상을 탐구하는 것이 수업현상학이다.

현상학이 교육학 분야에 본격적으로 소개된 것은 20세기 후반 당시 교육학 분야에서 전통적이고 과학적·실증적인 접근방법이 교육학 분야를 지배하여 과학적·실증적으로만 해결할 수 없는 양적 연구방법에서 질적 연구방법으로의 이행을 추진해 왔다. 교육학 분야에서 현상학적 접근은 특히 교육현상의 우위성을 바탕으로 교육학의 학문적 정체성을 확립하는 데 기여할 수 있다는 점에서 그 중요성이 인정된다(유혜령, 2009:37). 수업활동에 일어나는 다양한 교육 현상의 본질이 무엇이냐를 심도있게 연구하는 것이다. 이는 학생의 지각현상, 학습의 문제 인식과 이해의 결과, 지식의 내면과 표상의 관계 등을 고찰할 수 있기 때문이다. 교육현상학은 후설, 하이데거, 사르트르, 메를로-퐁티의 철학적 현상학의 난해하고 엄격한 이론적 형태를 유지하기보다는 폭넓은 사상적 기초로서, 아동의 실용생활 세계에 대한 이해를 위해 개발되었다. 수업의 현상학을 이해하기 위해서는 교사의 수업경험 또는 학생의 학습경험 등의 개인적인 경험으로부터 시작된다. 개인의 체험기술, 면담, 관찰, 일기 등의 자료를 수집하여 의미를 발굴하고 참여자의 일상 언어로 나타내도록 한다.

교육의 현상학적 접근은 학생이 왜 그렇게 행동하는지 예측, 이해, 설명하려는 교육적 경험의 질과 본질에 초점을 맞춘다. 아동의 흥미와 그의 학업성적과의 상관관계를 알고자 원할 때, 흥미도검사와 성취도 검사에서 아동이 얻은 점수의 상관관계를 연구하기보다는 직접 아동의 행위 그 자체를 연구해야 한다(정혜영, 2006:140). 이는 구체적이고 생생한 일상 경험의 '사실성'으로부터 출발하여 인간과 세계에 대한 이해에 도달하고자 하는 모습 속에서 포착하고자 하는 입장을 취한다(유혜령, 1999:141). 수업이라는 전체적 맥락 속에서 하나하나 펼쳐지는 경험들이 무엇을 의미하려고 하는지를 부단히 캐묻는 탐구의 노력하는 과정이다. 관찰자가 수업 현상과 학생 자신들을 어떻게 알고 이해하는지, 인지와 관련하여 사람이 지각하고 범주화하는 개인의 경험에 관심을 둔다. 또한, 관찰자의 눈을 통하여 수업을 보고, 개인의 학생의 입장에서, 지금 학생 그 사람의 상태를 조금이라고 경험하고 싶어한다. 현상학적 연구는 반드시 전후 관계 속에서 파악돼야 할 사물이나 경험의 의미를 선입관이나 편견에 의한 변형물이 아닌 '사건이나 사물 자체의 연구'를 중요시한다. 교육연구에 있어 조사를 목적으로 어떤 현상을 쉽게 분류해 버리는 경향은 옳지 못하다고 주장한다. 일상생활 세계에 의미를 두고 있으며, 평범한 생활 속에서 일어나는 어떠한 경험이든 인간 개개인에게 있어서는 신기할 수도, 특별한 사건이 될 수도 있다는 것이다. 현상학적 연구에서 언어는 이해와 전달의 수단으로 중요한 역할을 한다. 정보를 제공하는 원천일 뿐 아니라 합의하는 수단적인 기능으로서 중요한 역할을 한다. 평범한 생활 언어를 사용하여 일상적인 경험을 이해해 나가는 도구로서 정확성과 진실성이 요구된다. 무엇이고자 이해하고자 할 때 어떤 선입견이나 편견을 갖지 않는 것도 중요하다. 연구 과정에서 주의해야 할 일은 객관성을 내세운 선입견이나 편견을 어떻게 배제해 나갈 것인가 하는 문제이다.

현상학적 접근 방법은 우리가 실제 체험한 사물과 현상들을 아무런 선입견이나 편견 없이 우리의 의식 속에 나타난 그대로를 직접 탐구하는 것으로부터 시작된다(김병수, 2002:10). 따라서 현상학적 접근은 표면에 나타난 여러 가지 현상을 있는 그대로의 모습으로 관찰하고 기술한 다음, 그 현상 밑바탕에 깔린 근본적인 것을 알아내야 한다. 우리 눈에 보이는 현상은 아무렇게나 일어나는 것이 아니라 그 이전의 원인으로 말미암아 일종의 필연성을 가지고 있다. 그러므로 현상학의 접근은 현상의 모습을 이해하기 위해서는 해석학적 기능을 필요로 한다(홍계숙·유혜령, 2001:173). 수업을 보는 주체가 교사의 수업 행위를 이해하기 위해서는 수업 행위자의 내부로부터 주관적인 신념이나 의도, 철학 또는 가치관을 파악할 필요가 있다. 교사와 학생의 교실에서 일어나고 있는 사회적 현실은 다른 사람과의 상호 주관적 관계 속에서 형성된 현상으로 이해하고 있다. 이때 상호 주관성이란 교사와 학생 간의 상호 관계를 연구하는 중요한 개념으로서 나타나는 현상학적 관점으로 교육 안에서 당연시되는 전제들을 의심해보는 일이다. 즉, 현재 가르치고 있는 교사는 좋은 선생님인지를 학생들도 판단할 수 있다. 현상학에 있어서 참된 인식에 이르기 위한 방법으로 현상학적 환원(선원적 환원)이라는 것이 있다. 이것은 단순히 의식에 대한 심리학적 분석에 머무는 것이 아니라 이 세계의 모든 현상은 의식 주관과의 연과 속에서 파악한다는 데 그 본질적 의미가 있다. 이는 곧 사태 자체로 되돌아가고자 하는 현상학의 기본 이념에 충실한 것이다. 현상학에서 말하는 사태란 바로 의식에 생생히 주어진 현상을 가리키기 때문이다. 의식에 주어진 바를 있는 그대로 기술하고 드러내고자 하는 것이 현상학의 기본 태도이다(박인철, 2005:51). 그러면 수업의 현상을 어떻게 이해하여야 할 것인가? 보는 관점에 따라서, 보는 사람의 의식에 따라 보는 사람의 인식능력에 따라 관점을 다르게 볼 수 있다. 교사와 학생의 상호관계에 따라 수업이 성공하였다고 생각할 것이고, 수업의 매체를 어떤 것을 사용하였느냐를 보는 관점이 있을 것이다.

교사의 교수능력, 학생의 학습능력, 자료의 적절한 사용, 주변 환경 등의 여러 요소를 포함하여 수업을 보는 종합적인 인식을 가진 사람도 자신이 설계한 수업지도를 갖고 어떻게 수업상황을 만들고 학습목표에 도달해 갈지를 수업을 운용해가는 항해사다. 일단 수업에 들어가면 영화와 달라 전혀 설정되지 않은 상상적 현상을 시간이 진행해 감에 따라 얼마만큼의 시행착오를 겪지 않고 가장 적절한 방법으로 운영하느냐에 달려 있다. 수업은 영화처럼 재현할 수 있는 미디어가 아니기에 이미지나 영상을 갖고 관찰하기가 쉽지 않다. 한번 지나간 이미지는 되돌릴 수 없는 긴박한 상황에 노출되어 어떠한 돌발적 상황이 일어날지도 예상하기 어려운 것이다. 그리고 다시는 그러한 똑같은 상황도 재현하지 못한다. 교사가 하는 설명, 교사가 제시하는 자료의 활용, 학생의 말과 행위, 교사와 학생의 상호작용, 학생과 학생과의 상호작용 등은 일단 지나가면 그 장면을 회복할 수 없는 아주 중차대한 일련의 과정이다. 수업을 보는 과학적 실증적 관점기준에 따라 수업을 평가는 방법으로 수업 중에 일어난 교사의 발문, 교사가 활용한 자료, 교사의 이동 경로, 교사와 학생과의 상호작용 및 빈도수, 학생들의 모둠 조직 등의 관찰요소를 바탕으로 수업 속에서 관찰하여 분석하는 것이다. 즉, 수업현상학은 수업이 일어나고 있는 그 사태의 종류와 여건들과 상관없이 수업을 관찰한다(권민철 역, 2005:21). 수업현상학은 학교 교육에 국한된 개념으로 인식되는 것으로 수업이라고 하는 역할은 같지만, 상황에 따라 강조되는 양상은 다르게 나타난다. 현상학적 시각으로 수업에서 일어나는 현상을 '있는 그대로' 경험과 직관에 의하여 드러내는 작업을 통해 수업의 본질과 의미를 이해하는 작업은 의미 있는 일이다. 수업 현상을 고정 관념의 형식으로 판단하거나, 통제하지 않고, 수업의 장에서 교수·학습 활동하는 교사—학생 간의 상호작용에서 얻어지는 일상적인 경험, 사고, 행위들의 의미가 무엇인지 규명해 보려는 것이다. 현상적 관점을 통하여 현상을 분석하고 그 현상을 해석할 수 있는 의미를 포함하고 있다.

현상학적 관점에의 "교실 수업 관찰은 교실 사태에 관한 노트하기와 대화중에 어떤 구성과 해석이 나오는지를 보기 위하여 교사와 학생과의 인터뷰하기"를 포함하고 있다(박승배·부내율·안금희·유현주·이경한·박경기, 2003:97). 그리고 광범위한 수업 분석과 전사한 인터뷰 내용이 자주 요구되기도 한다. 예를 들어, 국어 시간에 각 학생들에게 발문과 질문을 평균 2개씩은 한다고 확신하고 있다. 실제로 이 교사는 각 학생들에게 2개의 질문 또는 발문을 하는 것이 아니라 일부 학생과 전체 학생에게 하는 것으로 파악되었다. 교사의 주관적인 답변은 여러 가지 영상과 사진을 통하여 사실을 검토하였다. 교사가 생각하는 주관적인 교실수업과 실제로 우리 현상에서 나타나는 객관적인 사실의 부합은 객관적인 자료를 통하여 현상학적으로 분석하는 것이다. 교육학 분야에서 이루어지는 질적 연구 방법으로서 문화기술지, 내러티브탐구, 현상학적 연구, 해석학적 연구, 참여적 관찰연구 등으로 유형화는 다양해 가고 있지만, 교육현상학의 형태와 특성에서 뚜렷한 경계를 짓기가 어려우며 혼용되어 수행되고 있다.

■ 분석철학적 관점

수업을 보는 관점은 관찰하는 평가자의 눈에 따라 다양하다. 현재의 장학 개념이 컨설팅 또는 컨설팅 장학이라는 인식으로 변화하였음에도, 과거 장학활동의 권위적이고 지시적인 형태가 아직도 이어져 오고 있다. 그것은 곧 수업을 보는 비평가들의 눈의 척도가 변화되지 않았음을 알 수 있다. 장학 또는 수업평가라는 우리의 수업문화의 코드를 교사의 노력과 정성, 교사의 수업 기술, 지도안의 형식과 내용, 표준화되고 분석적인 수업활동 등으로 읽어낼 수 있다. 즉, 우리의 수업을 동기부터 시작하여 교수·학습 전개활동, 그리고 정리단계에 이르기까지의 일관성 있는 수업활동을 평가하고 있다. 수업지도안은 논리적이며 구체적으로 잘 계획되었는지. 동기 부분에서는 자료의 선택을 학습목표와 연관이 되고, 학생에게 동기부여가 제대로 되었는지 등이 드러나야 한다. 교수·학습활동 및 정리단계에서는 교사와 학생 간의 상호활동이 적극적으로 이루어지고 있는지, 학생의 모둠구성이 학습활동에 어울리는지, 학생 중심으로 수업을 전개하고 있는지, 학습정리를 잘하고 있는지, 판서가 적절한지, 과제학습과 차시예고 등이 적절히 잘 제시되고 있는지를 분절로 나누어서 확인하는 것이다.

컨설턴트: 40분간의 수업 중 동기부여 시간이 무려 10분을 사용하셨어요.

교사: 동기부여에 쓰이는 자료를 너무 많이 보여준 것 같아요. 좀 학습 내용이 어려울 것 같았어요. 그래서 처음부터 의도적으로 계획했어요.

컨설턴트: 네, 학습할 내용까지 너무 많이 사용한 것 같군요.

교사: 그래요 학생들이 해야 할 학습내용까지 보여준 꼴이 되었습니다.

컨설턴트: 그리고 이와 같은 모둠 구성이 학습활동에 적합한지요?

교사: 3명으로 구성하였는데 모둠 구성이 좀 애매해서 그냥 했습니다. 그래서 1명은 평가자로 했습니다.

컨설턴트: 그래도 학습에 직접 참여하는 것이 학습 효과가 높아요. 마지막 학습 정리에 고학년이면 판서 정리로 하는 것도 좋을 텐데요.

교사: 정리할 시간이 없어서 랜덤으로 확인하였습니다.

위와 같이 수업의 흐름을 하나하나 분석해가면서 지도계획서와 일치하게 진행되고 있는지를 확인하는 과정을 나열하고 있다. 컨설턴트와 교사 간의 대화를 살펴보면 이미 과거 사실을 놓고 판단하고 있다.

■ 사회 문화적 관점

학생들의 환경을 고려해 보아야 한다. 사회경제적인 차이로 인하여 학습의 효과가 다르게 나타나기 때문이다. 학생의 학습 형태는 그들이 처한 현실 즉 자신의 사회적, 경제적인 문화의 형태가 그대로 답습되기에 학습의 효과도 다르게 나타난다. 교실이라는 제한된 공간에서 학생이 겪는 학습의 가치와 태도가 사회 문화적 상황에 처한 현실에 따라 다르게 나타난다. 교사는 이러한 사회 문화적 현실을 고려하여 학생에게 알맞은 교수형태를 제공해야 하며 이들의 학습형태를 주도면밀하게 관찰하여 수업을 진행해야 한다. 사회 문화적 관점으로 고려해 볼 것으로는 지역적인 차이와 교실의 문화적 환경으로 구분하여 살펴보아야 한다. 우선 지역의 사회 문화적 현상을 바르게 볼 수 있어야 한다. 어느 지역에서는 학생들이 차분하고, 학습자료 준비가 양호하고, 과제물을 잘 이행하고 있는 반면에, 그렇지 않은 지역에서는 자료는 물론 과제물의 상태가 좋지 않다. 이는 지역의 특성에 따라 학습의 문화가 차이가 난다는 것이다. 환경이 좋은 지역의 경우는 교수·학습활동이 순조롭게 진행되는 경우가 심심치 않게 볼 수 있다. 이러한 문화적 차이를 인정하면서 교사의 활동과 학생의 학습활동을 면밀히 고려해야 한다.

그다음에는 교실의 닫힌 공간에서의 교실 문화를 말할 수 있다. 교실에서 형성되고 있는 학생과 교사의 상호관계, 학생과의 상호관계가 교실의 사회문화 환경을 반영하고 있는 것이다. 교사와 학생 간의 관계가 매우 긍정적이고 상호 협조적인 상황에서는 교수·학습활동에서도 긍정적인 활동으로 이어지며 학습의 참여활동이 적극성이 나타난다.

학생들끼리의 상호 교우관계가 원만하고 돈독하며 협조적이면 교실에서 일어나는 학습활동이 매우 활력적이고 협동적으로 이루어진다.

■ 변증법적 관점

변증법적으로 교육을 본다는 것은 수업의 현실을 그 진실된 모습에서 파악하는 일이다. 현실을 진실된 모습에서 본다는 것은 그것을 구체적으로 포착한다는 것이다. 바로 눈앞에서 벌어지고 있는 수업의 현상을 어떻게 볼 것인가. 관찰자 앞에서 벌어지고 있는 상황이 과연 수업의 본질을 의미하는가를 생각한다면 그것은 단지 우리앞에서 보여지는 감각적 현상에 불과한 것이라고 한다. 그 수업의 구체적인 사실이 무엇인지를 밝혀내야 한다. 그 구체성을 탐구하는 것은 수업의 전체 속에 부분을 파악하여 수업의 본질을 밝히는 것이다. 왜냐하면 바로 이곳에 존재하는 것은 단지 그 자체로서만 파악되고 있지 않기 때문에 결국 그것은 공허한 내용에 불과하다(황세현 역, 2012:157). 세계 속에 있는 어떠한 것도 단독적으로 존재하는 것이 아니라, 여러 가지 방식으로 타자와 결부되어 있으며 상호 의존관계에 있기 때문에 타자와의 관계를 무시하고 어떠한 사물을 따로 떼어서 보는 일은 생각할 수 없다. 상호 매개의 관계 속에서 존재를 파악하는 것이야말로 그것을 구체적으로 보는 것이다.

✔ 기존 개념의 부정을 통한 변증법적 교수·학습 방법으로 보기

도형의 단원으로 정사각형과 직사각형 개념을 학습하였으므로 정사

각형의 개념을 이용하여 점차 포괄적인 개념으로 학습을 진행하고 있는 수업을 관찰한다.

「사각형의 종류를 알아보자」의 학습목표를 갖고 수업을 진행하는 교실관찰을 통하여 변증법으로 해석해보자.

S: 사각형으로 볼 수 있는 도형에는 무엇이 있나요?

T: 직사각형, 평행사변형, 마름모 등이 있습니다.

S: 그럼 다음의 도형은 사각형이라 할 수 있는 이유를 말해봅시다.

T: 사각형이란 네 변의 길이가 모두 같고, 네 각이 직각인 도형을 말합니다.

S: 네, 잘 알고 있군요.

(네 변의 길이가 모두 같고, 네 각이 직각인 사각형)

위의 사각형의 개념을 확대한 개념을 부정해 본다면, 다음과 같이 정사각형의 조건 중에서 한 가지를 다른 것은 정사각형이 아닌 새로운 도형이 만들어짐을 학생들이 깨닫게 한다.

S: 다음과 같이 사각형은 무슨 사각형인지 알아보자

T: 직사각형입니다.

S: 직사각형의 조건은 무엇인가요?

T: 정사각형의 조건 중에서 한 가지가 다른 것입니다.

S: 그럼 다음과 같이 정사각형의 옆면을 늘려 봅시다.

(네 각이 직각인 사각형)

(한길준·정승진, 2002:35에서 재구성)

먼저 제시한 정사각형의 조건 중에서 한 가지를 부정하여 정사각형이 아닌 다른 새로운 도형이 만들어짐을 관찰한다. 변증법의 부정은 단순한 논리적인 모순을 해결하기 위한 수단이기보다는 계속 발전하는 수단으로 활용되고 있다. 학생들의 이미 알고 있는 도형의 개념을 부정을 통하여 보다 발전적인 평면도형의 개념을 확산하고 정교화한 방법으로 부정의 변증법적 방법을 이용할 수 있다. 따라서 교사의 수업 중에 개념의 확장에 대한 수업의 형태를 변증법적 방법으로 이해할 수 있다.

■ 해석학적 관점

수업이 이루어지는 교실은 매우 복잡하고 역동적이며, 상호 연관된 일련의 상호작용이 지속적으로 일어나는 공간이다. 교실의 상황은 곧 수업의 상황으로 이어지곤 하는데, 이러한 복잡성과 변화 가능성은 교사들에게 많은 어려움을 준다. 이러한 교실현상이 교사의 수업활동에서도 수업의 구조, 담화의 구조, 학습주제의 변화 등에 영향을 미친다. 교실상황에서 전개되는 교사의 수업상황이 어떻게 전개되는지를 해석학적 관점에서 파악한다. 교실수업에서의 해석학적 관점은 정형화된 교실에서 교사의 수업구조와 교사와 학생 사이의 상호작용 유형 및 참여구조에 대한 분석이다. 교실에서 일어나는 일련의 사건의 구조를 중심으로 한 수업의 조직과 수업의 상호작용에 관한 것과 교사의 수업은 어떻게 이루어지는가를 놓고 수업활동을 이해한다. 교실에서의 교수·학습의 행위는 교사의 수업조직 구성, 교사와 학생의 상호 언어적 및 비언어적(학생의 언어 외의 행동을 말함) 내용의 구조, 학생의 수업의 사회적 참여구조, 교육과정의 재구성으로 인한 학습주제의 변환[9](교육과정에서의 학문적 지식을 교실상황에 적합한 애용으로 교육적 주제로 전환하는 것) 등이 변수로 작용한다. 교실에서의 수업은 교사와 학생 간의 수업 시작을 알리는 인사하는 의례로 시작하여 끝나는 종료의식에 이르기까지의 일련의 일직선상의 흐름으로써, 수업의 주제 찾기로 동기부여활동을 하면서 학습목표의 도달을 위해 필요한 학습활동을 한다. 중요한 학습활동이 전체의 수업의

---

9 조영달(2001). 교사의 교실 수업활동에 대한 해석적 이해. 질적 연구. 제2권 1호에서 〈학문적 주제를 교육적 주제로 변환〉에서 변환의 용어를 차용함.

70~80%(4초등(40분), 중(45분), 고(50분)(초), 수업 중 대체로 동기부여 5분, 학습활동 30~40분, 정리 5분 정도)를 차지한다.

　활동 중에서 일어나는 수업행위에는 수업의 구조가 어떻게 이루어져 있으며, 교사와 학생의 수업 중에서 언제, 누가, 누구에게, 무엇을 말하였는지의 교실 담화의 구조를 파악하는 것이다. 따라서 해석기술은 주어진 말에 대한 역사적·예료적 재구성이며 객관적·주관적 재구성이다(최신한, 2003:122). 수업자의 언어와 행위를 객관적으로 재구성하여 해석하는 일이 중요한 것이다. 구체적인 학습활동에서는 교사와 학생들이 상호 영향을 주고받으면서 학습에 얼마나 참여하여 문제를 해결하느냐를 살펴보는 수업의 참여적 구조를 말한다. 마지막으로 교사는 교육과정에 제시된 학문적 지식의 주제를 학생의 학습 실태와 교실의 상황, 지역사회에 알맞은 주제와 연계, 자료 활용 가능성에 적합성을 판단하여 학습의 주제를 변환하는 것을 말한다. 이러한 교실에서의 수업활동을 학습주제에 중점을 두고 교수·학습활동 중에서 진행되는 과정을 이해하고 다양한 관찰 관점을 갖고 해석해야 한다.

1. 내러티브 탐구적 사고

■ 내러티브의 의미

내러티브란 사전적 의미로 '이야기'를 말하는 스토리(story)로 국한한 것이 아니라, '하나 또는 일련의 사건을 글이나 말의 형태로 전달하는 것, 또는 그러한 글이나 말(narrative)'을 의미한다. 내러티브는 인간의 삶, 교육, 경험이 서로 밀접하게 연관된 것을 표현하고 이해하는 데 좋은 방법이다. 내러티브관점에서 말하는 '내러티브'는 사전적 의미를 넘어서서 단순히 이야기를 뜻하는 것이 아니라 이야기를 하는 사람이나 듣는 사람의 삶에 영향을 미치는 이야기를 의미한다(추갑시·강현석, 2011:399). 내러티브는 하나 혹은 일련의 사건에 질서를 부여한 담론 형식으로서 인간이 세계를 이해하고 구성하는 매개로 작용한다. 내러티브 사고는 인간 삶의 문제를 이야기로 풀어가듯이 비정형화된 형식으로 전개해 나가기 때문에, 한편으로는 마음의 인지적 작용을 내러티브 사고라고 한다. 인간의 삶의 경험의 연속성을 통해 과거, 현재, 미래에 대하여 사고하면서 동시에 개인적인 경험과 사회적인 경험 사이를 오가며 학습하는 것이다.

■ 내러티브의 교육적 활용

오늘날 넓은 의미로 교육을 바라보는 관점에서 좁은 의미로 수업을 보는 관점에 이르기까지 과학적 실증주의적인 패러다임 사고가 지나치게 강조되어왔다. 교육은 인간의 총체적인 사고 활동임에도 불구하고 수업을 정형화된 수치화 또는 계량화[10]하여 점수를 부과하여 평가하는 것이 지배적이었다. 이러한 일련의 평가와 관찰방식이 객관화되었는지, 정형화된 계량적 수치가 객관적이고 과학적인지에 의심이 들기 시작하였다. 이를 보완해주고 과학적 실증주의에서 탈피하고 인간의 창의력과 상상력을 키워주며, 사회화하는 과정의 인간 모습을 그려내는 내러티브 사고가 교육의 균형을 잡아줄 수 있다. 내러티브를 교육의 장으로 이끌어 들이는 것은, 나를 대상으로 그리고 남의 삶을 나의 삶으로 삼아 성찰하고, 의미화하는 해석학적 작업이다. 교육에서 내러티브 사고는 학생들에게 의미를 만들어 주는 수단으로서, 삶에서 경험하는 사건이나 체험을 이해하고 전달하는 효과적인 도구로 사용될 수 있다. 결국, 내러티브 사고양식은 '예측 불가능한 인간 삶의 세계 속에서, 옳다고 느끼거나 상상할 수 있는 어떤 관점과 부합하는 설명을 요하는 내적 사고'를 말한다. 내러티브 사고를 활용한 교육에서는 자신의 글쓰기를 통하여 지나온 과거의 이야기를 기억하며 자신을 발견하면서 자신의 이야기에 상상력을 더해주어 인간의 삶을 의미 있게 해준다. 우리에게 있어서 내러티브는 경험을 표현하고 이해하는 최선의 방법이다. 왜냐하면 내러티브 사고는 경험의 핵심 형식이고 그에 대해 기술하고 사고하는 방식이기 때문이다(소경희·강현석·조덕주·박민정, 2011:60).

---

10 학습지도 개선을 위해서 수업자는 자기가 수행한 학습지도의 목적을 달성시켰는지를 평가한다. 이는 양적인 관점에서 수업을 일정한 점수로 평가흔 방식으로 평정 척도표, 질문지에의한 방법, 자기평가법 등이 있다.

내러티브는 수업현상에서 일어나는 수업자와 학습자 간의 상호작용에 의한 의미 있는 수업활동으로 일련의 사건을 통해 학습의 효과를 어떻게 얻게 되는지를 공동체의 일원으로서 수업자는 학습자의 입장에서의 조력자로서, 학습자의 구성원의 한 일원으로서 그리고 학습자는 생활 경험을 그려보며 자신을 발견하는 새로운 시선의 변화라 할 수 있다.

2. 내러티브 수업 관점

내러티브는 단순히 사전적 의미인 이야기를 뜻하는 것이 아니라 이야기를 통하여 이야기를 하는 사람과 듣는 사람의 삶에 영향을 미친다는 데 있다. 더 나아가 삶의 방향까지 영향을 끼친다. 수업을 잘 이해하기 위해서는 보는 사람의 관찰뿐만 아니라 해석이 필요하다. 이를 위해서는 관찰자의 의도에 따라 수업을 보는 눈을 가져야 한다. '수업을 보는 눈'이란 기존의 시각이 아닌 낯설음을 말한다(김진희·최원준·김준석, 2010:349). 수업의 흐름으로 나타나는 수업의 현상을 보는 것이 아니라 수업이 이루어지고 있는 그 내면의 속을 다른 시각을 갖고 살펴보아야 한다. 다른 사람이 인정하는 일반적인 사실보다는 처음 접하는 시선으로 낯설게 봐야 한다는 것이다. 이는 이야기를 통하여 관찰자가 수업 교사에게 "그렇게 수업을 한 의미는 무엇인가? 왜 그렇게 학생에게 발표의 기회를 주지 않고 교사 중심으로 수업을 진행했어? 학생의 행위에 대하여 그러한 반응을 보였어? 그때 자료 활용을 한 이유는 무엇인가?" 등의 여러 의문점을 갖고 왜 그렇게 하였는지를 다른 시선으로 해석해야 한다. 학생중심수업이면서 학생의 발표기회를 주지 않았다고 해서 교사중심수업이다 라는 것이 아니라 학생의 학습활동의 이면을 찾아봐서 학생의 자기주도적인 학습활동이 이어지고 있는 내면의 세계를 잘 파악해야한다. 이는 교사와의 면담을 통하여 관찰자가 바라보는 시선과 다른 부분에 대하여 수업의 현상을 이해하고 해석하는 활동이 병행되어야 한다.

3. 내러티브 수업 비평

현장에서 수업을 분석하는 주체와 표준화된 분석목록에 대하여 여러 갈등이 존재한다. 하나의 수업을 보면서 수업을 바라보는 관찰자의 시선과 이해관계는 시선의 목적, 내용의 분석, 준거 및 방법 등의 협의를 더욱 어렵게 만든다. 수업을 보는 시선이 정형화되었던 과거에는 일정한 표준화된 관찰목록에 따라 관찰 평가하면 그것으로 만족하였다. 그러나 교사의 수업 전문성이 향상되고 다양화되면서 수업을 보는 시선도 다양화되었으며 양적인 관찰에서 질적인 관찰로의 이행이 빠르게 진행되고 있다. 이러한 변화의 추세에 맞는 교사의 수업 감식안이 부족하다면 무엇이 좋은 수업인지, 어느 교사가 수업을 잘하는지를 가늠하기가 쉽지 않다. 따라서 수업을 이해하고 바라보는 시선이 중요하다. 다양한 학생들이 함께 존재하고 수시로 변화하는 교실의 수업 상황에서 교사가 각각의 학생들에게 의미 있는 학습의 기회를 제공하기 위해서는 학생을 중심으로 학생의 관점에서 교실의 상황과 맥락을 고려하는 가운데 의미 있는 세계로의 수업을 바라볼 수 있어야 한다(서근원, 2011:392). 내러티브 수업 비평을 하는 방법으로서는 말보다는 글쓰기를 통하여 하는 것이 주류를 이루고 있다. 이는 글을 쓰면서 생각을 정리할 수 있으며, 보다 좋은 언어로 표현하여 비평의 대상이 되는 요소를 반성적으로 되새겨 볼 수 있는 장을 마련해 주는 데 있다. 글쓰기 과정에는 무엇을 보는가? 무엇이 보이는가? 각 과정의 수준이 의미하는 바는 무엇인가? 무엇을 기록할 것인가? 그리고 어떻게 해석할 것인가? 이다. 이러한 내러티브 관점은 교사와 관찰자 모두에게 해당하는 것이다. 수업은 교사와 학생들과의 함께 구성해가는 것이므로, 수업 현상을 예술성, 과학성 및 교실의 사회적 맥락을 고려해야 한다. 내러티브 수업 비평은 과거의 표준화된 수업 리스트에 의한 평가는 수업의 질 개선에 효과적이기보다는 비판의 소지가 잔재하므로, 관찰자에게는 더욱 발전적이고 수업 관찰의 흥미를 유발하여 수업을 보는 새로운 안목을 넓힘과 동시에 교사에게는 자신의 수업을 성찰하여 반성적 발전의 계기가 되는 협의의 장을 마련하는 것이다.

자신의 수업 경험으로서 갖는 의미는 실천의 중요성과 거울로 자기의 모습을 살펴보듯이 자신의 수업 성찰을 통하여 나를 이해하는 것이다.

40분의 수업이다. 23명 중 3명은 벌써 수업 시작이 되었는데도 서로 소곤소곤 이야기하느라 교사의 설명에 집중하지 않아보인다. 동기 부분이 지나고 학습목표를 도입하려는 순간에도 교사의 설명에 도무지 집중하지 않는다. 교사는 그래도 수업의 안정을 위해 주의를 주면서 전체를 이끌어가려고 노력하고 있다. 사이버상에 있는 정보는 사실일까? 라는 토론에도 이 세 명에게는 마이동풍이었다. 다른 학생들은 무엇인가 자신의 목소리를 내려고 교사의 안내에 집중하고 있다. 3명의 학생들은 무엇을 하면서 공부할까?

위의 수업중에 발생한 3명의 수업상황에서 3명은 사이버상의 정보를 다른 곳에 활용하여 자신의 정보가 사실이 아니라는 것에 내심 놀라고 있었다는 것이다. 아이들은 내 수업에 집중하지 않았을까? 아이들 3명이 이야기하는 것으로 보아 나의 수업의 내용에 관심이 없었을까? 동기부분에 대하여는, 수업활동 등을 되돌아 보지 않을 수 없다.

내러티브 비평의 가장 큰 특징은 특정 유형의 정보만을 고집할 것이 아니라 양적 및 질적 정보를 종합하여 분석해서 다양한 해석이 가능하도록 이야기를 풀어내야 한다.

제3장 자기 발견을 위한 수업 성찰-수업비평

1. 수업 성찰- 수업비평의 의미와 필요성

수업비평은 수업에 관한 질적 연구의 대상이 된다. 과거의 수업에 대한 평가는 양적인 방법으로 이루어지는 것이 일반적인 관행이었다. 그러나 80년대 이후부터 교육에서도 질적 연구가 도입되기 시작하였다. 즉 기존의 수업을 보는 계량적이고 표준화된 방식에는 한계가 있다는 것이다. 수업을 평가하는 방법에 대한 비판적 대안이 바로 수업을 어떻게 볼 것이냐? 수업의 상황을 더 이상 계량화하는 것은 수업의 개선에 의미가 크지 않다는 것이다. 따라서 수업 비평은 수업의 과학적이 실증주의를 벗어나 수업의 예술성에 대한 인식에서 출발한다(엄훈, 2010:81). 여기서는 수업을 보는 사람과 관점에 의해 수업의 평가가 달라진다. 수업을 누가 보는가, 수업을 어떻게 볼 것인가, 관찰자는 수업을 본 것을 어떻게 쓸 것인가를 수업을 본 관찰자의 눈으로, 관찰자의 인식의 눈으로, 관찰자의 사유에 대한 철학적 인식론의 관점에 두고 있다. 수업비평은 교사가 수행한 수업을 자신이나 타인(교장, 교감, 장학요원, 수석교사, 동료교사, 예비 교사 등)이 비평하는 것을 말한다. 수업비평은 교사의 수업을 관찰하고, 수업에 관하여 기술하며 비평함으로써 교사의 자기 수업을 성찰할 수 있음은 물론, 비평자의 비평 글을 독자가 해석할 수 있는 여지를 남겨 두었다는 데 의의가 있다. 수업비평은 교사와 학생들이 함께 구성해 가는 수업 현상을 하나의 텍스트로 하여 수업활동의 과학성과 예술성, 수업 참여자의 의도와 연행, 교과와 사회적 맥락 등을 종합적으로 고려하면서 수업을 기술, 분석, 해석, 평가하는 비판적이고 창조적인 글쓰기이다(이혁규, 2011:124). 수업비평은 교실의 수업현상을 교육 텍스트로 인식하여 교육현상을 의미 있고 가치 있는 부분을 찾아 글쓰기의 형식으로 수업을 종합적으로 이해하는 수업관찰방법이다. 여기에는 수업을 보는 예술적 심미, 해석학, 인문과학, 심리학 등의 여러가지 식견을 가지고 수업을 기술하고 해석 및 평가한다. 수업 비평을 비판적인 글쓰기의 범주로 확연히 하고 있으며, 수업활동에서 일어나는 교사와 학생의 상호활동을 이해하고 수업에서 느끼는 미적 경험들을 예술적 차원으로 승화시킬 때 수업비평은 더 풍부해지고 수업에 대한 인식의 폭이 넓어지기 때문이다.

수업이라는 현상은 인간관계, 인간과 사물관계 등이 복잡하게 얽히며 존재하는 현상으로서 하나의 수평적, 수직적인 인과관계로 평가하기에 한계가 있다. 내러티브의 수업 비평은 실증적이고 과학적인 방법보다는 인간적이면서 예술적, 심미적인 사고의 방식으로 풀어나가는 인문학적인 글쓰기 과정에 가깝다. 관찰자가 수업자의 수업을 글로써 기술함으로 이는 주변의 상황을 인식하지 않으면 이야기를 전개할 수가 없다.

2. 수업 성찰-수업비평의 방법

과거에는 수업을 표준화된 목록에 따라 평가하였으나 수업을 보는 시각의 다양화로 평가에 대한 시선도 다양화되었다. 과학적인 실증주의에 입각하여 평가를 계량화하는 양적인 연구에는 한계가 있어서 이를 다양한 시선으로 수업을 평가하는 방법이 바로 질적 연구인 것이다. 질적 연구로는 수업을 성찰하고 비평하는 자기 비평, 성찰과 타인의 시선으로 바라보는 타인 비평이 있다. 즉, 수업이라는 것이 늘 과학적, 계량적인 수치화로 환산할 수 없다는 것이다. 수업 과정은 기계적으로 움직이는 프로세스가 아니라 그 속에는 교사와 학생 사이, 학생과 학생 사이, 수업 자료, 교실 환경 등 많은 변수가 작용하고 있다. 어느 한 영역을 가지고 수업을 밀도 있게 볼 수 없으며, 기계적인 기준에 맞았다고 해서 수업을 잘하는 것은 아니다. 이러한 기준으로 수업을 평가하다 보니 누구의 수업은 무엇이 잘못되었다든가, 나라면 그런 장면에서 어떻게 했을까, 왜 이렇게 하지 않았을까 하는 숱한 질문 공세를 당하며 수업에 대하여 떳떳함을 가지고 있지 못하다. 이러한 불편한 점을 제거하면서 수업내면의 세계를 비평적 관점에서 본다. 수업의 '비평적인 관점으로 수업 보기'는 수업을 측정의 대상에서 비평의 대상, 심미의 대상으로 격상시켜 준다. 비평의 눈으로 수업을 보면, 수업속에 일어나 여러 교육적 행위를 더 깊게 살펴보는 안복을 기를 수 있다(김태현, 2012.42). 수업성찰은 본인의 수업을 되돌아 보면서 자신의 수업을 다른 사람의 입장에서 관찰하고 분석하여 수업의 개선을 이루려고 하는 것으로 반성과 자책의 의미로 이해하여서는 안된다.

성찰은 자신의 진정한 모습을 선입견 없이 바라보는 것이다. 자신을 비난하고 자책하는 자아를 학대해는 안되는 것이다. 그러므로 어디까지나 수업활동에서 나타나는 자신의 진정한 모습을 객관적으로 바라보는 것이다.

좀 더 구체적으로 정리한 비평적 수업 보기[11]의 예시를 살펴보자.

6학년 도덕과 학습주제는 '고전을 통한 가치심화 중심 수업으로 공정한 생활 태도 기르기'였다.

자신의 수업을 과학적 실증주의로 보지 않고 교사의 자기 수업의 내면화를 통해 수업을 성찰하고, 학생의 배움을 중요시하고 있다. 수업을 보여주기 식의 형식적인 차원이 아닌 예술 과학적 차원(김성재:45)으로 하나의 작품으로 보고 있다. 수업은 도구, 기계가 아니다. 수업을 설계한 교사의 의도와 철학을 중시하고, 교사 자신이 수업에서 자신이 의도한 것이 무엇이며, 학생들의 배움을 만들기 위해서 어떠한 교육적 행위를 했는지를 수업 방법을 지적할 것 아니라 왜 그런 방법을 사용했는지, 어떤 생각으로 했는지 등을 끊임없이 질문하며 다양한 시선으로 수업을 봐야 한다.

이 수업에서의 수업자의 수업을 관찰자의 입장에서 다름의 시선으로 수업을 바라본 비평적 수업보기를 살펴보자.

---

11 수업 보기가 획일화될 수 있어 어떤 틀로 수업을 보는 것을 그다지 선호하지 않는 편이다. 그러므로 이대로 따라 하기보다는 각자 개인의 특성에 맞는 수업 보기 틀을 만드는 것이 좋겠다(김태현, 348).

고전을 통한 불공정을 찾고 해결책을 찾아 떠나는 여행

장 ○○

수업 설계를 보며

본 수업은 6학년 도덕 교과 공정한 생활 단원으로 '고전을 통한 가치 심화 주심 수업으로 공정한 생활 태도 기르기'라는 주제를 가지고 고전을 통한 가치 심화 중심 모형 + 배움 중심 수업모형을 가지고 적용하여 수업을 전개하였다. 고전 속 도덕적 문제를 제시하여 끊임없는 발문을 통한 반 친구들의 발표를 끌어내어 불공정 사례를 통한 생각 열기를 한 수업이었다.

동기유발에서

사전에 아이들을 모델로 찍어 놓은 심청전 동영상을 보여주며 불공정 사례를 찾도록 하였다. 제각기 즐거워하며 나름대로 불공정 사례를 찾아내고, 이어 교사의 '고전'이라는 낱말의 뜻을 탐색하는 시간을 가졌다. 교사의 끊임없는 발문으로 아이들의 생각을 불공정으로 몰아가며 이 차시의 수업에 몰두토록 하였다. 선생님의 수업 목소리가 작았음에도 아이들은 용하게도 알아듣고, 선생님의 질문에 집중하지 않은 것 같은데도 대답을 잘했고, 6학년 아이들이 체격이 아주 좋아서 움직일 때마다 무게감을 주었으며, 불공정 사례를 발표하며 해결책을 찾는 모습에서 긍정의 수업 힘을 느끼게 했다.

다양한 방법으로 불공정 사례 찾아 역할극으로 만들기

역할극을 하는 아이들이나 보는 아이들 모두 배움이 가장 크게 만들어진 활동이다. 학생과 학생이 상호작용하며 배움이 일어나고 있다. 당시 어쩔 수 없는 상황이 불공정한 일들이 벌어지게 했지만, 아이들의 생각으로 공정함을 회복하게 하기 위해 내가 할 수 있는 일이 무엇인지 고민하는 순간이기도 했다. 교실의 조도가 낮아 둘러보니 동영상을 보여주느라 교사가 불을 끄고 있었다. 아이들에게 몰두하다 보니 그럴 수 있겠구나 생각했다. "1모둠 잘했어." 하며 각 모둠에게 모두 손뼉을 쳐 주며 가치 판단 배움이 일어난다. 자기 생각은 만들어졌으나 생각을 나누지 못한 아쉬움, 이런 아쉬움 또한 배움의 성장이 아닐까? 바로 여기서 배움에 대한 기쁨과 감동, 깨달음, 더 배우고 싶은 마음이 일어나고 있었던 것이다.

배움을 정리하며

고전을 통해 불공정 사례를 찾고 해결하려고 노력하였으며, 생활 속에서 꾸준히 공정한 생활을 다하려는 마음을 갖게 되었고, 배움 문제가 무엇인지 알고 배움 목표를 세울 줄 알며, 공부하는 데 방해가 되는 행동을 하지 않고 친구와 과제를 협력하여 해결하려 했다. 작은 실천에서 시작해야 불공정한 큰 사례를 막을 수 있으며 불공정한 대우를 받았다고 생각되면 즉시 부당함에 맞서야 할 것이다. 다음 시간에 차시 예고를 통해 평화롭고 행복한 삶을 위해 의미와 중요성을 공부해야 함을 발문을 통해 알려 주며, 다음 수업시간에 대한 호기심을 유발한다. 여러 교과 중에 가장 어려운 가치 판단 정착과인 도덕교과를 다루며 기본적으로 선행되어 있어야 할 경청과 배려가 몸에 배도록 태도를 길러 주기 위해 노력하신 점이 돋보인다.

(경기도창의지성컨설팅교육연구회 장○○교사의 자료를 발췌함)

위의 타인의 시선으로 수업을 바라보는 것외에 5학년 체육과 수업을 진지하게 성찰해 보는 2년차 교사의 수업의 비평을 보자.

몸의 움직을 통해 줄넘기를 다양한 방법으로 해보는 수업이었다. 학생들이 혹시나 몸의 움직임 민첩하지 못하면 어떻게 하지 하는 마음에 줄넘기 방법을 2가지로 설정하였다. 줄넘기하는 방법을 교사 혼자서 시범을 보이고 몇몇 학생들의 예비연습을 해 보았다. 의뢰로 학생들이 실수를 하지 않고 잘 하였다. 일부는 구분구분 동작으로 연습과 반복을 통하여 하였더니 모두들 걱정과는 달리 재미있고 실수가 거의 없이 성공적으로 수행하였다. 문제는 방법을 2가지로 설정해서 계획한 것이 착오였다. 시간이 너무 많이 남아서 다른 생각이 나질 않고 당황하게 되었다. 그렇다 보니 똑같은 동작으로 계속 반복할 수 밖에 없었다. 수업계획이 이렇게 중요한 것이구나하는 것을 처음으로 깨닫게 되었다.

김 ○○ 교사

제2부
수업 컨설팅의 다면성

[제1장 컨설팅의 인식 제고]

1. 변화의 관점

■ 누구를 변화시킬 것인가?

학교수업은 사회 문화적 영향을 크게 받고 있다. 사회가 추구하는 교육의 방향이 설정되는 것에 따라 교육의 방향이 달라진다. 그래서 우리의 학교 교육은 사회체제의 구조를 벗어나기 어렵다. 새로운 사회가 도래하고 새로운 정부가 들어서면 교육에 미치는 영향이 너무나 크기 때문이다. 서구중심의 탐구방법이 도입되면서 우리의 교육방법도 상당히 암주식12)에서 탈피하고 있으나, 아직까지 그 저변에는 이러한 교육방식이 그대로 노출되고 있다. 이는 교원의 임용고사나 대입고사가 우리의 교육방법을 암암리에 지배하고 있음을 알 수 있다. 막

---

12 교육학계에 소개된 고등학교 수업에 대한 해석적 개념으로는 '암주식' 수업과 '암죽식' 수업이 있다. 이 두 개념은 80년대에서 90년대 초반 즈음에 수행된 교실 수업 관찰 연구의 결과로서 등장한 것이다. '암주식' 수업이란 '암기 주입식' 수업의 줄임말로 암기와 주입 중심이며, '암죽식' 수업은 교사들이 어려운 교과 내용을 학생들이 쉽게 암기할 수 있도록 '죽'처럼 쉽게 만들어서 떠먹여 준다는 의미이다(이혁규, 2013:61).

상 교수·학습방법은 창의적 탐구중심을 강조하고 있지만, 우리의 사회체제는 경쟁체제로 점수 서열에 의존하는 교육방식을 고수하고 있어 여전히 높은 점수를 획득하기 위해서는 다양한 교수방법보다는 학습의 효과가 큰 단기적이고 획일적인 학습방법에 많이 의존하고 있다. 교수방법은 꾸준히 연구되어 바람직한 교수기술은 나날이 발전하고 있음에도, 교사가 되는 임용고사는 암주식으로 하므로 머리 따로 몸 따로 움직이고 있다. 중고등의 주입식 학습 습관과 수년간 준비해 온 임용고사의 학습 형태로 몸은 암주식, 머리는 창의식으로 분리되어 나타나며, 임용 후에도 그 습관은 몸에 배어 여전히 편안하고 가르치기 쉬운 몸이 습관화되어 있어 인식과 행위의 변화를 하지 않는 한 수업방법의 개선에 큰 효과를 얻을 수 없다. 임용의 문화가 뿌리 깊게 작용하고 있는 현실에서 획기적인 변화를 바라기는 어려운 현실이다. 경력이 적은 교사는 교사대로의 어려움이 있으며, 경력이 많은 교사는 그 나름의 어려움이 있다. 따라서 변화의 대상은 누구나 가릴 것이 변화가 필요한 교사, 변화를 바라는 교사가 되는 것이다.

■ 무엇을 변화시킬 것인가?

수업의 관점을 어디에 둘 것인가? 인간적인 면에 둘 것인가? 물리적 기능에 둘 것인가? 인간적인 면에 초점을 둔다면 분명히 교사에 둘 것이고, 물리적인 기능에 둔다면 수업기술의 현상에 두게 된다. 인간적인 면에서 교육의 측면으로 장학을 한다면 교사의 더 나은 바람직한 변화를 바라는 것으로서 이 변화의 대상에는 교사의 교육에 대한 가치, 태도, 인식 등의 변화를 모색하는 것이다. 이는 현재 상황보다 더 나은 미래의 바람직한 변화를 추구하는 것으로 지금까지 유지해 왔던 교사의 내재적인 인식을 새롭게 변화해 본다는 의지를 다지는 것이다. 수업에 대한 교육적 가치를 새롭게 인식한다거나, 수업에 대한 자신의 태도를 적극적이고 긍정적인 모습으로 변화시킨다거나 새로운 교육의 동향과 수업 방법, 수업이론, 연구 방법 등을 익히는 자세를 말한다. 그러나 물리적인 기능에 둔다면 교사의 수업기술을 당연히 들 수 있다. 수업 방법을 찾아 수업을 실천하는 과정에서 수업목표를 어떻게 설정하고 제시하는지, 동기부여는 어떻게 하는 것이 좋은지, 수업활동은 어떠한 방법으로 전개할 것인지, 수업 자료는 어떻게 활용하며, 학생과의 상호작용 등의 수업을 이끌어가는 과정에서, 수업을 운영하는 과정에서 보이는 운영의 기술 변화를 촉진하는 데 있다. 따라서 수업의 장면을 놓고 볼 때는 수업 속에서 이루어지는 인적·물리적인 관계 모두를 변화시키는 것이 최선의 방법으로 생각할 수 있다. 우선 수업의 기술을 개선하려면 교사의 생각과 태도 등이 변화되어야 하며, 교사가 수업에 임하는 태도가 달라지면 수업의 기술도 달라짐으로 최종적으로는 수업 개선에 이르러 질 높은 수업을 할 수 있다. 따라서 인적인 요소인 교사의 가치, 태도, 인식에 초점을 둠과 동시에, 기술적인 부분도 함께 변화를 주어야 한다.

2. 컨설팅하기 좋은 의뢰인과 컨설팅을 원하지 않는 교사

컨설턴트가 만족스러운 컨설팅을 할 수 있는 좋은 조건을 만나는 것도 커다란 행운이다. 컨설팅 활동 시, 자발적으로 하는 교사 또는 좋은 경험의 컨설팅을 받아본 의뢰인(교사)은 컨설팅하기에 좋은 관계가 되며, 비자발적이거나 컨설팅의 이미지를 부정적으로 가진 의뢰인(교사)은 그렇지가 않다. 컨설팅하기 좋은 의뢰인과 컨설팅을 원하지 않는 교사를 알아보자.

수업 컨설팅하기 좋은 의뢰인과 수업 컨설팅을 원하지 않는 교사

	수업 컨설팅하기 좋은 의뢰인	수업 컨설팅을 원하지 않는 교사
목표의식	• 목표가 뚜렷하고 실천의욕이 강한 의뢰인	• 변화의 의욕이 적고 변화를 두려워하는 교사
과거 경험	• 컨설팅에 대한 과거에 좋은 이미지를 가진 의뢰인	• 과거에 컨설팅을 받은 적이 있는 교사
지원체제	• 학교 관리자로부터 전폭적인 지원이 있는 학교 분위기	• 학교 내부의 갈등이 있는 조직에서 근무하는 교사
학습의욕	• 배움의 열기가 강한 의뢰인	• 배움과 변화에 관심이 적은 의뢰인
마인드	• 변화에 강하고 발전을 원하는 의뢰인 • 현재의 상태를 부족하다고 느끼는 의뢰인	• 수업 준비에 힘들어하는 교사 • 현재의 상태에 만족하는 교사 • 과거의 컨설팅이미지가 부정적인 교사
경력	• 경력과 관계없음	• 경력과 관계없음
성격	• 활달하고 일을 두려워하지 않고 진취적인 의뢰인	• 소극적이고 타인의 앞에 서는 것을 불편해하는 의뢰인

3. 수업 컨설팅 인식의 변화

　교사에게 있어서도 가르치는 일이나 자신의 고유한 업무임에도 자신의 수업을 공개하는 것을 달갑게 여기지 않는 것이 현실이다. 자신의 고유한 공간에서 자신의 고유한 수업방식을 공개하는 것이 어떻게 보면 비법을 공개하는 것과 마찬가지이다. 자신이 개발한 수업 방법과 방식을 쉽게 타인이 접근하여 모방한다거나 쉽게 이용하거나 하는 것도 때로는 수업 저작권으로도 생각할 수 있다. 그러나 그렇지가 않은 것도 현실이다. 엄연히 교육법에도 수업 개선을 위해 장학의 활동을 도입하여 제도적으로 수업의 질을 개선하려고 제도적 장치를 마련하였을 뿐만 아니라, 교사 스스로 자신의 수업 개선을 위해 부족한 부분을 끊임없이 연마, 연수를 할 수 있도록 제도적으로 강구하고 있는 것이다. 이러한 제도를 뒷받침해주고 있는 것이 장학, 컨설팅 장학, 수업 컨설팅 등의 유사한 용어로 사용하고 있으며, 컨설팅의 최종 목표는 모두가 수업의 질 향상, 수업 개선을 향하고 있는 것이다. 좀 더 나은 수업을 위해 자신의 수업을 성찰해보고 타인의 수업과 비교해보면서 같은 수업의 질과 양을 측정한 결과 어떤 수업 기술이 더 효율적이고 학습의 효과가 더 큰지를 배워야 한다. 즉, 본인 자신의 모습을 거울로 삼기에는 너무나 한계가 있어 자신보다 나은 타인의 방법을 빌려 지금의 상태보다 발전적인 미래로 변화되어 가는 자신의 모습을 보고 싶은 것이다. 수업 컨설팅을 부정적인 시각으로 보는 것보다 자신의 전문성을 키우고 개발하여 한층 높은 교육 전문가로 자리매김할 수 있기에 점차 컨설팅에 대한 매력은 증가하고 있는 것이다. 이러한 수업 컨설팅에 대해 경험을 해 본 의뢰인을 컨설팅 활동에 대하여 아래와 같이 매우 긍정적인 반응을 보이고 있다.

수업 컨설팅의 결과 의견[13]

수업 컨설팅에 대한 의견

수업 컨설팅에 대한 의견

- 장학위원의 충분한 지도를 받았고 수업개선에 큰 도움이 되었음.
- 기회가 되면 추후 한 번 더 컨설팅 장학에 참여하고 싶음.
- 수업장학의 준비 과정을 통해 많은 것을 새롭게 알게 됨.
- 수업 전문성 신장을 위한 앞으로의 많은 노력에 대한 필요성을 절실히 느끼게 됨.
- 양질의 장학위원 배치로 수업력 향상에 매우 큰 도움이 됨.
- 컨설팅 협의를 온라인상뿐만 아니라 사전 협의회를 개최하여 인간적인 유대감을 가지면서 수업에 대한 방향을 제시해준 점이 인상적임.
- 신규 교사에게 컨설팅 장학을 필수적으로 권유해주고 싶다. 장학을 통해 수업을 연구하고 자신의 수업을 돌아보는 계기가 되어 전반적인 수업 기술의 발전이 있었음.
- 컨설팅을 받은 교사가 수업 연구대회에 참여하는 등 좋은 기회가 됨.
- 혼자서는 생각할 수 없는 아이디어와 수업방향에 대한 도움과 조언에 감사함.

---

13 김수경(2013. 12. 23), 서부 컨설팅 장학위원 활동결과 보고서: 인천광역시 서부교육청에서 실시한 서부교육청 소속 컨설팅 장학위원의 컨설팅 장학위원 활동 결과 보고에서 발표한 내용임)

컨설팅 횟수

- 컨설팅 지도 횟수를 일률적으로 정하지 않고 자유롭게 지도받았으면 좋겠음.
- 수업 컨설팅이 1회에 끝나는 것이 아니라 희망자에 한해서 2학기에도 실시되었으면 좋겠음.
- 컨설팅 위원 명단이 너무 늦게 나와서 4월 말에 수업을 했음에도 지도 조언을 받기에는 시간이 너무 촉박했다. 대안으로서 같은 학교 장학위원의 지도를 받는 것도 가능했으면 좋겠음.

여기서 수업 컨설팅을 중요하게 여기는 것은 수업 컨설팅을 직접 받기 이전에 수업 준비과정에서 많은 것을 배울 수 있었으며, 수업 전문성 신장을 위해 많은 노력이 필요함을 절실히 깨닫게 되었다는 점이다. 컨설팅을 통해 자신의 수업을 성찰할 수 있는 계기를 마련하였으며, 수업에 대한 아이디어 구상이라든가 수업의 방향을 잡는 데 도움이 된다는 것이다. 수업 컨설팅을 일시적인 상태로 국한할 것이 아니라 수업기술이 얼마나 변화되었는가, 즉 수업능력이 개선되었는가, 그리고 어떻게 변화되어가고 있는가의 중간점검도 필요하다는 것으로서 연속해서 컨설팅을 원하는 의뢰인도 있음을 알 수 있다.

1. 수업의 개념으로 본 컨설팅

　수업 컨설팅이라 함은 컨설팅을 하는 데 그 초점이 수업을 대상으로 하는 것이다. 따라서 수업의 개념을 제대로 파악하지 않은 상태에서 수업 컨설팅을 논한다는 것은 컨설팅의 방향을 잘못 잡는 것이다. 수업이란 무엇이며, 수업과 관련된 것에는 무엇이 있으며, 이러한 연관된 것과 어떻게 풀어가야 하는지가 중요하다.

　"수업이란 개인으로 하여금 특정한 조건하에서, 또한 특정한 상황에 대한 반응으로서 특정한 행동을 나타내도록 학습하게 하거나 그 특정 행동에 참여할 수 있도록 개인을 둘러싼 환경을 계획적으로 조작하는 과정이다(김종서·이영덕·정원식, 2012:316에서 재인용)." 이러한 계획적이고 조직적인 과정을 통하여 학생의 학습능력을 신장시키기 위해서 학생을 둘러싸고 환경, 학생과 시공간적으로 밀접한 관계가 있는 직접적인 사람 즉 교사의 수업능력을 개선하여 학생의 인지·정의·행동적 학습영역을 계획적으로 변화시키는 구체적인 활동이다. 수업은 혼자서 하는 활동이 아니며 둘 이상의 구성원이 조직이 되어 한쪽에서는 가르치고 다른 쪽에서는 학습을 하는 인간의 상호작용으로 볼 수 있다. 학생들이 새로운 것을 학습하거나 할 수 있는 방법과 능력을 키워주어 학생을 바람직한 변화를 유도하는 교사와 학생 간의 인간적인 관계이다. 따라서 학생의 학습 능력을 키워주는 방법이 곧 수업의 질과 효율성에 달려 있다. 이러한 수업의 효율성을 높이기 위해서 수업을 개선하고, 교사의 질을 높이려는 의도에서 조언과 충고가 필요한데, 이것이 협의와 공감의 공동체인 컨설팅이라는 것이다. 이러한 필요성 때문에 수업 컨설팅이 대두한 것이다. 흔히 말하는 좋은 수업이란 오락 프로그램에서 얻을 수 있는 즐거움, 유익함과 공감, 그리고 진정성이 더해지는 수업이다(김성재:49)라는 것을 수업의 효율적인 측면으로 보았을 경우에는 추상적인 개념이 부각되고 있으며, 경제적으로 말하면 교사의 수업효과가 높아야 하고 학생의 입장에서 보면 학습의 효과가 잘 나타나야 한다. 따라서 수업의 효율을 높이고 수업의 질을 향상시키기 위해서는 제도적으로 필요한 방법을 강구하지 않을 수가 없다.

2. 수업을 컨설팅한다는 것은?

수업을 컨설팅한다는 것은 수업이라는 실체가 무엇인지를 파악해야 한다는 것이다. 수업이 성립하려면 필요한 조건이 있어야 한다. 수업은 학습과 달리 혼자서 하는 것이 아니라 누가 누구에게 무엇을 전해주거나 무엇을 이행해주는 행위이므로 여기서 누군가는 곧 교사가 될 것이며, 누구에게는 학생을 말하고 무엇을 매개체가 된다. 수업에 있어서 주도적인 역할을 하는 것은 교사이다. 주도적인 역할을 하는 사람이 가르칠 사람을 잘 이끌어야 배우는 학생의 학습효과가 높게 나타날 것이다. 수업을 잘하도록 조언과 충고, 협의를 통하여 학습의 효율성이 높은 수업기술을 개선해야 한다. 수업기술을 개선해야 할 사람이 교사이므로 컨설팅도 교사를 위주로 하는 것이다. 학생의 학습 성취 수준을 높여주기 위해서는 수업에 활용되는 여러 가지 자료나 활동이 수업 목표에 가장 접근하기 좋은 최적의 효과가 나타나도록 최소 노력으로 최대 효과나 나타나게 하는 경제 원리이다. 여러 가지 교육 자원이나 자료의 활용이라든가 다양한 활동의 전개하는 방법 등은 결국 교사의 가치와 태도, 수업 기술에서 나온다. 그러면 수업의 효율성을 높이고 학습 성취수준을 최고수준에 도달하기 위해서는 결국 교사의 수업기술에 의존하지 않을 수 없다. 그러므로 수업 컨설팅의 대상자는 바로 교사 자신이다.

수업 컨설팅은 과연 누구를 보는 것이냐, 그리고 무엇을 보는 것이냐가 관건이다. 수업 컨설팅의 대상을 수업하는 교사로 볼 것이냐, 학습하는 학생으로 볼 것이냐, 그리고 교사와 학생의 관계를 볼 것이냐가 문제이다. 수업 컨설팅의 주된 목적은 수업의 개선에 있다. 수업의 개선이라 함은 수업의 질을 높이고 학습의 효과가 크게 나타나는 것을 말한다. 무엇을 어떻게 가르치는 교사의 입장에서 보면 수업의 질을 말할 것이고, 무엇을 어떻게 학습하느냐로 보면 학생의 학습효과로 볼 것이다. 따라서 수업의 개선이라고 하였을 때 수업을 담당하는 교사의 인지적 영역, 행동적 영역 등의 바람직한 지도와 조언, 지원을 통하여 수업 기술의 변화를 이루려는 것이다. 바로 학생을 가르침의 결과로 놓으면 결과를 좋게 나타내 주는 사람인 교사를 대상으로 하는 것이 컨설팅이다. 수업의 질은 교사의 능력에 달려있다. 교사의 수업기술을 개발하여 수업능력을 향상시킴으로써 학생의 학습효과를 높이는 데 있다. 수업의 컨설팅을 통해 수업자의 직업의식의 바람직한 변화는 물론 개인의 생활도 함께 긍정적으로 변화되는 것을 바랄 수 있는 것이다.

3. 수업 컨설팅의 실상

교사의 전문성이라 하는 것은 수업의 질로 평가하는 것이다. 교사가 하는 일은 다른 분야의 사람과 달리 학생들에게 필요한 지식을 전달하는 기술이 남다르다는 것이다. 따라서 교사에게 있어서 수업의 개선과 수업의 전문성 신장이 무엇보다도 중요한 것이다. 몇 년 전부터 학교컨설팅을 시작으로 수업 컨설팅이라는 세부적인 갈래로 수업 컨설팅도 전문화하는 추세로 발전하고 있다. 수업 컨설팅의 성공을 위해서 유능한 컨설턴트의 선발과 운용, 컨설팅의 기술과 기법, 수업 개선을 위한 수업모형 개발 등이 급격하게 발전하고 있다. 이러한 일련의 방법적인 발전에 따른 현장의 인식은 아직도 과거의 수업 과학주의 패러다임의 한계를 넘지 못하고 있는 실정이다. 과학주의의 효과성과 효율성을 너무 중요하게 여긴 나머지 수업을 몇 개의 정형화된 규준에 따라 수업의 정도를 평가한다는 데 머무르고 있다. 이것은 몇 가지 계량적인 형식으로 수업을 계획하고, 실행하고 평가하는 교수·학습을 구성하는 교수·학습과정안으로 구체적으로 나타나고 있다. 그러나 이미 정해져 있는 것을 갖고, 정해진 틀에 의해 가르친다는 것은 수업에서 교사의 존재를 존재론적으로 위태롭게 할 가능성이 있다(박상현, 2011:88). 교사가 하는 좋은 수업이 무엇이고 교사의 전문성이 무엇인지 계량적으로 나열하기가 불가능하다는 것이다. 수업 컨설팅은 과거의 수직적 장학의 지도개념에서 탈피하여 교사의 수평적인 관계 속에서 수업 개선의 중점을 두는 실질적인 제도적인 장치로 굳어지고 있다. 수업의 효과는 교사의 가르침 결과가 학생들의 학습 결과로 이어지는 것이다. 아무리 열심히 가르쳐도 학습의 효과가 작으면 교사의 수업에 대한 전문성을 제고해보는 것이다. 수업의 전문성이란 바로 학생의 학습 결과가 얼마나 효율적으로, 효과적으로 나타나는가에 달려있는 것이다. 수업의 전문성을 신장하려는 포부를 갖고 교사는 열심히 수업기술을 연마하고 무엇을 어떻게 가르칠 것인가에 관한 수업계획에 많은 노력을 기울여 수업다운 수업을 하고 싶은 열망이 있다. 이러한 열정에 부응하는 수업 컨설팅활동도 교사의 기대에 부합하도록 심혈을 기울여 전개되어야 한다. 자칫하면 교사의 기대에 미치지 못하는 수업 컨설팅이 이루어진다면 그에 대한 실망과 노력의 손실은 어디서 보상받아야 하는가가 문제이다. 교사가 바라는 수업 컨설팅의 방향을 제대로 인식하지 못하는 전통적인 수업 심미안을 가진 컨설팅, 수업의 형식에 얽매여 수업의 변화 및 발전에 동화되지 못하는 컨설팅, 제도적인 비자율적인 컨설팅 등의 수업 컨설팅의 파열음을 조장하고 있는 것이다. 수업 컨설팅에 대한 긍정적인 효과도 있지만, 부정적으로 작용하고 기대에 부응하지 못하는 소극적인 부분도 있음을 지적한다. 수업 컨설팅을 이행하였다고 해서 자신의 생각대로 실현되지 않은 경우도 있다. 교사의 심리적인 요인이 자신의 이성에 혼란을 조장하는 경우가 종종있다.

4. 유능한 컨설턴트는 이렇게 한다

■ 상대방을 경청한다.

컨설턴트는 의뢰인에게 "무엇이 문제인가요?"라는 발문으로부터 시작한다. 의뢰인은 누구보다도 자신이 가진 문제를 잘 알고 있다. 의뢰인은 문제의 발단이 어디부터 시작이고 어떻게 흘러가고 있는지를 세세하게 이야기한다. 듣는 과정에서 상대방의 마음을 헤아려 주는 암묵적인 의사표현을 하여 주어야 한다.

■ 논쟁은 피한다.

컨설팅에서 피해야 할 것은 논쟁이다. 누구의 의견이 더 좋은지는 객관적인 기준이 없기 때문이다. 문제 해결에 대한 의견의 교환은 중요하지만, 효과 없는 논쟁을 서로의 불쾌감을 자아내기 때문에 그동안의 과정에서 잘 쌓아온 공든 탑이 순식간에 무너진다. 소모적인 논쟁에서 벗어나 이해하고 수긍이 가며 상호 존중하는 의견의 교환이 필요한 것이다. 이럴 때는 컨설팅을 담당하는 컨설턴트의 태도가 중요하다. 논쟁에서 승리하려는 의욕으로 상대의 의견을 무시하거나 자신의 의견을 강요하는 것은 매우 위험한 일이다. 컨설팅은 어디까지나 건설적인 지도·조언을 벗어나서는 안 된다.

▪ 가르치려고 하지 말고 공감을 얻는다.

컨설턴트는 자신의 노하우와 경험을 통하여 의뢰인에게 한 수 지도를 하고 싶어한다. 의욕을 앞세운 초보의 컨설턴트에게서 자주 목격되는 것이다. 그러다 어느 경우에 자신의 컨설팅 방법이 대폭 개선된다. 바로 자신의 주관으로 할 수 없다는 것을 깨닫게 된다. 자신이 알고 있는 노하우와 지식, 많은 경험 등이 모두 의뢰인의 빈자리를 채워주지 못한다는 것을 알게 되면서 의뢰인의 마음을 열고 문제 해결에 동참하기를 바란다. 자신이 지도한다고 해서 의뢰인이 모든 것을 받아들인다는 인식이 없어진다. 문제는 의뢰인의 문제에 대한 공감을 표시하고 의뢰인이 스스로 해결책을 찾는데 도움을 주어야 한다. 공감을 한다는 것 자체가 문제의 절반을 해결한 셈이다. 설령 가르친다 하더라도 의뢰인의 마음속에는 자신이 해결하려는 의지가 있으므로 컨설턴트의 조언에는 조언으로 받아들인다.

▪ 말을 적게 한다.

컨설턴트는 의뢰인에게 "무엇이 문제인가요?"라는 질문에 이미 문제를 잘 인식하고 있는 의뢰인이 문제 원인과 과정을 잘 이야기하도록 돕는다. 문제 해결이란 문제의 원인을 잘 파악하면 그 속에서 현명한 답을 찾을 수 있다. 말을 많이 하는 컨설턴트보다는 말을 적게 하며 의뢰인의 말속에서 적절한 해답을 찾아줌으로써 의뢰인의 올바른 문제인식과 해결 방법을 찾아주는 것이다. 의뢰인이 이야기할 때는 컨설턴트는 단지 공감을 표시하고 간결하고 핵심 있는 말을 하는 것이다.

■ **스스로 문제를 발견하고 해결하도록 한다.**

문제는 의뢰인이 잘 안다. 무엇이 문제인지를 잘 숙지하고 있어서 단지 문제가 발생하는 원인이 무엇인지를 잘 파악하도록 하여 준다. 문제소지는 문제의 발생원인을 우선 분석하여 그 원인으로부터 문제의 관점을 보고 해결의 실마리를 찾아야 한다. 의뢰인의 문제 제기에 대한 문제 해결 방안을 모색하여 의뢰인에게 제공하면 의뢰인은 문제 해결의지를 갖고 실행하는 것이다. 그러나 문제는 문제와 관련 없이 발생하는 경우는 드물다. 외부의 환경에 영향을 받아서 좀처럼 문제 해결의 실마리를 찾지 못하는 경우보다는 내부의 문제의 핵심을 발견하지 못하여 해결하지 못하는 경우가 많다. 그러므로 의뢰인에 제기한 문제를 의뢰인의 스스로 발견하여 문제해결능력을 키워주는 것이 더 효과적이고, 새로운 문제를 경험할 경우에도 문제 해결 능력을 발휘할 수 있다.

5. 수업 컨설팅이 필요한 사람

나 자신이 누구인지, 나는 무엇을 하는 사람인지를 제대로 인식한다는 것은 철학적 인식론에 해당한다. 자신을 잘 관찰하여 내가 몸담고 있는 현실 속에서 나의 위치와 나의 역할을 돌아볼 기회를 가질 필요가 있다. 나는 잘하고 있는지, 잘 가르치고 있는지, 새로움을 추구하고 변화를 두려워하고 있지 않은지, 내가 타인이 되어 거울 속의 나를 볼 수 있는지를 곰곰이 생각해보면 나 자신이 자랑스러울 때가 있는가 하면, 부끄러울 때가 있다. 나 자신이 자랑스러울 때나 부끄러움을 느낄 때는 내가 무엇을 하고 있으며, 그 가치는 어느 정도라는 것을 인식하고 있는 것이다. 내가 본 나 자신과 타인의 눈으로 본 나는 분명 차이가 있을 수 있다. 스스로 나 자신을 변혁할 수 있는 신념과 용기, 실천적 행동이 필요하지만, 타인의 눈으로 판단으로 변화가 필요한 사람이 있다. 이러한 것은 우리가 전문인이라고 하는 좁은 틀 안에서 그것도 가장 작은 단위인 수업의 개선이라는 측면에서만 바라보자는 것이다. 수업의 질 향상을 위해 자발적인 자기연수, 컨설팅 의뢰와 비자발적인 컨설팅 의뢰 등 수업 컨설팅이 필요한 대상자는 모두가 대상이 될 수 있다. 컨설팅을 자신의 긍정적인 발전으로 인식한다면 최고 관리 경영자, 부장교사, 컨설턴트, 행정가, 교사 등 총체적으로 망라할 수 있으나, 컨설팅 관리의 효율화와 효과성을 높이기 위해서 컨설팅을 필요로 하는 사람을 표본으로 할 수 있다. 컨설팅이 필요한 교사는 수업의 개선을 위해 자기 스스로 원하는 경우가 많으며, 때로는 비자발적으로 하는 경우가 있다. 수업의 개선 의지가 있어 컨설팅을 원하는 교사가 진정으로 컨설팅이 필요한 교사이며 권유에 의해 컨설팅이 필요한 교사, 일반적으로 정기적인 수업개선으로 생각하는 교사 등 모두가 대상이 될 수 있다.

수업 컨설팅을 필요로 하는 교사	
변화에 도전하는 교사	변화를 두려워하는 교사
√ 연구하고 싶은 교사	√ 경험에만 의존하는 교사
√ 자신을 성찰하는 교사	√ 전문서적을 읽지 않는 교사
√ 교재를 미리 연구하는 교사	√ 쇼핑몰에 관심이 많은 교사
√ 새로운 자료를 제공하는 교사	√ 수업능력이 떨어지는 교사
√ 수업을 개선해보고 싶은 교사	√ 가르치는 시간이 늘 힘든 교사
√ 자발적으로 컨설팅을 원하는 교사	√ 자기 스스로 최고로 여기는 교사
√ 아이들에게 무엇인가 해주고 싶은 교사	√ 주변에서 필요하다고 권하는 교사
√ 수업 방법에 대하여 자주 질문하는 교사	√ 교수방법에 전혀 관심이 없는 교사
√ 가르치는 방법에 대하여 고민을 많이 하는 교사	√ 자료 제작 및 제공에 관심이 없는 교사
√ 전문서적을 탐독하며 내용을 실천하는 교사	√ 관리자의 추천으로 컨설팅이 필요한 교사
√ 문제의 핵심을 인식하고 해결하고자 노력하는 교사	√ 구태의연한 방법으로 일관하고 있는 교사
	√ 변화를 모르고 평생 하나의 방법만을 고집하는 교사

6. 수업 컨설턴트의 언어 표현력

피드백에서 컨설턴트가 특히 유념해서 설명해야 부분과 피해야 부분이 있다. 컨설팅은 양방이 기대하는 수준이 있으며, 의뢰인은 컨설턴트에게서 기대하는 바가 크기 때문에 설렘, 걱정스러움이 교차하는 순간이다. 자신의 수업을 바로 성찰할 수 있으며, 자신의 잘못을 크게 생각하는 경향이 있다. 따라서 자신의 결점이 부각되고 어떤 점이 자기 스스로 찾아내지 못하는 경우가 많다. 그러나 수업을 진행하기 마음이 바쁨에도, 자신의 한 발문이나 수업기술 혹은 방법을 대부분 기억하고 있다. 수업을 끝난 후에도 컨설턴트와 컨설팅을 하는 모든 문제가 도출되어 바람직한 방향으로 협의될 때 컨설턴트가 사용하는 표현은 설득력이 있기에 대단히 중요하다. 의뢰인의 마음을 공감시켜 움직여야 하므로 마음에 와 닿는 명철한 생각과 표현의 정리를 잘하여야 한다. 컨설팅할 때 말하는 사람과 듣는 사람이 다 듣기 좋은 음성을 갖고 있으면 컨설팅에 더 호감이 간다. 컨설턴트는 명료하고 바른 언어를 사용하면서 초점을 정확히 잡고 의뢰인이 공감할 수 있고 지루해하지 않도록 간결하고 정확한 언어로 표현한다. 의뢰인이 생각하기에 어눌하고 복잡한 언어로 표현하면 컨설팅의 효과는 그만큼 반감된다. 피드백을 말로 표현하는 목적은 발견한 것을 평가하는 게 아니라 '묘사(홍성완·LG CNS, 2010:316)'하는 것이 된다. 피드백을 충고나 조언처럼 하면 오히려 반감이나 저항이 크게 나타난다. 그러므로 피드백은 묘사하듯, 이야기하는 식으로 해야 한다. 다음은 컨설턴트가 컨설팅할 때 사용하면 좋은 표현과 피해야 할 표현을 정리해보면 다음과 같다.

권장하는 표현	피해야 할 표현
• 짧고 간결한 표현	• 모호한 표현
• 유머가 담긴 표현	• 어눌한 표현
• 발음이 정확한 표현	• 장황한 표현
• 공감할 수 있는 표현	• 포괄적인 표현
• 인과관계가 맞는 표현	• 비판하는 표현
• 자세하고 논리적인 표현	• 끝나지 않는 표현
• 알기 쉽게 설명하는 표현	• 군더더기가 많은 표현
• 정확한 포인트를 맞춘 표현	• 장시간을 사용하는 표현
• 새로움을 자아낼 수 있는 표현	• 반복되어서 사용하는 표현
• 전문용어를 쉽게 사용하는 표현	• 누구나 할 수 있는 평범한 표현

컨설턴트와 의뢰인은 서로 같은 직종의 교사로 가르치는 일을 하고 있는 사람이다. 서로의 생각이 다를 수 있지만 늘상 하는 일은 가르치고, 유사한 업무를 처리하고 있다. 단지, 교수방법과 가르침의 노하우와 경험이 다양하다는 것이다. 이러한 현상을 고려해 본다면 컨설턴트로서 의뢰인에게 조언하고, 비평하는 표현에 대해서도 깊이 생각해보아야 할 문제이다. 컨설턴트는 의뢰인의 문제를 잘 이해하여 그에 필요한 언어로 간결하고 논리에 맞는 표현을 할 수 있도록 언어와 생각을 잘 정리할 수 있어야 한다. 상대방의 입장에서 볼 때 어눌하고 모호하며 장황하게 나열한다거나, 주제를 잘 잡지 못하고 불필요한 언어를 장시간 사용한다면 컨설팅의 효과는 긍정적으로 나타나지 않는다. 문제의 정확성을 잘 이해하여 짧고 간결한 조언과 지도가 공감할 수 있는 표현으로 나타내야 한다.

7. 수업 컨설팅의 이미지 변화

■ 긍정적 이미지 제고

컨설팅은 기업에서는 유용하고 자발적으로 받는다. 기업의 이익이 우선이기 때문이다. 그리고 이것을 기업의 생사가 달려 사원의 존재 여부를 결정하기 때문에 컨설팅이 절실하다. 그러나 교직의 컨설팅 이미지는 우선 부정적인 면이 크게 작용을 한다. 학교의 컨설팅이든 수업의 컨설팅이든, 어느 것도 좋은 이미지와 자발성의 원리가 적합한 경우가 드물다. 컨설팅의 원리 중의 하나인 자발성의 원리는 찾아보기 어려울 정도이다. 학교의 컨설팅을 생각하면 우선 평가에서 낙오되었거나, 하위평가를 받았을 경우에 학교 컨설팅을 받는다. 이러한 이미지가 부정적으로 작용한다. 컨설팅을 받는다는 것을 창피하거나 모욕적인 감정까지 대두하기 때문이다. 평가에서도 잘 받았어도 보완할 것이 있거나 앞으로도 계속 발전할 수 있는 새로운 것을 추구하거나, 현재의 장점을 유지할 수 있는 방법 등을 찾아주는 긍정적인 컨설팅이 필요한데도 일단 평가에서 우위를 점하거나 좋은 평가를 받았을 경우에 컨설팅에서 제외된다. 수업 컨설팅의 경우도 별다름이 없다. 교사는 우선 독특한 사고구조를 갖고 있기에 내가 무엇을 잘하고 있는지 못하고 있는지는 본인이 판단한다. 수업 컨설팅까지 가야 한다고 생각하지 않는다. 컨설팅이라는 개념을 발전적인 사고의 틀로 작용하기보다는 자신의 컨설팅을 받아야만 하는 당위성이나 필요성에 대하여 그렇게 절실하게 와 닿지 않기 때문이다. 교직의 문화가 승진의 개념 일변도에서 교사의 대우는 수업에서 나온다는 인식이 점차 높아지는 추세로서 컨설팅 이미지의 인식이 나아지고 있다.

■ 컨설턴트의 이미지

컨설턴트는 의뢰인에게 여러 가지 교육적 시사점을 제공한다. 논리 정연하게 올바른 방향으로 이끌며 적합한 정보를 제공하고, 자신의 포괄적 지식과 경험을 동원하여 문제의 해결책을 제시한다. 내면적으로 잘 준비되고 통합적 사고 능력을 구비해야 훌륭한 컨설턴트로 좋은 인상을 받는다. 이미지란 내면적인 세계만 있는 것이 아니라 외적인 조건도 내면의 세계와 어울려야 한다. 남이 보기에도 좋은 것이 자신이 봐도 좋은 것이다. 상대방을 대하는 데 부담이 없고 편안한 외모를 가지고 있어야 한다. 남에게 즐거움을 주고 함께 있고 싶은 밝은 표정은 돈으로도 주고 살 수 없다. 컨설턴트는 성격이 밝고 따스한 인품을 갖고 있어야 한다. 성격이 밝은 사람, 생각이 항상 긍정적인 사람은 지옥마저도 천국으로 바꾸는 힘을 가지고 있다. 당신은 자신이 생각하는 사람이 반드시 될 수 있다!(장세진 역, 2011:25)라는 신념을 갖도록 해주는 강한 이미지도 필요하다. 왜냐하면, 컨설턴트란 상대방이 가진 문제의 핵심을 바르게 인지하고, 그에 대한 현명한 조언과 의견을 제공하며 해결책을 찾아주는 것이기 때문이다.

■ 비자발적 의뢰인의 부정적 인식

수업 컨설팅활동에서 자발성의 원리인 수업 컨설팅과는 거리가 먼 경우가 있다. 제도적으로 수업 컨설팅에 익숙하지 않은 교사와 본인 스스로 컨설팅을 받을 만한 상황이 아니라는 판단으로 컨설팅을 받는다는 것을 부정적으로 여긴다.

어느 수업 컨설팅을 나가기 전의 일이었다. 의뢰인으로부터 수업에 대한 정보나 수업지도안의 사전협의 등의 계획이 컨설턴트에게 전달되지 않아 조심스럽게 의뢰인에게 먼저 다가갔다.

컨설턴트: 선생님께서 혹시 수업 컨설팅 계획을 알고 계신 건가요?

의뢰인: 알고 있는데…. 왜 제가 컨설팅을 받아야 하는지 모르겠습니다. 제가 의뢰도 하지 않았는데 연구부장이 하라고 해서요.

컨설턴트: 아! 선생님이 수업에 대하여 무슨 문제가 있기보다는 더 좋은 분으로 키워주고 싶었나 봐요.

의뢰인: 별로 기분이 좋지는 않아요. 하여튼 지도안을 보내드리겠습니다.

컨설턴트: 보내주시면 정성껏 보아 드리겠습니다. 수업에 많은 도움이 되도록 노력하겠습니다.

수업 컨설팅의 개념을 잘못 인식하고 있으며 컨설팅 자체를 자신의 낙오된 모습으로 간주하고 있다. 이렇게 컨설팅을 부정적으로 인식하고 자신의 발전에 대한 긍정적인 자세로 변화시킬 수 있는 현실과는 거리가 멀다. 왜 내가 수업 컨설팅을 받아야만 하는가, 왜 내가 지목받았는가? 자신의 내부적인 요인보다는 외부적인 제도의 문제점을 드러낸다. 그래서 컨설팅에 대한 부정적인 인식을 갖고 있는 사람에게는 부정적인 인식을 긍정적인 인식으로의 변화할 수 있는 방안을 모색해야 한다. 부정적 인식을 가진 사람이 부정적 인식을 하게 된 원인은 무엇인가? 바라는 것은 정말 무엇인가? 어떻게 해야 그 사람을 만족시킬 수 있는가 등을 면밀히 분석해야 한다.

■ 인식의 전환

부정적 인식을 하게 된 배경에는 일상 속에서 자신의 잘못된 습관에서 나온다는 것을 알 수 있다. 일상의 습관이 우리의 사고를 지배한다. 일 년 동안 좁은 공간에서 교사는 학생들 앞에서 거의 군림하게 된다. 자신의 모니터 역할을 해줄 수 있는 사람과 적절하게 멘토로서의 역할을 해줄 수 있는 분위기가 조성되어 있지 않다. 내가 무엇이 부족한지, 어디를 좀 더 보완해야 하는지, 다른 수업 개선의 방법은 없는지, 등의 나의 내부적인 원인을 발견하기란 쉽지 않다. 끊임없는 자기 발전의 노력을 통하지 않고서는 나의 변화를 기대할 수 없게 된다. 타산지석의 속담처럼 다른 사람의 수업을 통하여 나의 수업을 개선하고 나의 전문성은 무엇을 기준으로 판단할 것인가를 컨설팅 활동을 통해서 인식을 변화시켜주어야 한다.

교사의 공개수업을 전혀 인식하지 않고 자신의 평소의 수업방식을 그대로 보여주고 있었다. 같은 학년 교사에게 저 분은 원래 수업을 저렇게 하느냐고 물었다. 원래 스타일이라고 한다. 주머니 손을 넣고 주로 설명식과 문제 풀이 식으로 일관하고 있었다. 수업을 관찰하고 나서 컨설팅을 하였다.

컨설턴트: 고생하셨습니다. 수업을 잘해주셨어요.

의뢰인: 아니 제가 알고 있는 방법이 없어서요. 그리고 학생들의 수리 능력과 학습시간이 너무 부족하여 이렇게 하지 않으면 아무것도 못 해요.

컨설턴트: 맞아요. 학생의 실태를 너무 잘 알고 계셔요. 제가 봐도 환경이 매우 열악하군요.

의뢰인: 준비물, 과제물 준비를 기대할 수 없어요.

컨설턴트: 학습활동에서 순회하시면서 학생들의 일대일 지도까지 하시던데요. 그리고 학생들이 도움 요청으로 손을 여기저기에서 들던데요.

의뢰인: 저도 정신이 없네요.

컨설턴트: 일일이 문제 푸는 과정을 설명하셨는데 그보다는 학생들의 자발적 활동으로 아이디어를 얻고 문제를 해결해 보는 능력을 키워주도록 다양한 의견을 받아 보는 것은 어떨까요?

의뢰인: 문제 풀 시간이 부족하고 진도는 나가야겠고 한데….

컨설턴트: 그럼 다음 시간부터 지금 협의한 방법으로 해보시는 것을 어떨까요? 여러 가지 방법으로 문제 해결 방법을

찾아보는 창의적인 학습방법을 제시해보는 활동으로 진
행해 봅시다.

본인의 수업이 지금까지 가장 좋은 방법으로 알고 있었으며, 다른
방법에 대하여는 생각해보지 못해본 것을 간단한 컨설팅을 통하여 교
수방법에 대한 두려움을 없애고, 구태의연한 방식을 탈피할 수 있는
계기가 되었다.

이 경우 컨설턴트로서의 성공 여부는 부정적 인식의 전환과 의뢰인
의 긍정적 교감을 형성하는 것이다. 의뢰인은 자신의 노력이 인정받고
있다는 것을 인식하고 있는 동시에 새로운 방법을 사고하는 것에도
도전의식을 갖게 해주는 것이다. 의뢰인의 아이디어를 재구성하거나
약간의 변화를 두어도 효과가 있을 수 있다는 확실을 주는 것이 중요
하다.

수업 컨설팅에서 발생하는 부정적인 저항의 원인을 인지적, 정의적
행동적인 측면으로 나누어 본다. 우선 인지적인 면(나는 수업기술이
좋은데, 이론도 많이 아는데, 학생들의 성적도 좋은데 등), 정의적인면
(컨설팅에 관한 부정적 태도와 거부, 나는 잘하고 있는데, 타인의 시선
에 창피함, 자신감 부족, 해본 경험에 대한 부정적 이미지, 컨설팅이야
기만 나오면 화내기, 고개를 절래절래 흔들기 등), 행동적인면(컨설팅하
는 날에 결근 또는 병가내기, 무성의한 수업하기 등)의 이러저러한 이유

로 컨설팅을 회피하는 경우가 존재한다. 이렇게 컨설팅의 저항을 어떻게 다루는가가 과제이다. 수업 컨설팅에서 발생하는 저항의 종류와 원인의 이유에는 학교 현장에서 부정적인 경험을 겪었거나, 컨설팅에 대한 자신감의 부족과 심리적인 요인에서 많이 나타난다.

위와 같은 부정적인 저항의 경험적, 심리적인 요인을 치료하는 방법으로는 역시 심리적인 치료로 의뢰인의 자신감이 생기도록 마음과 사고의 긍정적으로 돕기, 격려하기, 인정하기 등을 통하여 단순한 이해의 차원을 넘어 적극적으로 문제를 해결해야 한다. 부정적인 수업컨설팅에서 긍정적인 인식의 변화를 모색하기 위해서 의뢰인에게 수업계획을 수립할 수 있도록 용기를 북돋아 주며 도와 주기, 상대방의 입장을 고려해보기, 인간관계 고려하기, 세세하게 가르치기, 새로운 도전에 대한 자신감 심어주기, 시간을 갖고 믿어주기 등이 있다.

컨설턴트는 저항의 요인과 원인을 누구보다도 잘 인식하고 있어야 한다. 자신의 입장과 눈높이로 생각하여서는 안 된다. 의뢰인의 입장에서 어떠한 느낌과 불안감이 형성되는가를 생각해 보아야 한다. 의뢰인을 촉진하고, 상대편의 입장에서 생각하고 인정하기 등의 여러 가지 노력으로 컨설팅의 저항요인을 극복할 수 있는 것도 컨설턴트들이 가져야 할 능력 중의 하나이다. 저항의 원인을 잘 알고 있으면 저항을 어떻게 다루어야 하는지 컨설턴트도 자신의 마음을 다스릴 줄 알아야 한다. 저항의 요인에 따른 컨설턴트와의 가벼운 대화에서 저항의 요소를 극복한 사례를 보자.

"제 수업에 들어온다고 하시니 너무 신경이 쓰여요. 동료장학인데 안오셔도 되요."

저도 선생님만할 때 죽을 맛이었어요. 처음에는 불안하고 자신이 참 부끄러웠습니다. 그러나 저도 저의 모습이 궁금했고 다른 교사는 저를 어떻게 볼까에도 사실은 궁금해서 용기를 냈어요. 그리고 수업 협의하기 전까지 창피함이 온몸을 지배하는 것이었어요. 그런데 동료 교사 모두 다 그런 경험을 겪었고, 그리 부끄러운 일만은 아니었어요. 발전적인 의미로 바라보는 것이 얼마나 상쾌하였는지를…. 이렇게 하면서 배워가는 겁니다.

"그래도 자신감이 없어요. 잘하든 못하든 그냥 하겠습니다."

아무 걱정하지 말아요. 좀 긴장되겠지만 내가 내 수업을 성찰하는 기분으로 가볍게 여기세요.

(동료교사: 허 ○○)

■ 양·질적 수업 컨설팅의 패러다임이 공존해야

수업을 하나의 틀로서 규정하고 수업의 질을 평가하는 경우가 지배적이다. 수업의 과정과 평가를 이성적 도구주의를 엄격히 적용한 과학적 패러다임이 정형화되고 있다. 수업의 진행과정을 수업의 목표설정부터 시작하여 동기부여는 무슨 자료로 어떻게 사용하며, 학습활동은 어떤 순서대로 할 것인지, 그리고 마무리는 어떻게 해야 좋은지를 일관성이 있게 체계적으로 해 왔다. 이러한 패러다임은 수업의 효과성과 효율성을 기본적인 전제로 하여 과학적인 방법으로 판단하고 점검하여 수업에서 나타나는 여러 현상을 조목조목 정형화, 계량화를 하였다. 이러한 과학주의 패러다임은 곧 구조주의를 낳게 하였다. 수업의 제반 현상은 하나의 정형화되고, 평가는 계량화되어가는 수업의 전형적인 구조를 만들었다. 수업을 하나의 틀로서 규격화하여 구조에 어울리지 않으면 좋은 수업안에서 멀리하는 관행이 남아있다. 수업은 수업자의 철학이 담긴 일종의 수업운영계획으로서 탄력적으로 운영되어야한다. 수업을 바라보는 시선의 변화가 일어나야 한다. 수업을 양적인관계 질적인관계로 변화되어야 하지만 어느 일방적이 되기보다는 조합을 잘 이루어 활용할 수 있어야 한다. 컨설팅의 방향도 경험이 적은 임상교사와 수업능력이 낮은 교사에게 컨설팅의 내용도 달라져야 한다. 이러한 교사들에게는 무엇보다도 수업을 잘할 수 있는 수업 설계부터 수업의 기술습득에 이르기까지의 기본적인 능력의 신장에 중점을 두어야 하는 양적 접근 방법이 필요하며, 경력이 풍부하거나 수업 개선을 원하는 교사에게는 기본적인 컨설팅의 방향을 벗어나 자신의 수업을 성찰해가며 비평할 수 있는 배움[14]의 공동체 형성 및 실천적 학습효과를 높이는 질적 접근 방법에 주안점을 두어야 한다. 때로는 현장의 수업은 마치 수업대회를 나가고 평가하는 것 같은 상황을 방불케 한다. 정형화되고, 정해진 패러다임 속에서 교사는 교육자

---

14 사토마나부의 배움이란 교육내용인 대상세계(사물)와의 만남과 대화이며, 그 과정에서 수행되는 다른 아이들의 인식이나 교사의 인식과의 만남과 대화이며, 새로운 자기 자신과의 만남과 대화이다. 배움은 세계 만들기(자기 인식적 실천)와 친구 만들기(대인적 실천)와 자기 만들기(자기 내적 실천)의 세 가지 대화적 실천에 의해 수행되는 것이다. 저자는 이 세 가지 대화적 실천으로 수행되는 배움의 성격을 배움의 삼위일체라고 부르고 있다(사토마나부, 2011:147).

로서의 정체성을 잃기도 하고 교사로서의 존재를 상실하게 된다. 이러한 제도적 정신적 혼란을 겪는 교사에게 필요한 처방이 곧 수업 컨설팅이며, 이는 곧 좋은 수업이 무엇인지를 인식하게 되고 교사의 전문성 신장에도 도움이 되고 있다. 교사 스스로의 자율성에 입각하여 자신의 문제점을 찾고, 찾아줌으로써 문제 해결과 수업의 전문성 신장에 책임을 다하는 수업 컨설팅으로 양적·질적 접근 방법을 적용해야 한다.

8. 교내·외 수업 컨설팅의 의뢰 비교

교내에서 실시하는 컨설팅의 분위기와 외부에서 초빙하는 컨설팅을 대하는 분위기 서로 다르다. 컨설팅을 맞이하는 교사에게는 수업 준비도, 수업의 가치, 준비 긴장감, 외부의 컨설턴트의 낯섦 등 극복할 잠재적인 요인이 많다. 교내에서 실시하는 컨설팅과 외부의 컨설턴트를 초빙하였을 경우를 비교하여 보자.

교내의 수업 컨설팅과 교외 초빙의 수업 컨설팅

	교내 컨설팅 (컨설턴트와 의뢰인의 관계)	교외 초빙 컨설팅 (외부 컨설턴트와 의뢰인의 관계)
분위기	• 교내에서의 컨설팅은 상호 인식을 잘하고 있어서 자연스러운 분위기를 연출할 수 있다. • 복장과 형식에 구애받지 않는다. • 대화의 형식이 부드럽다.	• 어느 컨설턴트가 오는지 궁금하다. • 긴장감이 돌고 분위기가 딱딱하여 긴장을 완화하는 데 시간이 필요하며 분위기가 풀릴 때쯤이면 마무리할 때가 된다.
대화	• 대화의 형식보다는 실질적인 문제 접근이 용이하다. • 학습의 문제 외에도 다양한 주제의 의사소통이 가능하다. • 자신의 수업문제에 대하여 깊고 투명하게 접할 수 있다.	• 상대방의 표현을 긴장하면서 듣거나 말을 한다. • 대화가 조심스럽고 공감에 대한 표현을 자유롭지 못하다. • 자칫하면 논쟁의 발단이 않도록 조심하여 대화의 폭이 좁아질 수 있다. • 의뢰인에게는 항상 지도·조언으로 마무리하는 경우가 많아 부담스럽다.
준비도	• 사전연락 외의 준비는 하지 않아 부담이 없다. • 마음의 준비도와 자료의 준비과정이 용이하다. • 타인의 도움이 별 필요 없으며 단독으로 대면할 수 있다.	• 외부의 컨설턴트 초빙에 준비할 것이 많다.─ 공문을 만들고 장소, 시간, 환경의 계획을 세워야 한다. • 단독으로 하는 경우가 극히 적으며 주변의 도움을 받는 경우가 많다. • 마음의 준비가 바빠지며 긴장하게 된다.
불안요소	• 수업에 대한 불안요소가 반감되어 부담이 덜하다. • 보여주는 수업에 대하여 오히려 수업의 개선에 도움이 된다.	• 준비한 것에 대비해 수업의 개선 효과 결과에 대하여 불안한 감이 든다. • 보여주는 수업에 대하여 긴장을 많이 하고 결과에 대하여 만족스럽지 못한 경우가 많다.

위의 내·외부의 컨설팅의 여러 가지 면을 컨설턴트와 의뢰인의 관계로 분석해 보았듯이 그 차이가 확연히 나타난다. 서로 잘 아는 관계로 인식한 교내에서는 분위기부터 불안요소에 이르기까지 의뢰인이 느끼는 감정은 따스하고 부드럽고 부담이 덜 가는 것으로 나타나지만, 외부에서 초빙해오는 컨설턴트와 의뢰인의 관계는 매우 형식적이고 부담이 많이 가면서 수업 개선의 결과에 그리 만족하지 못하고 있다. 이 만족은 컨설팅에 대한 만족보다는 교사 본인의 준비도와 보여주고 싶어하는 욕망의 요소에 만족하지 않는다는 것이다. 수업 개선의 컨설팅은 자신이 잘 알고 있는 컨설턴트에게 부담 없고 긴장감이 덜한 컨설턴트에게서 지도 조언을 받는 방식을 선호하고 있는 마음이 작용하고 있다.

1. 수업 개선의 문화를 만들어라

■ 가르치는 수업분위기를 조성시켜라

학교마다 교육문화가 다르다. 어느 학교는 연구과 수업 개선에 많은 노력을 기울여 교사마다 가르치는 문화가 자리매김하고 있는가 하면, 어느 학교는 안정적인 추세로 가르치는 열의보다는 생활의 안정화로 정착되어 있는 경우가 있다. 연구학교, 실습학교로서 선정된 학교에서는 수업의 열기가 대단하여 누구나 잘 가르치려는 욕구가 강하여 컨설팅의 활동이 활성화되어 있어 자발적인 컨설팅 문화가 정착되어 있다. 그러나 그렇지 않은 경우에 침체된 문화가 배태된 환경에서는 컨설팅 활동이 제대로 작동하기에 어려운 점이 상존해 있다. 교사들이 가장 많이 하는 말은 '시간이 없어서', '일이 너무 많아서'라는 답변이다. 다음 시간에 무엇을 가르칠 것인지 연구할 시간이 없는 것은 맡은 일을 처리하는 데 많은 힘을 쏟아 넣어 힘이 빠진다는 것이다. 일부 업무는 폭주하여 연구할 시간을 빼앗아 가는 경우가 허다하다. 이런 점을 감안해보면 학교행정의 간소화를 생각하지 않을 수 없다. 모든 일이 다 중요하다고 하는 학교경영에 문제가 있다. 일의 전후 관계, 효율성, 간소화가 이루어져야 하고 있는 일을 줄여 연구 시간에 투자해야 한다. 업무의 비효율화가 교사의 자기 발전을 발목 잡아 수업 개선에 부정적 영향을 끼친다면 막대한 교육 산출 효율성이 떨어질 수

밖에 없다.

교사는 가르치는 일이 주 업무이다. 업무가 주 업무로 전환되어서는 안 된다. 교사가 학교에 오는 발걸음이 가볍고 밝은 모습으로 오고 싶은 학교를 만들어야 한다. 여기에는 업무의 효율성 외에 학교의 관리자, 동료 관계, 학부모 관계 등도 고려해야 할 사항이다. 우선 학교의 관리자는 교사의 어려운 점을 잘 인식하고 교사와의 관계를 가족 같은 분위기로 만들어야 한다. 일례로 GM 자동차회사가 성과주의로 일관한 결과로 회사의 경쟁력이 떨어지면서 새로운 회장으로 부임한 아이아코카는 모든 사원을 가족처럼 대하고 가족 사항도 일일이 챙기는 세심한 배려로 회사원들에게 감동을 주어 쓰러져가는 회사를 회생시킨 주요인은 가족주의(Iaccoca, 1986:36)의 정신에 있었다. 학교의 분위기는 교사가 만드는 것이 아니라 관리자의 마인드와 생각에 따라 만들어지는 것이다. 교육을 사랑하고 교사를 아끼고 존경하는 것이 교사로부터 존경을 받는 것이고 이러한 환경이 조성되는 분위기에서는 자연스럽게 학교에 오고 싶은 마음이 형성되어 잘 가르치고 싶은 마음이 조성되는 것이다. 잘 가르치고 싶은 욕망이 곧 자기 수업의 개선 의지로 발전하여 부족하다 싶으면 바로 누구라 할 것 없이 자발적으로 수업 컨설팅은 물론 동료교사, 경험이 있는 교사들에게 조언을 구하지 않을 수가 없다. 학교가 따뜻하고 정감 어린 분위기로 교사를 품어주고 감싸주는 환경에서는 교사들도 자발적으로 움직이고 수업에 임하는 태도 또한 적극적으로 변화하고 있다. 수업의 기술에만 의존하지 말고 때로는 감성적인 요소에 감동을 주어 교사들 교학상장하면서 본받을 만한 수업 기술의 개선 의지를 북돋아 주어야 한다. 관리자는 교사들에게 연구하는 분위기를 조성하고, 수업 개선에 노력할 수 있도록 여러 가지의 보이지 않는 심리적 지원을 아낌없이 배려하는 모습을 보일 때 교사는 더욱 많은 수업 개선의 욕구가 생긴다.

■ 인센티브를 제대로 주어라

컨설팅의 원리 중 자발성의 원리가 있다. 이 원리대로라면 컨설팅의 기회는 누구에게나 있지만, 누구에게 열려있는 만큼 누구도 스스로 찾아오지 않는다는 것이 역설적이다. 컨설팅의 원리대로 컨설팅이 작동된다면 매우 자연스럽고 바람직한 방향으로 발전하는 컨설팅이 되겠다. 그러나 이미 설명한 바와 같이 현실의 교직문화는 그리 호의적이고 개방적이지 않다. 자발적으로 찾아오는 컨설팅이 아니라 컨설턴트가 찾아가는 컨설팅을 하는 것이다. 즉, 컨설턴트의 교육적 기부 행위의 성격이 매우 강하다. 이러한 방법이 오히려 더 적극적이고 컨설팅을 활성화할 수 있는 장을 마련하는 것이다. 교육기관(교육청 혹은 학교기관 등)이 필요한 분야의 컨설턴트를 선발하여 모든 교사에게 공지하여 컨설팅을 자발적으로 받을 기회를 마련하거나 의뢰인을 통해 의뢰를 받는 방법을 병행해가고 있다. 우리나라는 교직 연한이 같은 교사는 동일한 보수를 받는다. 우수한 실적을 올린 교사에게 따로 제공되는 인센티브는 별도로 주어지지 않는다. 일부 교육청에서는 교직에 인센티브를 주는 유일한 것은 승진에 필요한 가산점과 전보 발령 시 전보가산점을 부여해주고 있다. 이것은 컨설팅에서 컨설턴트와 의뢰인에게 근무 가산점을 부여해 컨설팅을 활성화시키는 방안의 하나이다. 잘하는 교사에게 고작 승진점수를 부여하고 있지만, 이것도 좋은 반응을 얻고 있지 못하다. 수업을 잘하는 교사가 근무할 시 해당 학교와 지역사회가 긍지를 갖고 학부모에게 존경을 받는 처우개선이 필요하다. 그리고 자발적으로 컨설팅을 받는 교사는 좋은 평가를 받을 수 있도록 제도적으로 보완해주는 방법도 긍정적으로 검토해 볼 만하다. 성공적인 수업 개선을 한 교사에게는 학교 신문과 지역신문의 소식지에 게재하여 자긍심을 갖도록 하여 존경받는 문화가 되어야 한다. 수업 개선에 노력하는 교사에게 희망을 가질 수 있는 인센티브가 있어야 컨설팅 활동에 적극 참여할 수 있는 자극제가 될 수 있다. 무엇보다도 교직 사회에는 학교 행정업무를 잘하는 교사보다는 수업을 잘하는 교사가 우대받는 풍토를 조성해야 한다. 컨설팅을 받을 시간적 여유와 정신적 준비가 되어 있지 않은 상황에서는 제대로 된 수업 컨설팅 활동을 할 수 없다. 너무 바빠서요, 정신적 여유가 없어요, 받고 싶은데 절차가 복잡해요, 컨설팅 준비에 많은 부담이 되요 등등이 현실적 회피수단으로 정당화되고 있다. 이러한 어려운 현실적 상황을 컨설턴트도 모를 리 없다. 의뢰인의 어려운 점이 있는 만큼의 컨설턴트에게도 많은 심리적 어려움을 극복해야 할 것이 있다. 컨설팅 자체도 쉽지 않은 상황에서 의뢰인의 심리적 상황을 고려하여 컨설팅한다는 것도 이중의 해결책을 안고 가는 것이므로 컨설턴트들에게도 적극적으로 활동할 수 있는 지원이 필요하다는 것이다.

2. 컨설팅에 대하여 긍정적인 태도를 가진다

현장에서 컨설팅을 실시한다는 것은 대체로 부정적인 이미지와 인식을 갖고 있다. 수업에 관한 컨설팅의 경우에는 더욱 저항감이 심하다. 수업에 관하여 직접 충고를 듣는다는 것을 자신의 영역을 침범하는 것으로, 또는 인격을 존중받지 못하다는 것으로 인식하고 있으므로 조언이라도 진언하기가 어렵다. 누구나 잘하고 싶어하는 것이 수업이라면 누구나 발전하고 싶은 마음은 간절하다. 컨설팅의 의미가 현재 잘하고 있는 나를 개선하고 발전하려는 간절한 소망으로 이어질 수 있도록 자신은 물론 주변의 인식도 개선되어야 한다. 문제는 수업을 공개하는 것을 매우 좋아하지 않는다는 것이다. 공개할 경우에는 자신의 영역이 자유롭지 못하고 타인의 시선으로 수업에 임하기 때문에 그만큼 부담을 느끼는 것이다. 수업의 의지가 강하고 활동적이며, 자신의 수업개선을 위해 컨설팅이 필요하다는 인식의 전환이 중요하다. 컨설팅을 너무 크게, 깊게 생각한 나머지 모든 수업의 절차를 고려하다 보면 부담이 큰 것이다. 컨설팅의 영역을 좁혀서 작은 것에서 시작해보는 것도 좋다. 경력이 있는 교사, 친절한 교사, 친구교사, 좋아하는 교사 등에게서 수업 중 문제가 있는 것을 문의하는 그 자체도 좋은 컨설팅의 활동이다. 예를 들면, "우리 반 아이들은 수업시간이면 발표를 잘 하지 않아요."라는 문제를 다른 교사에게 문의하는 것도 문제 해결에 도움이 되는 좋은 컨설팅의 예이다. 이럴 때 구체적인 사례와 전문적인 식견이 뒷받침된다면 더욱 효과가 있다. 이것이 컨설팅의 시작이며, 이러한 것이 발전하여 전체적인 수업의 개선을 이루어지는 것이다.

[제4장 수업 컨설팅의 윤리]

컨설턴트가 해야 할 일도 있지만 해서는 안 되는 일도 있다. 컨설팅은 잘해야 되겠지만, 컨설팅에서 일어난 내용을 책임감 없이 발설하는 것도 자제해야 한다. 상대방과 컨설팅한 방법도 일대일 면담으로 하는 방식과 그룹으로 하는 방식이 있다. 상호 협의한 내용은 개인적으로 할 수 있는 내용이 있는 것 또는 공식적으로 이야기할 수 있는 것이 있어 어느 것도 컨설팅활동을 한 장소를 벗어나 공개할 필요는 없다. 컨설턴트가 지켜야 할 윤리적인 책임도 있다.

1. 컨설턴트의 개인 윤리

■ 컨설턴트는 비밀을 보호해야 한다.

컨설턴트는 의뢰인에게는 물론 함께 협력한 주변인에게도 영향을 미친다. 컨설팅을 한다는 것은 공개적인 내용보다는 의뢰인이 컨설턴트를 신뢰하고 자신의 문제점을 투명하고 진정성 있는 문제 해결을 위한 협력활동이다.

의뢰인이 안고 있는 문제나 보이지 않는 문제를 컨설턴트가 발견하여 문제를 해결하는 과정에서 서로의 협조적인 의견이 교환된다. 이러한 과정에서 진실되게 상호협력관계로 이행하기 때문에 자신의 생각과 행위에 대해서도 투명하면서 발전적인 대화가 진행된다. 여기서 협의된 내용은 서로서로 비밀을 지켜주는 것이 좋다. 의뢰인은 자신의 협의 내용을 다른 사람에게 이야기하여 이미 컨설턴트와 진행된 내용에 다른 의견에 첨부되어 의도한 대로 진행되지 않을 수도 있다. 장소와 시간의 변함에 따라 대화한 내용이 굴곡 될 수 있으며, 비밀엄수의 의무를 강제할 수는 없지만, 문제와 문제 해결에 대한 상호인식으로 끝내는 것이 좋다. 윤리적인 행위는 바람직하지만, 비윤리적인 행위가 컨설팅의 타당성 여부와 관계없이 컨설팅의 신뢰성이 상실되거나 앞으로의 노력이 무의미해질 수 있다. 컨설턴트가 의뢰인이 제시한 문제 등, 의뢰인의 교육철학, 교수법, 컨설턴트와 협의한 내용, 수업시간에 관찰한 내용을 공개할 필요는 없다. 수업시간에 관찰한 내용이 좋지 않은 것도 있을 수도 있고, 협의한 내용도 공개할 정도의 타당성 있는 것만 존재하는 것도 아니다.

■ **컨설턴트는 변화를 기대 이상으로 생각하지 않는다.**

컨설팅을 실시할 때는 컨설턴트는 의뢰인의 생각과 행위가 변화되는 것을 은근히 기대하거나 어떤 행동의 변화를 내심으로 바라고 있다. 컨설팅을 실시할 때 컨설턴트는 의뢰인이 어떤 행동을 취하도록 설득하기 위해 다양한 형태의 사회적 영향력과 어느 정도의 힘을 사용하려고 한다(김정섭·유순화·윤경미 역, 2010:223). 컨설턴트가 조언해주는 사항이 의뢰인에게 그대로 전달되어 그다음의 태도가 바뀌어질 것이라는 생각보다는 서로의 다른 생각을 표현하면서 합리적인 타당성을 제시하는 의견의 교환에 만족해야 한다. 가치와 태도, 생각의 변화, 수용은 모두가 의뢰인의 몫이기 때문이다.

■ **자신의 철학을 고집하지 않는다.**

컨설팅하면서 가장 어려운 점은 서로의 논쟁을 피하는 것이다. 컨설턴트는 항상 자신의 눈높이로 문제의식과 문제 해결을 바라본다. 컨설턴트는 문제를 안고 있는 의뢰인의 수준보다 우위에 있다는 우위의식을 갖고 있어 자만에 도취하기 쉽다. 의뢰인의 문제를 자신의 생각에서 재단하여 일방적인 의견을 제시하거나 강요해야 한다는 생각에 대한 상대의 인식수준을 낮게 보아서는 안 된다. 의뢰인은 경험과 학식이 부족할 따름이지 인생의 절대적인 우위 수준으로 결정할 일이 아니다. 자만심이나 우위 의식을 겸손하게 접어야 한다.

■ **문제 해결능력이 없으면 해당 컨설팅을 담당해서는 안 된다.**

문제 해결을 위한 전문가가 필요하다는 의뢰인의 요청에 컨설턴트는 자신의 일반적인 능력을 자신한 나머지 모든 컨설팅을 담당할 수 있을 거라고 믿는다. 문제는 늘 일반적이고 누구나 해결할 수 있는 경우는 거의 나타나지 않는다. 문제는 늘 특별한 요소이며, 범접하지 않은 자신만이 겪는 문제가 대부분이므로 그에 적절한 문제 해결능력을 잠재적으로 소유한 해당 의뢰인을 주도할 수 있는 전문 컨설턴트가 나서야 한다. 자신이 나설 때를 잘 아는 것도 현명한 처세이다.

■ **컨설턴트는 사회의 유행에 대하여 적절한 평가를 할 줄 알아야 한다.**

수업을 잘하도록 조언을 하다 보면 사회에서 유행하고 있는 각종의 이벤트 활동이라든가, 미디어의 경쟁 관계를 나타내는 프로그램의 구조, 유행하는 70·80세대들의 세시봉 프로그램 등을 보고 바로 그런 프로그램의 운영 또는 진행이 수업에 도입해야 한다는 위험한 생각을 하고 현장에 적용하려고 하고, 그러한 프로그램을 자랑스럽게 타인에게 가려진 뒷모습을 평가하지 않은 채 자신의 논리를 전개하는 경우를 자주 본다. 그러한 프로그램은 그 프로그램의 운영에 알맞은 적절한 환경이 조성되고 관객이 조성되기 때문에 가능한 것이다. 그러한 이상적인 프로그램이 교육현장에 바로 적용되고 실용화되어 학습의 효과가 높게 나타날 수 있다면 최고의 프로그램을 도입할 수 있다. 유행하는 프로그램은 유행으로 끝나거나 실험적 결과를 도출하기 전에 막을 내릴 수 있는 위험이 있다. 교육은 교육의 목적에 맞게 새로운 아이디어 창출이나 신선한 방법으로서 가치창출을 내는 데 도움이 되는 지엽적인 방법으로 참고하는 것이며 그것이 마치 진리인 것처럼 빠져들어서는 안 된다.

2. 컨설턴트의 사회적 윤리

■ 사회적·도의적 책임을 다한다.

컨설턴트는 자신의 컨설팅을 하는 내용과 계획에 대하여 참여한 구성원에게 최선의 도움이 되도록 말하고 행동하도록 해야 한다. 컨설턴트가 하는 말에는 문제 해결의 실마리가 담겨있어야 하고, 심도 있는 문제 해결에 도움이 되는 긍정의 효과가 나올 수 있는 내용이 담겨있어야 한다.

■ **상대의 컨설턴트를 존중해야 한다.**

문제 해결을 위해 다양한 시각과 생각을 가진 여러 명의 컨설턴트가 참여할 수 있다. 이때 중요한 것은 상대방 컨설턴트의 의견과 달리하더라도 그들의 견해나 입장을 긍정적으로 받아들이고 존중해야 한다. 같은 문제를 보더라도 어떤 컨설턴트는 큰 그림을 그리는 의견이 있고, 어떤 컨설턴트는 세부적인 의견을 가진 다양한 아이디어와 의견을 담아낼 수 있는 능력이 있다. 따라서 컨설턴트들은 서로의 응집력이나 협력적 관계를 유지해야 한다.

■ **자신의 전문성 향상에 노력해야 한다.**

유능한 컨설턴트는 항상 전문성 함양에 노력한다. 전문가적 책임감과 업무수행능력은 컨설턴트로서 중요하다. 전문적인 활동에 유능하지 못하다면 컨설턴트로서 능력이 없는 것이며, 컨설턴트로 활동해서는 안 된다. 자신의 능력을 벗어난 문제라면 자기보다 더 유능한 컨설턴트가 그 일을 대신할 수 있도록 다른 사람을 찾아주어야 한다. 일의 특성과 수준을 잘 인식하여 자신의 수행능력을 견주어 보아 그 역할을 소화해낼 수 있느냐를 판별할 줄 아는 것도 자신의 정확한 실력이다.

■ **성공하는 사람의 옷차림에 신경을 써야 한다.**

유능한 컨설턴트는 전문성을 갖춘 교육자로서 적절한 옷을 입어야한다. 깨끗하고 단정하며 세련되게 입어야 한다. 화려하고 비싼 것을 추천하는 것이 아니다. 이는 상대방에 대한 예의이며 존경을 나타내는 것이다. 핵심은 외모를 단순히 좋게만 보이는 것이 아니라 전문가로 보이게 하는 것이다. 외모를 전문가답게 보이게 하면 의뢰인에게 첫인상을 좋게 주어 컨설턴트 자신도 의뢰인에게 차분하고 안정된 모습을 제공하게 된다. 컨설턴트가 입는 옷에 따라 의뢰인의 태도, 전반적인 컨설팅 활동에 긍정적인 영향을 미친다. 컨설턴트의 옷차림은 존경, 신뢰, 수용, 권위 등 4가지의 요소가 영향을 미친다(김기오·김경역, 2013:79). 컨설턴트가 항상 적절한 복장을 하고 있으면 의뢰인들은 자신이 존경과 대우를 받으며, 보기에도 좋다.

컨설턴트의 전문적 역량을 갖춰라

컨설팅은 교사의 이해와 태도를 변화시켜 그것이 행동의 변화를 일으켜 수업의 개선에 이르도록 하는 데 있다. 컨설팅이 성공하기 위해서는 의뢰인보다는 컨설턴트의 이미지, 신뢰감, 전문적 지식 등이 중요하다. 성공적인 수업 컨설팅의 담당자는 인성적 자질과 전문성 자질을 동시에 겸비하여야 한다.

1. 인성적 자질

■ 열정과 성실성이 있어야 한다.

컨설팅은 두 사람 이상이 모여서 문제를 해결해가는 과정이기 때문에 컨설턴트의 지도성 역할에서 열정과 성실성이 있어야 한다. 컨설팅 활동을 통하여 정열의 특성은 전염성이 있어 타인들에게 전파되어 컨설팅 업무를 수행하는 데 도움이 된다. 컨설턴트는 컨설팅 활동이 자신의 영달과 영광의 개인적이 일을 위해서 하는 것이 아니라 교육을 위해서 즉 수업의 개선을 위해서 일을 하고 있다고 교사들이 확신하고, 문제 해결의 의지를 갖고 참여할 때 컨설팅 활동은 분명히 생산적인 효과를 얻게 된다. 수업 컨설턴트가 의뢰인과의 관계를 잘 유지하기 위해서는 건설적인 비평을 쾌활한 분위기에서 스스럼없이 이야기할 수 있는 유머감각도 상당히 필요하다.

■ 만족감을 충족해야 한다.

전문성이란 컨설턴트가 의뢰인에게 문제를 의뢰받아 실질적으로 문제 해결 방안을 찾아 도움을 주는 능력을 말하며, 연수이수 및 자격증, 직책, 관련 활동, 기관의 사회적인 위상 등에 수반되는 것을 의미하며, 일부 학회에서 발행하는 자격증과 관련 활동의 증빙으로 대체하고 있는 실정이다. 현재 학교의 실정도 이와 비슷하여 일정한 능력을 갖춘 부장교사와 교육 관리직, 연구직 및 관련 연수를 통해 컨설턴트로서 전문성을 함양하고 있다. 전문성으로서 역할을 완성하였다고 해서 의뢰인의 문제를 해결했다고 할 수 없다. 중요한 것은 의뢰인이 문제 해결에 만족을 얼마나 느낄 수 있었느냐가 관건이다. 아무리 전문적인 지도, 조언을 한다 하더라도 의뢰인 문제 해결에 대한 만족도가 낮으면 컨설팅의 효능이 낮기 때문이다.

■ 인격적 교양이 있어야 한다.

컨설팅활동에서 수업에 국한되어 있다고 해서 수업요소만 갖고 컨설팅하는 것은 아니다. 컨설턴트가 갖추어야 할 요소가 인격적 소양이다. 컨설턴트가 이야기하는 양식과 표현력, 언어 사용 능력, 전문가다운 어휘선택, 언어 조직력, 정확한 발음과 억양 등 의사소통하는 데 의뢰인이 불편하게 느끼지 않을 정도의 양식을 갖추어야 한다. 컨설팅할 때의 바른 자세와 진지한 모습, 좋은 인상, 단정한 옷차림, 생각의 다양성 인정 등은 의뢰인에게 신뢰와 안정감을 준다. 의뢰인과의 만나는 약속시각과 장소 등은 의뢰인보다 컨설턴트가 더 바르고 정확하게 지켜야 한다.

■ 다른 사람의 배움에 책임감을 가진다.

수업 컨설팅을 자발적으로 하는 교사 혹은 비자발적으로 하는 교사이든 간에 일단 수업을 맡게 되면 교사에게는 학습이 이루어진다. 이때의 학습은 상당히 긍정적으로 발전한다는 것이다. 자발적으로 한 교사에게는 많은 학습과 수업에 대한 문제의식에 대한 해결능력이 습득됨은 물론, 비자발적으로 한 교사에게 긍정의 효과가 많이 나타나고 있다. 자발적인 교사(A)와 비자발적인 교사(B)의 두 양상을 가진 교사의 인터뷰에서 알 수 있다.

교사(A): 저는 경력이 얼마 되지 않아 수업을 진정으로 잘하고 있습니다.

컨설턴트: 네. 그런 열의와 열정에 많은 도움이 되도록 하겠습니다.

교사(A): 늘 수업을 할 때마다 어떻게 하면 잘할 수 있는지 고민이 되는데…. 요즘은 특히 아이들이 왜 이렇게 집중을 하지 않는지 모르겠어요. 잘 가르치는 게 문제가 아니라 학생수업관리가 더 급해졌어요.

컨설턴트: 네 5학년이지요?

교사(A): 네, 2학기 들어와서 무지하게 말이 많아졌어요. 그래서 오늘 컨설팅 때 해결방안을 듣고 싶어요.

컨설턴트: 그동안 많이 힘드셨지요. 5학년의 나이는 인지 및 신체발달이 왕성해집니다. 언어능력도 폭발적으로 늘어나면서 이성에 관심이 많아져요.

교사(A): 아하, 그래서 그런 현상이 나는군요. 그럼 어떻게 해야 하는 것이 좋을까요?

컨설턴트: 처음에는 좀 어렵고 시간도 걸리지만, 앞으로는 학생들을 제어하는 것보다는 학생의 관심을 함께 교감하여 이야기로 풀어가는 것이 좋을 것입니다. 학생들이 생각하는 것과 마음에 담고 있는 것으로 이해하고 공감하는 마음을 보여주세요.

교사(A): 그렇겠네요. 내일부터 시도해 볼게요.

자발적 교사는 컨설팅을 받는 처음부터 배우려는 자세를 하고 있다. 그렇게 수업에서 발생하는 문제를 잘 알고 있으나 경험이 적어 학생들을 관리하는 많은 어려움을 겪었던 터라 문제 해결을 빨리 보고 싶은 것으로 적극적인 자세를 보였다. 그러나 비자발적 교사(B)의 경우를 보아도 처음에 부정적으로 시작하였으나, 일단 컨설팅에 들어서면서 자신의 인식에 변화가 생기게 됨을 알 수 있다.

교사(B): 제가 아니면 컨설팅을 받을 교사가 없었어요.

컨설턴트: 어려움이 있었지만 그래도 컨설팅을 받겠다는 마음을 하고 주변 사람을 도와주셔서 감사합니다.

교사(B): 저는 늘 하던 대로 저의 방식대로 하였습니다. 이런 방법으로 늘 하거든요.

컨설턴트: 네, 선생님이 하신 방법도 좋았어요. 학습목표가 '~을 표현할 수 있다'로 하였는데, 혹시 학생들이 자신의 의견보다 선생님의 의견이 많은 걸 느끼셨나요?

교사(B): 아! 학생들이 우리 반 아이들은 이상하게 자신의 의견을 잘 말하지 않아요.

컨설턴트: 그러면 선생님의 질문이나 발문의 방법은 어떤가요?

교사(B): 글쎄요. 아이들이 대답을 잘 안 해서 제가 설명을 많이 하게 되네요.

컨설턴트: 발문을 하고 대답할 수 있도록 생각할 시간을 좀 주시면 좀 나아지지 않을까요? 보통 3~5초 정도 기다려 주라는데.

교사(B): 그럼 저의 발문 방법이 좀 잘 못 되었나요?

컨설턴트: 잘 못 된 것보다는 좀 개선할 필요가 있을 것 같아요. 예를 들면, '이러이러한 것을 어떻게 생각하느냐?'라고 발문한다거나, '~~을 이러면 어떨까요?' 좀 생각하여 표현할 수 있는 실마리를 주면 나아질 것 같아요.

교사(B): 한 번 시도해 볼게요.

교사는 자신이 하고 있는 방법이 가장 좋은 것으로 여겨왔기 때문에 아무런 문제의식을 갖지 않고 자신의 방법대로 하고 있었다. 비자발적인 컨설팅을 통해서 자신이 무엇을 개선해야 하는지를 조금이나마 스스로 느끼고 있었다. 컨설턴트는 컨설팅하는 과정에서 자신의 의견제시가 교사에게 많은 영향을 미치고 있음을 항상 염두에 두고 한 마디 한 마디의 조언을 책임감을 갖고 있어야 한다. 교사는 컨설턴트가 하는 조언을 신뢰하며 수업 개선의 여지를 갖고 이를 곧 실천에 옮길 수 있기 때문에 책임감을 갖고 조심스럽게 접근해야 한다.

2. 전문적 자질

■ 수업 기술의 달인

컨설턴트는 풍부한 교육 경력과 성공적인 교수·학습 경험을 가져야 한다. 컨설팅 담당자, 현장의 교사들과 함께 수업에 관하여 지도와 조언을 하기 위해서는 자기 자신의 좋은 교수경험이 있어야만 교사의 역할을 이해하고, 수업에 대한 자신의 주관을 세울 수 있다. 교수학습 지도나 컨설팅 지도는 상호 간의 바람직한 관계를 맺고 유지하는 높은 수준의 기술을 요한다. 자신의 교수경험을 통하여 이론과 실제의 벽을 넘나들 수 있으며 교수·학습의 기본조건에 대한 이해를 도울 수 있다. 수업의 개선을 바라는 교사들에게 수업에 계획과 준비를 지도·조언해 줌으로써 수업에 대한 평가를 통하여 교수기술의 발전과 성공을 이끌어줄 수 있기 때문이다. 교사 스스로 자신의 수업을 성찰해볼 수 있는 계기를 마련하여 수업에 대한 자신감과 안정감을 심어 줄 수 있다.

■ 전문성을 갖춰라.

컨설턴트라는 명칭이 전문성을 갖추었음을 의미한다. 어떠한 분야의 컨설팅을 한다는 것은 그 분야에 많은 연구를 하고 실제적인 활동 경험과 관련지식을 구비하고 있는 것이다. 교사가 하는 수업컨설팅은 수업에 관련된 좁은 영역으로 놓고 볼때 수업개선을 위해 지도할 수 있는 능력은 관련 연구에 조예가 깊고, 수업기술개발을 위해 많은 노력과 경험을 겸비하고 있다. 교과별로 고려하자면 자신의 교과에 대한 지식과 경험이 풍부하고, 그에 상응하는 지도능력을 겸비하고 있어야 한다. 때로는 수업관련대회에도 도전해보고 각종 연구대회에도 응모하면서 자신의 전문정 함양에 매진해야 한다. 특히 교과가 다양한 초등학교에서는 전반적인 교과지식을 갖추면서 자신의 고유한 영역에 대하여 이론과 경험의 두가지를 만족하게 준비해야 한다. 이것은 자신의 능력을 구비하는 것 외에도 외부의 시선을 무시해서는 안된다는 의미이다. 컨설턴트는 자문을 할 수 있다는 전제하에 그 "할 수 있다는" 것에 합당한 능력이 있어야 한다. 컨설턴트가 전문적인 조언을 하기 위해서는 다른 의뢰인보다는 인지적 능력에서 일단 뛰어나야 한다. 그렇게 때문에 컨설턴트는 일정한 자격을 갖추거나 연수를 이수한 사람이 담당하는 것이다. 컨설턴트는 자문, 협력과 실행을 위한 서비스를 제공하는 것이다. 컨설턴트는 해당 분야의 전문적 지식과 문제 해결 능력이 있어야 한다. 의뢰인으로부터 의뢰받은 문제에 대한 전문적 지식과 경험이 풍부하고 그에 대한 식견을 갖춰야 한다. 문제에 대한 개별적인 요인을 찾고 그에 따른 문제를 분석하고 해결할 수 있는 능력을 겸비해야 한다는 것이다. 컨설팅은 전문가의 도움으로 의뢰인의 문제에 접근하고 해결하여 의뢰인으로부터 만족한 상태를 안아주는 전문성과 만족성을 동시에 내포하고 있어야 한다.

■ 업무능력을 키워라.

컨설턴트가 갖추어야 할 능력이 또 하나의 업무능력이다. 앞에서는 컨설턴트가 해당 분야의 전문성을 구비하여 의뢰인에게 만족감을 충족시켜주어 한다고 하였다. 이것 외에도 컨설턴트는 해당 분야의 전문가가 갖추어야 할 전문적 지식, 문제 분석력, 통찰력 등 의뢰인에게 쉽게 설명하고 자신의 의견을 조리 있게 표현하는 능력도 중요하다. 그리고 컨설팅 활동의 보고서를 작성하는 컴퓨터 숙달능력과 컨설팅 기획을 계획할 수 있는 능력을 함께 갖추어야 한다. 문제에 대한 정보수집능력, 자료 수집 능력, 자료 분석 능력, 그리고 학문적 지식, 학문적 지식을 활용할 줄 아는 능력 등은 컨설팅 활동에 있어서 매우 중요한 요소이다. 컨설턴트는 문제를 정확하게 진단하고 문제의 핵심을 바르게 인식하여 해결방안을 찾아 의뢰인에게 신뢰를 주어야 한다. 교육의 문제를 사회의 변화추세에 맞게 그 흐름을 읽을 줄 알고 교육의 환경변화요소를 인식하여 의뢰인과의 의사소통이 원활하여야 한다.

- **융합적인 사고능력이 있어야 한다.**

컨설턴트는 수업을 부분적으로, 그리고 종합적으로 볼 줄 알아야 한다. 부분적이라 함은 전문적 지식, 학문적 지식의 눈으로 보는 것이며, 종합적이라 함은 수업의 상황을 교육적 전문지식과 더불어 인근의 학문과 연계해서 종합적으로 해석할 수 있는 식견이 있어야 한다는 것이다. 과학적인 요소에서 인문학적인 요소를 융합해서 문제를 볼 줄 알고 그 해결방안을 찾아낼 수 있는 융합적인 사고능력이 있어야 한다. 따라서 하나의 수업요소도 철학적인 관점, 과학적인 관점 때로는 공학적인 관점으로 시야를 넓혀가면서 자신의 전문적 소양을 높여야 한다.

부록

| 찾아보기 |

| 참고문헌 |

강영삼(1994). 장학론. 서울: 세영사.

_____(2001). 한국 문교장학 기능의 역사적 고찰. 교육논총 Vol.21,No.1. pp.39~63.

강현석(2007). 교사의 실천적 지식으로서의 내러티브에 의한 수업비평의 지평과 가치 탐색. 교육과정연구 제25권제2호. pp.1~35.

강현석·홍은숙·장사형·허희옥·조인숙(2013). 내러티브, 학교 교육을 다시 디자인하다. 서울: 창지사.

경기도창의지성컨설팅교육연구회.http://cafe.daum.net/masterteacher2012.

고요한(2013). 가르침의 교육현상학적 이해. 서울: 학지사.

권민철 역(2005). 수업현상학. 서울: 학지사.

곽영순(2003). 질적연구로서의 과학수업 비평-수업비평의 이론과 탐색-. 파주: 교육과학사.

곽영순·강호선(2005). 교사평가 수업평가. 서울: 원미사.

곽영순·강호선·남경식·백종민·방소윤(2007). 수업 컨설팅 바로하기. 서울: 원미사.

곽영순·강호선(2005). 교사평가 수업평가. 서울: 원미사.

권미옥(2012). 교수·학습과정안.

김도기(2011). 수업컨설팅 바르게 이해하기. 충북교육연구 통권15호. 충청북도교육과학연구소.

김병두(1977). 장학 담당자로서의 국민학교 교장의 직무수행 분석. 춘천교육대학교 논문집17. 춘천교육대학교.

권찬구 역(1996). 현대문화인류학. 서울: 탐구당.

김병수(2002). 참여 관찰을 통한 국어 수업의 문화적 해석. 교원대 석사논문.

김세기(1973). "학습효율화와 장학지도상의 과제", 교육연구6,7. 한국생산성연구소.

김선양(1968). 우리날 문교정책 장학방침의 변천과정연구. 교육연구 제8집. 성신여자사범대학 교육문제연구소. pp.1~43.

김선하(2004). 새로운 과학문화를 위한 해석학적 모색 : 설명과 이해의 변증법. 哲學論叢. 제38집. 새한철학회.

김성재(2013). 생각하는 수업설계. 고양: 생각나눔.

김소영(2012). 플라톤 변증법이 도덕교육에 주는 시사. 윤리철학교육 제17 집.pp.27~40. 윤리철학교육학회.

김수경.「2013 서부 컨설팅 장학위원 컨설팅 결과보고서」.서부교육청 컨설팅 장학 결과 보고회의 2013년 12월 23일.

김순언(1972). 민주장학의 원리에 관한 연구. 경북대학교 교육대학원 석사학위논문.

김영식·주삼환 역(1983). 신장학론. 서울: 교육출판사.

김윤택(1996). 수업모형. 서울: 배영사신서.

김정규 외(1981). 교육과정과 학습지도. 서울: 형설.

김정규 외(1981). 교육과정과 학습지도. 서울: 형설.

김정섭·유순화·윤경미 역(2010).학교 컨설팅. 서울: 학지사.

김정효·조연순·이성은·김경자·김민경·정혜영·정광순·송현순·이경희(2005). 초등교육이란 무엇인가. 파주: 교육과학사.

김종서·이영덕·정원식(2012). 교육학개론. 파주: 교육과학사.

김주란(1980). 교육실습록. 춘천: 춘천교육대학부속국민학교.

김진희·심준석·배준성·최원준·이임대·윤정기·한상철·윤은향·유배건·박인서 (2012). 수업비평, 희망을 이야기하다. 파주: 교육과학사.

김진희·최원준·김준석(2010). 내러티브를 활용한 수업비평. 중등교육연구 제58 권 제3호. pp.333~355.

김태현(2012). 교사, 수업에서 나를 만나다. 서울: 좋은교사.

김현섭((2013). 수업을 바꾸다. 군포: 한국협동학습센터.

김홍원(1983). 수업장학의 개념과 기능. 교육개발 23. 한국교육개발원. pp56~59.

김홍원(1983). 수업 장학의 과정과 방법. 교육개발25. 충북대학교 교육개발연구소

남정걸(1997). 교육행정 및 교육경영. 서울: 교육과학사.

민혜리 · 심미자 · 윤희정(2012). 한국형 수업 컨설팅. 서울: 학이시습.

류희수(2007). 수업 컨설팅 이렇게 하라. 서울: 교육과학사.

박래일(1967). 연구수업의 지도안 작성과 수업준비. 교육연구 제1권 제1호. 한국
 생산성연구소 교육연구소.

박병기 · 박성혁 · 박승배 · 서유미 · 서혁 · 안금희 · 유현주 · 이경한 · 이종영 · 임미경 · 최
 경희 옮김(2004). 질적 연구와 교육. 서울: 도서출판 학이당.

박상용(2013). 좋은 수업이란 무엇인가?『수업, 비평의 눈으로 읽다』. 서울: 우리
 교육.

박성익(2009). 교수 · 학습 방법의 이론과 실제(Ⅰ), 서울: 교육과학사.

박상현(2011). 수업 컨설팅의 실상과 그것의 해체. 교육철학연구 제33권 제4호.
 한국교육철학회.

박승배 · 부내율 · 안금희 · 유현주 · 이경한 · 박경기(2003). 교실수업관찰. 서울: 교
 육과학사.

박은종(2013). 바람직한 학교컨설팅의 이해와 방법. 주간교육신문 2013.12.13 검색
 http://www.edu-week.com/news/view.asp?idx=1637&msection=10&ssec
 tion=43

박인철(2005). 기술시대와 현상학-실천학철학으로서의 현상학의 가능성. 서울:
 경희대학교 출판국.

박효정(2009). 학교컨설팅 체제 구축을 위한 기초연구. 서울: 한국교육개발원.

백현기(1961). 장학론. 서울: 을유문화사.

_____(1964). 장학론. 서울: 을유문화사.

변영계(1984). 학습지도. 서울: 배영사.

_____(1984). 수업개선과 수업장학. 부산교육, 부산직할시 교육위원회.p.231.

_____(2000). 수업장학. 서울: 학지사.

변영계 · 이상수(2004). 수업설계. 서울: 학지사.

변영계 · 김경현(2009). 수업장학과 수업분석. 서울: 학지사.

사토마나부(2011). 아이들을 어떻게 가르칠 것인가. 서울: 도서출판 살림터.

_____(2013). 수업이 바뀌면 학교가 바뀐다. 서울: 에듀니티.

서근원(2011). 수업에서의 소외와 실존. 파주: 교육과학사.

_____(2011). 내러티브에 근거한 수업비평의 방법과 실천 방안 탐색. 학생중심교 과교육연구 제 11권 제1호, pp.391~414.

서우석·류희수·여태철(2008). 수업 컨설팅 이렇게 하라. 파주: 교육과학사.

서울대학교 교육연구소편(1999). 교육학 용어사전. 서울: 도서출판 하우.

서현석(2008). 국어 수업 현상에 관한 질적 연구의 동향. 국어교육. 제125호 (2008년 2월). 한국어교육학회.

설양환·김윤옥·김지숙·박태호·우상도·이범웅·함희주(2005). 효과적인 수업관 찰. 서울: 아카데미프레스.

소경희·강현석·조덕주·박민정(역)(2011). 내러티브 탐구. 파주: 교육과학사.

신동일·유주현(2006). 내러티브 탐구방법의 이해. 서울: 경진문화사.

신재한(2013). 수업 컨설팅의 이론과 실제. 서울: 교육과학사.

신현석(2000). 장학의 개념적 성격에 관한 고찰. 安岩敎育學硏究 제6권 제1호. 安岩敎育學會. pp.21~39.

안우환·권민석·신재한(2006). 수업과 장학. 파주: 한국학술정보(주).

엄훈(2010). 수업 비평 개념에 대한 대안적 탐색. 교육과정연구 제13권 2호. pp.79~101.

오은경 역(1982). 장학론 : 인간조직의 경영. 서울: 이화여자대학교.

유혜령(1999), 「소수 민족 유아의 유치원 생활 경험 : 현상학적 이해」. 교육인 류학연구 2(2), 한국 교육인류학회.

유혜령(2009). 「교육현상학적 질적 연구에서의 성찰과 연구 기법의 문제」. 아동 교육 18(1). pp.37~46.

이경화·고진영·최병연·정미경·박숙희(2007). 교육심리학. 서울: 교육과학사.

이상수·강정찬·이유나·오영범(2013). 수업 컨설팅. 서울: 학지사.

이성흠·이준·구양미·이경순(2013). 교육방법과 교육공학. 서울: 교육과학사.

이수남(1965). 수업분석의 이론과 실제. 서울: 문화각.

이수정(2011). 본연의 현상학. 파주: 생각의 나무.

이영형(1989). 수업장학의 문제에 대한 지각변화. 국민대학교 교육대학원 석사논문.

이유정(2012). 교수학습과정안.

이윤식(1999). 교사발달의 관점에서 본 장학. 한국교사교육. 제16권 제2호. pp.1~27.

_____(2008). 장학론. 파주: 교육과학사.

이월기(1967). 수업연구지도안의 작성법. 부산교육 제148호. 부산시교육위원회.

이의준·이희동(2011). 독립 컨설턴트를 꿈꿔라. 서울: 새로운 제안.

이종각(2009). 교육인류학의 탐색. 서울: 도서출판 하우.

이한우 역(2012). 해석학이란 무엇인가. 서울: 문예출판사.

이혁규(2007). 수업 비평의 필요성과 방법에 대한 탐색적 논의. 교육인류한연구 제 10권 1호. pp.155~185.

_____(2009). 「수업연구대회에 말 걸기」. 우리교육(9월호).

_____(2010). 수업 비평의 방법과 활용. 열린교육연구 제18권 제4호. pp.275-304.

_____(2011). 수업비평이란 무엇인가? 경기교육 통권189호. 경기도교육청.

_____(2013).수업, 비평의 눈으로 읽다. 서울: 우리교육.

이현정(2003). 내러티브 교육과정의 적용에 대한 연구. 고려대학교 박사학위 논문.

이화진·오상철·홍선주(2007). 수업 컨설팅 지원 및 활성화 방안. 열린교육실행 연구 제10호. 덕성여자대학교 교육대학원 부설 열린교육연구소.

장세진 역(2011). 컨설팅이란 무엇인가? 서울: 3mecca.com.

정석기(2010). 좋은 수업설계와 실제. 서울: 원미사.

정석기·조미희(2011). 수업 컨설팅의 이해와 적용. 서울: 원미사.

정식영(1967). 학습지도. 서울: 재동문화사.

정진환1989). 수업장학의 기본원리. 학교경영 제2권 제3호. 한국교육생산성연구 소 교육연구소.

정태범(1996). 장학론. 파주: 교육과학사.

_____(2002). 장학론. 파주: 교육과학사.

_____(2002). 장학론. 서울: 양서원.

정혜영(2006). 교육현상학의 이념과 방법. 교육철학 35집. 교육철학회.

조민호·설중응(2011). 컨설팅 입문. 서울: 새로운 제안.

조벽(2012). 수업 컨설팅. 서울: 해냄.

조병효(1985). 장학론 : 이론과 실제. 서울: 배영사.

조상식 역(2010). 이성Ⅰ:우리 시대의 이성 비판. 서울: 이학사.

조영달(2001). 교사의 교실수업활동에 대한 해석적 이해. 질적연구 제2권1호. 한
    국질적연구센타. pp.33~64.

조영일(1989). 수업장학의 새 기법. 학교경영 제2권제3호. 한국생산성연구소 교
    육연구소.

_____(1991). 현대장학론. 서울: 교육과학사.

_____(1995). 현대장학론. 서울: 교육과학사.

주삼환(1999). 변화하는 시대의 장학. 서울: 원미사.

_____(2003). 학교경영과 교내장학. 서울: 학지사.

_____(2009). 장학의 이론과 기법. 서울; 학지사.

주삼환·서정화(1983). 장학론·교사론. 서울: 갑을출판사.

주삼환·신익현(1984). 장학론. 서울: 학문사.

주삼환·이석열·김홍운·이금화·이명희(1999). 수업관찰과 분석. 서울: 원미사.

주삼환·천세영·명제창·신붕섭·이명주·이석열(2007). 교육행정 및 교육경영. 서
    울: 학지사.

주영흠·이승원·심승환(2011). 교육철학 및 교육사. 서울: 도서출판 신정.

중앙대학교(1974). 문교사. 서울: 중앙대학교출판국.

진동섭(2003a). 학교컨설팅: 교육개혁의 새로운 접근 방법. 서울: 학지사.

진동섭(2007). 학교 컨설팅의 원리 분석. 교육행정연구 제25권 제1호.

진동섭·홍창남(2006). 학교 조직의 특성에 비추어 본 학교 컨설팅의 가능성 탐
    색. 한국교원교육연구,23(1), 373~396.

진동섭·홍창남·김도기(2011). 학교경영컨설팅과 수업 컨설팅. 파주: 교육과학사.

천호성(2008). 수업 컨설팅을 통한 교실 수업 지원 방안에 관한 연구. 사회과 교육 제37권 3호.pp.109~134.

추갑식·강현석(2011). 내러티브에 근거한 수업비평의 방법과 실천방안 탐색. 학생중심교육연구 제11권 제1호, pp.391-414.

최동근(1989). 교수-학습과정신강. 서울: 형설출판사.

최명선(2005). 해석학과 교육. 교육과학사.

최예정·김성룡(2005).스토리텔링과 내러티브. 서울: 글누림.

최희선·윤기옥(1997). 수업장학탐구-발달적 접근-. 서울: 교육과학사.

하영철(1998). 수업지도의 실제. 서울: 동현출판사.

한국교육행정학회(1995). 장학론. 서울: 도서출판 하우.

＿＿＿＿＿＿＿(2005). 장학론. 서울: 도서출판 하우.

학습지도연구회편(1966). 학습형태와 지도방법.

한길준·정승진(2002). 창의력 신장을 위한 변증법적 방법의 수학학습지도에 관한 연구. 한국수학사학회지. 제15권 제1호 pp.15-42.

함종규(1987). 학습지도. 서울: 형설출판사.

허숙·유혜령(2004). 교육현상의 재개념화 : 현상학, 해석학, 탈현대주의적 이해. 서울: 교육과학사.

홍계숙·유혜령(2001).「아동기의 비밀에 관한 현상학적 이해 : 문학 작품을 중심으로」. 교육인류학 연구4(1). 한국교육인류학회.

홍성완·LG CNS 엔트루 컨설팅 옮김(2010). 완벽한 컨설팅. 서울: 인사이트.

황세현 역(2012). 헤겔. 서울: 중원문화. p.157.

Alan Weiss(2009). GETTING STARTED IN CONSULTING(3th edit). Hoboken, New Jersey.

Borich, Gary D.(2003). Observation Skills for Effective Teaching(4th edit). 설양환·김윤옥·김지숙·박태호·우상도·이범웅·함희주

(2005). 효과적인 수업관찰. 서울: 아카데미프레스.

Clandinin, D. J. & Connelly, F. M.(2000). Narrative Inquiry: Experience and Story in Qualitive Research. San Francisco: Jossey-Bass Publishers.

Gallessich, J. (1982). The profession and practice of consultation: A handbook for consultants, trainers of consultants, and consumers of consultation services. San Francisco: Jossey Bass.

Gary D. Borich(2004). Effective Teaching Methods. 박승배 외 역(2006). 효과적인 교수법. 서울: 아카데미프레스.

Harry K & Rosemary T. Wong(2009). The First Days of School: How to be an effective teacher. 김기오·김경 역(2013). 좋은 교사되기: 어떻게 유능한 교사가 될 것인가?. 서울: 글로벌콘텐츠.

Iacocca, Lee(1986). Iacocca An Autobiography. Bantam.

Pike, Robert W(2003). Effective Training Techniques Handbook.(김경섭·유재필 역(2004). 창의적 교수법. 서울: 김영사.

Van Manen, M(1994). 신경림·안규남(1990). 체험연구; 해석학적 현상학의 인간 관학 연구 방법론.

Greenbaum, Thomas L.(1990). THE CONSULTANT'S MANUAL. John Wiley & Sons. Canada.

Wragg.E.C.(1999). An introduction to classroom observation(2nd edit). 박승배·부내율·안금희·유현주·이경한·박경기(2003). 교실 수업 관찰. 서울: 교육과학사.

小學館(2000). 授業を變える 學校が變わる.小學館. 손우정 역(2013). 수업이 바뀌면 학교가 바뀐다. 서울: 에듀니티.